顾东蕾　蔡惠明　编著

医药电子商务

化学工业出版社

·北京·

本书是一部系统论述医药电子商务的教材，结合医药行业的特点，以大量医药电子商务的实例为佐证，系统阐述了医药电子商务的理论和实践，同时指明了医药电子商务新的增长点。具体内容包括医药电子商务概述，医药电子商务系统的建设，医药电子商务网站建设，医药电子商务信息检索，医药品网络营销，电子支付，医药电子商务物流，医药电子商务的立法，移动电子商务及医药电子商务的标准。

本书可作为医药院校商贸、信息管理专业学生的教材，同时也可作为医药行业从业人员的培训教材。

图书在版编目（CIP）数据

医药电子商务/顾东蕾，蔡惠明编著．—北京：化学工业出版社，2011.12（2024.8重印）
ISBN 978-7-122-12589-7

Ⅰ．医⋯　Ⅱ．①顾⋯②蔡⋯　Ⅲ．药品-电子商务-教材
Ⅳ．F763

中国版本图书馆 CIP 数据核字（2011）第 212227 号

责任编辑：陈燕杰　　　　　　　　　　　文字编辑：谢蓉蓉
责任校对：王素芹　　　　　　　　　　　装帧设计：关　飞

出版发行：化学工业出版社（北京市东城区青年湖南街 13 号　邮政编码 100011）
印　　装：北京虎彩文化传播有限公司
787mm×1092mm　1/16　印张 14¼　字数 344 千字　2024 年 8 月北京第 1 版第 17 次印刷

购书咨询：010-64518888　　　　　　　售后服务：010-64518899
网　　址：http://www.cip.com.cn

凡购买本书，如有缺损质量问题，本社销售中心负责调换。

定　　价：49.00 元　　　　　　　　　　　　　　　　　　　　版权所有　违者必究

前言

医药行业是国家的特殊行业之一，直接关系到人们的身体健康和生命安全；医药产业也是我国四大重点（计算机、汽车、医药、微电子）技术创新产业之一，是一个技术密集程度高、投入多、效益好、周期长、风险大的国际性产业。通过电子商务技术，建立一个覆盖整个医药购销过程的虚拟市场，使得药品流通中的买方和卖方得到一个公平透明的市场，而在这个渠道中进行的所有的药品购销行为，都会通过现代化的信息采集手段记录下来，并经过相应的信息处理后成为各级相关政府部门执法监督的依据。这样一种市场渠道以及相应交易模式的形成，不仅可以提高药品流通的效率，降低药品流通的成本，同样与规范我国药品生产、流通、销售中的不正当竞争行为一样有着重要的意义。

国家食品药品监督管理局为了推进医药电子商务，先后发布了《互联网药品交易服务审批暂行规定》、《互联网药品信息服务管理办法》、《关于加强药品监督管理促进药品现代物流发展的意见》和《第三方药品物流企业从事药品物流业务有关要求》。这些配套的法律法规使得我国的医药电子商务从生产企业到物流企业全面步入正规化。

在这样的时代背景之下，医药界的人员迫切需要对电子商务的基本原理和基本运作模式进行了解。本教材的目的是引导医药管理类的学生或者医药界的管理人员从电子商务应用的角度出发，学习下述内容。

- 了解医药电子商务的产生和发展，理解电子政务和无纸贸易。
- 掌握医药电子商务系统建立的过程（规划、分析和设计）中的各个环节。
- 掌握作为医药电子商务系统的窗口——医药电子商务网站的建设和管理。
- 理解医药电子商务信息的收集和整理。
- 认识医药品网络营销策略，掌握基于数据库的网络营销及网上药店的发展。
- 了解电子支付协议和网络融资，掌握电子银行的使用及第三方支付。
- 掌握医药电子商务物流中心的运作模式和第三方物流的实现模式，了解物联网。
- 了解医药电子商务立法的概念和原则，掌握我国医药电子商务法规的内涵与外延。
- 了解移动电子商务的发生和发展，认识移动电子商务的支付系统，掌握医药企业移动客户关系管理的实践应用。
- 了解医药电子商务的标准体系。

本教材是一部系统论述医药电子商务的教材，在进行深入理论研究和大量实际调查的基础上，结合医药行业的特点，以大量的医药电子商务的实例作为佐证，如医药电子交易场等，系统地阐述了医药电子商务的理论和实践，同时指明了医药电子商务的新的增长点。本书与同类图书相比，克服了其有实例无理论的不足，从医药电子商务的理论特征，到医药电子商务的实际运行给予了完整的叙述。

　　本教材的第 1 章全面概述了医药电子商务的兴起、发展和价值，同时定义了医药电子商务的概念，引入了电子政务及无纸贸易的概念；第 2 章全面阐述了医药电子商务系统的建设，从系统的规划到系统的分析再到系统的建设；第 3 章全面分析了医药电子商务的窗口——医药电子商务网站的建设，包括概念、总体设计、域名管理、软硬件选择与设计、内容建设等；第 4 章全面叙述了医药电子商务信息的检索技巧；第 5 章全面概述了网络营销的理论和实践，引入了比较电子商务和网络广告这样新的研究增长点，重点阐述了中国网上药店及网上购药的发展；第 6 章重点介绍了在医药电子商务中新型的支付手段以及第三方支付的法律规制，并且引入了第三方的网络融资；第 7 章以翔实的资料、准确的数据，展现了电子商务物流的理论在医药行业应用的全貌，同时引入了物联网的概念；第 8 章介绍了电子商务立法的理论基础，剖析了国内现有的医药电子商务法规；第 9 章详述了移动电子商务及其在医药企业移动客户关系管理的实践；第 10 章概述了电子商务的标准理论基础，介绍了现今流行的电子商务标准，在此基础之上，详细分析了医药电子商务标准本土化的问题。

　　本教材适用于医药院校的商贸、信息管理等专业，同时也可作为医药行业从业人员的培训教材和自学教程。

　　本教材在编写过程中，蒋光祖教授对教材的编著与出版进行宏观上的把握；陈曙教授和王锋副教授对教材的整体内容提出了建设性的意见；徐春、朱正唯同志负责版面的设计、图表的绘制；张琰、喻强两位老师负责文字校对，在此表示衷心的感谢！另外，在实际的教学过程中，作者得到了中国药科大学图书馆和基础部的各位领导和老师的关心和指点，正是因为他们的帮助与支持，才使得本教材能够出版，在此表示衷心的感谢！由于作者的水平有限，难免存在不妥之处，敬请读者批评和指正，作者也将在教学中不断地虚心听取各种意见及建议，以便在修订时使本书更趋完善。

编者

2011 年 7 月于中国药科大学

目录

第1章 医药电子商务概述 ·· 1
  1.1 医药电子商务的兴起与发展 ·· 1
    1.1.1 医药电子商务的现状 ·· 1
    1.1.2 医药电子商务的发展预测 ·· 2
  1.2 医药电子商务的概念 ··· 4
    1.2.1 医药电子商务的内涵 ·· 4
    1.2.2 医药电子商务的分类及其服务内容 ··· 5
  1.3 医药电子商务相关领域 ··· 10
    1.3.1 无纸贸易 ··· 10
    1.3.2 电子政务 ··· 13
    1.3.3 医药电子商务与无纸贸易及电子政务 ··· 16

第2章 医药电子商务系统的建设 ·· 19
  2.1 医药电子商务系统概述 ··· 19
    2.1.1 医药电子商务系统的基本概念 ·· 19
    2.1.2 医药电子商务系统的建造过程 ·· 22
    2.1.3 医药电子商务系统的建造方式 ·· 23
  2.2 医药电子商务系统的规划 ·· 24
    2.2.1 医药电子商务系统规划概述 ··· 24
    2.2.2 医药电子商务系统的战略规划 ·· 25
    2.2.3 医药电子商务系统的系统规划 ·· 27
    2.2.4 医药电子商务系统规划的人力资源 ·· 29
    2.2.5 医药电子商务系统的规划报告 ·· 30
  2.3 医药电子商务系统的分析 ·· 31
    2.3.1 医药电子商务系统分析概述 ··· 31
    2.3.2 医药电子商务系统分析的方法 ·· 34
    2.3.3 医药企业商务活动的基本类型分析 ·· 47
    2.3.4 医药电子商务系统的业务需求分析 ·· 47
  2.4 医药电子商务系统的设计 ·· 50
    2.4.1 医药电子商务系统设计概述 ··· 51
    2.4.2 医药电子商务系统的总体结构设计 ·· 51

  2.4.3 系统信息基础设施设计 ……………………………………………… 53
  2.4.4 电子商务系统平台的选择和设计 ……………………………………… 54

第3章 医药电子商务网站建设 …………………………………………………… 56
 3.1 医药电子商务与网站 ………………………………………………………… 56
  3.1.1 网站的基本概念 ………………………………………………………… 56
  3.1.2 医药电子商务系统与网站 ……………………………………………… 57
 3.2 医药电子商务网站概述 ……………………………………………………… 61
  3.2.1 医药电子商务网站的特点 ……………………………………………… 61
  3.2.2 医药电子商务网站的类型 ……………………………………………… 63
 3.3 医药电子商务网站的总体设计 ……………………………………………… 67
  3.3.1 网站建设目的的确定 …………………………………………………… 67
  3.3.2 网站定位 ………………………………………………………………… 68
  3.3.3 子站点的设计 …………………………………………………………… 69
  3.3.4 网站页面结构设计 ……………………………………………………… 69
 3.4 医药电子商务网站的域名申请与管理 ……………………………………… 70
  3.4.1 医药电子商务网站域名基础知识 ……………………………………… 70
  3.4.2 医药电子商务网站域名的申请 ………………………………………… 73
 3.5 医药电子商务网站的软硬件建设 …………………………………………… 75
  3.5.1 医药电子商务网站接入方式的选择 …………………………………… 75
  3.5.2 医药电子商务网站网络服务方式的选择 ……………………………… 77
  3.5.3 网络数据库的选择 ……………………………………………………… 79
  3.5.4 医药电子商务开发形式的选择 ………………………………………… 81
 3.6 医药电子商务网站的内容建设 ……………………………………………… 81
  3.6.1 医药电子商务网站相关资料的收集 …………………………………… 82
  3.6.2 医药电子商务网站的栏目设计 ………………………………………… 82
  3.6.3 医药电子商务网站业务流程的设定 …………………………………… 82
  3.6.4 医药电子商务网站的资源管理 ………………………………………… 82
 3.7 医药电子商务网站的常用组件 ……………………………………………… 83
  3.7.1 电子目录和购物车 ……………………………………………………… 84
  3.7.2 在线论坛和网上聊天 …………………………………………………… 85
  3.7.3 网上广播 ………………………………………………………………… 85
  3.7.4 网络电话 ………………………………………………………………… 85

第4章 医药电子商务信息检索 ……………………………………………………… 87
 4.1 医药电子商务信息检索概述 ………………………………………………… 87
  4.1.1 医药电子商务信息 ……………………………………………………… 87
  4.1.2 电子商务信息检索 ……………………………………………………… 87
 4.2 医药电子商务市场信息的收集 ……………………………………………… 88
  4.2.1 医药电子商务市场需求信息的收集 …………………………………… 88
  4.2.2 医药电子商务市场供应信息的收集 …………………………………… 91

4.3 新药开发信息的收集 …………………………………………………… 92
　4.3.1 收集客户新构思 ………………………………………………… 92
　4.3.2 新药专利信息的收集 …………………………………………… 92
　4.3.3 新药研究信息的收集 …………………………………………… 93
4.4 医药电子商务统计信息的收集 ………………………………………… 95
4.5 医药电子商务关税及政策信息的收集 ………………………………… 95
　4.5.1 向建立联系的各国进口商询问 ………………………………… 96
　4.5.2 查询各国相关政府机构的站点 ………………………………… 96
　4.5.3 通过新闻机构的站点查询 ……………………………………… 96

第5章 医药品网络营销 …………………………………………………… 98
5.1 医药品网络营销概述 …………………………………………………… 98
　5.1.1 医药品网络营销的产生与发展 ………………………………… 98
　5.1.2 医药品网络营销与医药品传统营销的整合 ………………… 100
5.2 医药品网络消费者分析 ………………………………………………… 102
5.3 医药品网络营销品牌策略 ……………………………………………… 103
　5.3.1 网络品牌的概念和特征 ………………………………………… 104
　5.3.2 网络品牌的保护 ………………………………………………… 105
5.4 比较电子商务 …………………………………………………………… 106
　5.4.1 比较电子商务的兴起 …………………………………………… 106
　5.4.2 比较购物 ………………………………………………………… 107
　5.4.3 比较购物搜索引擎 ……………………………………………… 107
5.5 网上药店 ………………………………………………………………… 108
　5.5.1 国外网上药店的发展 …………………………………………… 108
　5.5.2 中国网上药店的发展 …………………………………………… 109
　5.5.3 网上药店的特点 ………………………………………………… 111
　5.5.4 网上药店对消费者的利弊分析 ………………………………… 112
　5.5.5 网上药店的政府监管 …………………………………………… 112
　5.5.6 网上购药消费者教育 …………………………………………… 112
5.6 医药品网络促销 ………………………………………………………… 115
　5.6.1 医药品网络促销的概念与特点 ………………………………… 115
　5.6.2 基于网络的医药品促销模式 …………………………………… 116
　5.6.3 医药品网络广告 ………………………………………………… 117
5.7 基于数据库的网络营销 ………………………………………………… 118
　5.7.1 直复营销 ………………………………………………………… 118
　5.7.2 数据库营销 ……………………………………………………… 120
　5.7.3 营销数据库管理 ………………………………………………… 122
5.8 网络团购 ………………………………………………………………… 124
　5.8.1 网络团购的优势 ………………………………………………… 124
　5.8.2 网络团购的劣势 ………………………………………………… 124

第6章 电子支付 ··· 126
6.1 电子支付概述 ··· 126
6.1.1 电子支付与电子货币的概念 ··· 126
6.1.2 电子支付的工具 ·· 127
6.1.3 电子支付的业务类型 ·· 127
6.2 电子支付的安全 ··· 129
6.2.1 SSL 安全协议 ··· 129
6.2.2 SET 安全协议 ·· 130
6.2.3 SSL 和 SET 两种协议的比较 ·· 132
6.3 电子银行 ·· 133
6.3.1 电子银行概述 ·· 133
6.3.2 支付网关 ··· 133
6.4 第三方支付 ··· 134
6.4.1 第三方支付简介 ·· 134
6.4.2 第三方支付流程 ·· 135
6.4.3 《非金融机构服务管理办法》·· 135
6.5 第三方电子商务企业网络融资 ·· 141
6.5.1 网络融资成为一股新兴融资力量 ··· 141
6.5.2 典型企业的网络融资 ·· 142
6.5.3 运营模式分析 ·· 144
6.5.4 发展趋势预测 ·· 145

第7章 医药电子商务物流 ·· 147
7.1 医药电子商务物流概述 ·· 147
7.1.1 医药电子商务物流的概念 ·· 147
7.1.2 医药电子商务物流的特点 ·· 148
7.1.3 医药电子商务物流的类型 ·· 149
7.1.4 医药电子商务与医药现代物流 ··· 151
7.2 医药电子商务物流技术 ·· 154
7.2.1 条码技术 ··· 155
7.2.2 射频识别技术 ·· 155
7.2.3 电子订货系统 ·· 155
7.2.4 电子数据交换技术 ·· 156
7.2.5 内联网/互联网 ··· 156
7.2.6 自动跟踪技术 ·· 156
7.2.7 便携式数据终端 ·· 157
7.3 医药电子商务物流中心 ·· 158
7.3.1 医药电子商务物流中心概述 ·· 158
7.3.2 医药电子商务物流中心的种类 ··· 158
7.4 医药第三方物流 ··· 159
7.4.1 医药第三方物流的界定 ·· 160

  7.4.2　医药第三方物流的运作模式 ………………………………………… 161
  7.4.3　医药第三方物流托管 ………………………………………………… 163
  7.4.4　医药第三方物流的延伸 ……………………………………………… 165
 7.5　物联网 ……………………………………………………………………… 167
  7.5.1　物联网技术 …………………………………………………………… 167
  7.5.2　物联网技术在医药流通中的应用框架 ……………………………… 168
  7.5.3　物联网技术在医药流通中的注意事项 ……………………………… 169

第 8 章　医药电子商务的立法 ………………………………………………… 170
 8.1　医药电子商务立法的理论基础 …………………………………………… 170
  8.1.1　医药电子商务立法的概念 …………………………………………… 170
  8.1.2　医药电子商务立法的原则 …………………………………………… 170
 8.2　医药电子商务立法中的法律关系 ………………………………………… 172
  8.2.1　医药电子商务立法中法律关系的主体 ……………………………… 173
  8.2.2　医药电子商务立法中法律关系的客体 ……………………………… 173
  8.2.3　医药电子商务立法中法律关系的内容 ……………………………… 173
 8.3　医药电子商务法的内容 …………………………………………………… 178
  8.3.1　医药电子商务基本法 ………………………………………………… 178
  8.3.2　医药电子商务配套单行法规 ………………………………………… 179
 8.4　我国医药电子商务法规 …………………………………………………… 181
  8.4.1　《互联网药品交易服务审批暂行规定》……………………………… 181
  8.4.2　《互联网药品信息服务管理办法》…………………………………… 185
  8.4.3　《关于加强药品监督管理促进药品现代物流发展的意见》………… 188
  8.4.4　《第三方药品物流企业从事药品物流业务有关要求》……………… 188

第 9 章　移动电子商务 …………………………………………………………… 190
 9.1　移动电子商务概述 ………………………………………………………… 190
  9.1.1　移动电子商务的含义 ………………………………………………… 190
  9.1.2　移动电子商务的特点 ………………………………………………… 190
  9.1.3　移动电子商务的服务模式 …………………………………………… 191
  9.1.4　移动电子商务的技术 ………………………………………………… 192
 9.2　移动电子商务的微支付 …………………………………………………… 193
  9.2.1　基于账户的支付系统 ………………………………………………… 193
  9.2.2　基于代币的移动微支付系统模型 …………………………………… 195

第 10 章　医药电子商务的标准 ………………………………………………… 197
 10.1　医药电子商务标准体系 ………………………………………………… 197
  10.1.1　医药电子商务标准概述 ……………………………………………… 197
  10.1.2　医药电子商务标准体系 ……………………………………………… 197
 10.2　医药电子商务的几种标准 ……………………………………………… 200
  10.2.1　EDI 标准 ……………………………………………………………… 200
  10.2.2　ebXML 标准 ………………………………………………………… 201

10.2.3　RosettaNet 标准 ·· 204
10.3　医药电子商务标准的本土化——cnXML ··· 206
　10.3.1　cnXML 的设计原则 ·· 206
　10.3.2　cnXML 的技术架构 ·· 207
　10.3.3　基于 cnXML 的商务活动 ·· 208
　10.3.4　基于 cnXML 的分布式注册中心群 ·· 212

参考文献 ·· 216

第 1 章
医药电子商务概述

随着电子商务在中国的普及和发展，各行各业都受到了电子商务的影响和作用，电子商务应用于医药行业便产生了医药电子商务这个概念。医药电子商务是指利用信息技术进行医药相关信息的传播，促进和达成医药类商品的交易。

1.1 医药电子商务的兴起与发展

医药电子商务是以医疗机构、医药公司、银行、药品生产单位、医药信息服务提供商以及保险公司为网络成员，通过 Internet 网络应用平台，为用户提供安全、可靠、开放并易于维护的医药电子商务平台。它不仅包括医药信息的共享和电子结算，合法的医药生产企业（原料、制剂）、流通企业及医院的网上交易，还包括零售药店对消费者的网上销售。概括地讲，医药电子商务就是医药贸易活动全过程的电子化，它贯穿于医药贸易活动的全过程。

1.1.1 医药电子商务的现状

互联网的大规模普及，使得传统交易方式正逐步为电子商务所取代。2009 年网上支付交易额的高速增长，加快了电子商务颠覆传统行业模式的步伐，即使是准入门槛较高的医药行业也搭上了网络这趟财富直通车。2010 年，电子商务应用的拓展创新成为主旋律。目前，越来越多的医药企业开始选择依靠电子商务寻求发展的新蓝海。截止到 2010 年 3 月，全国已有近 200 家医药和健康网站，这些网站多为综合性信息服务网站。我国现有 6000 多家医药生产企业，数万家销售企业，年交易额近 1500 亿元。国内已开展 B2B（business to business，简称商对商）医药电子商务的主要有海虹医药网、"药商世界"医药网、九州通医药网、民生医药网、中国金药网、中国上海医贸网、中国医药信息网西南经贸网和中国医药市场网等❶。

上溯历史，医药企业从 20 世纪 90 年代进入市场开始，经过数轮兼并与重组，到如今，众多名不见经传的小企业则脱颖而出成为当今时代的主角。因此，有业内人士分析，如今依然能够挺立的企业都是"剩者为王"理论下的成功者。然而，杀出重围的这些业界主角欲避免新一轮行业洗牌中被淘汰的命运，就必须与电子商务相结合，助其快速塑造和传播品牌，从而快速做大做强，方可无虞。

---

❶ 沈怡君. 论电子商务模式下医药行业交易的信用支撑作用 [J]. 贵阳中医学院学报，2011, 33 (3)：1-3.

相较于国内医药电子商务的刚刚起步,国外医药电子商务早已发展到了一定阶段,其中以欧、美、澳最甚。2007年,美国有1000多家网上药店,市场规模近1700亿美元;在欧洲,药剂师协会下属的药店,90%以上都开展了网上药品预订业务;在瑞士,每销售5个药品,就有1个是通过网上售出的。

未来中国企业只有与整个社会高度协同,突破时间和空间的限制,才能成为下一轮竞争的赢家。

调查显示,在2010年我国医药行业电子商务网站市场占有率排名中(按年营收作统计),海虹医药电子商务网23.7%的市场占有率位居第一;中国药网以18.5%的份额排名第二;排名第三的为医药网,市场份额为15.6%;紧随其后排在第四、第五的分别为环球医药信息网和九州通医药网,如图1-1所示。

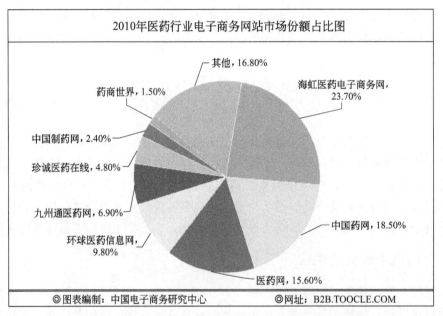

图1-1 2010年我国医药行业电子商务网站市场占有率[1]

1.1.2 医药电子商务的发展预测

(1)基本药物网上采购 根据中华人民共和国国务院办公厅发布的《建立和规范政府办基层医疗卫生机构基本药物采购机制的指导意见》,从2011年4月1日起,各省不得采购未入药品电子监管网及未使用基本药物信息条形码统一标识的企业供应的基本药物。卫生部在对此指导意见细化工作时,相关领导提出从2011年4月1日起,各省的基本药物采购电子交易平台上线运行。

基本药物网上采购是医药电子商务产业的一部分,后者是一个刚兴起的、由政府主导的产业。由于政策的推动,医药电子商务产业有望迎来拐点。而在这个崭新的产业中,部分企业已开始布局。

---

[1] 中国社会科学院财政与贸易经济研究所信息服务与电子商务研究室、杭州师范大学阿里巴巴商学院、中国电子商务研究中心联合发布的《2010年度中国行业电子商务网站调查报告》。

根据南方医药经济研究所预测，2010年我国的药品市场规模达7556亿元，同比增长22%。按照基本药物占比20%测算，2010年的基本药物采购规模达1511亿元。以传统医药企业返点3%（1%～5%取中间值）计算，返点收益高达45亿元。也就是说，如果基本药物采购全部搬上电子商务平台，理论上，该平台可有45亿的年收入。在基本药物之外，医保药物市场的采购规模更大，按照占比80%来算，医保药物的采购规模高达6045亿元。

据《上海证券报》调查，目前，北京、安徽、河南、贵州等省都在推进医药采购平台建设。以北京为例，截至2011年1月31日，全市167家医疗机构通过交易系统采购药品，共计采购9858种药品，发送订单289423笔，85家配送企业响应订单，日均采购金额达9356万元。而安徽省医药集中采购平台自2010年就开始运行，目前已有很多基层医疗机构在该交易平台上进行采购、招标，使医药采购流程更加快捷、方便。

虽然国内目前已经有"京东方"、"阿里巴巴"这样的电子商务平台，但医药业还没有。上海从容投资合伙人、从容医疗系列基金经理姜广策认为，传统医药流通环节要经过很多层级转手，而通过电子商务的模式有望减少很多流通环节，实现医药企业和医疗机构的直接打通。

致力于打造中国医药产业"阿里巴巴"的中国医商公司，其发展思路与政府正好不谋而合。该公司是由海虹企业（控股）股份有限公司（以下简称海虹控股）与通用技术集团医药控股有限公司在2010年12月投资成立的合资公司。"中国医商"是一个医药电子商务平台，将通过网上集中招标采购的方式，实现"医药企业—电子交易平台—医疗机构"的直接路径，大幅压缩流通环节的差价，成为从医药生产工厂到销售终端的直接通道。同时还可以减少流通环节、降低流通成本，解决市场混乱、药价虚高的问题。

（2）药品零售第三方电子商务平台　中华人民共和国商务部（以下简称商务部）2011年5月5日正式对外发布了《全国药品流通行业发展规划纲要（2011～2015年）》。该纲要在征求意见期间，即已经"将建立创新药品经营方式，积极发展医药电子商务"列入其中。商务部还就第三方电子商务交易平台服务规范征求意见，并于2011年4月12日发布了《第三方电子商务交易平台服务规范》。据商务部的统计，过去5年网购消费增加了22倍，2010年达到约4500多亿元，而这两年网购消费还会以每年翻番的速度增长。有业内人士指出，医药电子商务通过开放平台使药品流通透明化，也有利于抵制医药购销环节中的不正之风。还有人估算，如果药品流通实现全过程电子商务化，物流环节的成本至少可以降低30%。

药品零售第三方电子商务平台，是指通过互联网搭建网站，为获得《药品经营许可证》的药品零售企业与个人消费者或有证的药品经营企业交易药品提供平台。药品零售第三方电子商务平台的建立，让专业的第三方承担网站的建设和维护，对上网企业、上网药品进行审核把关，而真正的药品交易（药品实物购进、仓储、保管养护、销售配送、发票开具等）仍由药品经营企业完成。这样，既免除了药品经营企业自建电子商务网站投入过大、成本过高的问题，又发挥了第三方在网站建设、网络技术上的专业优势，将互联网与药品零售很好地结合起来。

对消费者而言，则能通过这种模式，获得更多的医药信息，使个人消费者以更快捷的方式、更低廉的价格，获得所需药品。对药品监督部门而言，管理更加集中，能更好地监督网上交易药品的行为。但医药是一个特殊行业，药品质量直接关系到公众的健康和安全。鉴于药品零售第三方电子商务平台是与药品经营相关的新兴行业，仍然需要采取必要的管理和规范措施。只是目前这方面的政策还在探索和研究中。

药品零售第三方电子商务平台必须达到以下要求：第一，在平台上提供药品信息的站内经营企业必须是已获得了《药品经营许可证》的药品零售企业，平台经营者应当进行把关，承担"准入"资格审核的责任，这是最基本的经营要求；第二，应当要求站内的药品经营企业对药品来源的合法性提供担保，并通过合同形式进行责任约定，明确相应的违约责任；第三，对站内发布的涉及药品的广告宣传进行把关；第四，接受监管部门的监督检查。平台经营者尽管不直接经营药品，但它承担了市场信息的传播功能❶。

1.2 医药电子商务的概念

电子商务（E-commerce 或 E-business），是指两方或多方通过计算机和某种形式的计算机网络[直接连接的网络，如电子数据交换（electronic data interchange，EDI）或互联网等]进行商务活动的过程。它包括企业和企业之间的商务活动、网上的零售业和金融企业的数字化处理过程等。医药电子商务，是指利用信息技术进行医药相关信息的传播，促进和达成医药类商品的交易。通过互联网进行药品信息的发布和获取、在线药品批发业务、互联网药品广告和招商、医药行业信息的传播、医疗机构网上集中采购招标、网上药品零售等行为，均是医药电子商务的有机组成部分。电子商务在我国医药行业的广泛应用，始于国家从2000 年开始推行的医疗机构药品集中招标采购政策。由于药品品种繁多，工作量大，程序复杂，为了高标准地完成招标采购任务，既满足医疗机构临床用药需求，又保证操作程序的公平合理，电子商务被应用于医疗机构药品的集中招标采购。

1.2.1 医药电子商务的内涵

在医药电子商务系统中，企业和消费者可将自己的各类供求意愿按照一定的格式输入电子商务网络，并且进行多种网上交易业务的选择。电子商务涵盖的范围包括：商务信息交换、售前售后服务（提供用药指南和防病治病咨询）、药品广告、销售、电子支付（电子资金转账、信用卡、电子支票、电子现金）、配送（药品配送过程中的管理和运输跟踪）、构建虚拟医药企业等。

因此，医药电子商务的内涵概括为信息营运、集成信息资源、商务贸易和协作交流。

(1) 信息营运　在传统商务中，一些核心商务信息，如药品的性状、价格等难为更多的人使用。而在医药电子商务的环境下，通过通用的互联网界面，解决了信息系统的开放问题。医药信息的收集、发布、处理和分析可以更高效率地进行。

(2) 集成信息资源　制药和医疗器械企业数据包括客户（医院等）数据、药品库存记录、银行账号、安全密码等最有价值的信息，这些宝贵的信息财富支撑着一个企业的运作。将这些信息与自己的网络站点集成起来，就可以把成千上万的雇员和商业伙伴（医院等）连接起来，并由此引来了更多的客户。可以说，此时的信息就能使公司雇员工作效率更高、供货渠道更畅通、客户也更满意。如果把企业的事务处理系统与网络集成在一块，那么企业就开始进入了电子商务，一步步开始真正从事电子商务活动。在此，客户不仅可以从企业数据

---

❶ 医药电子商务将成"十二五"流通新兴态 [EB/OL]. [2011-06-02]. http://www.cpia.org.cn/contents/181/104021.html.

库中获得互联网当前的产品信息，还可以实时购买并进行支付。目前，国内外许多公司正在利用自己的后台资源与信息网络进行集成，直接投入商业应用，从而扩大全球的商业合作伙伴和客户。

作为中国首家网上药店——药房网（http://www.yaofang.cn/）率先实现了 B2C（business to consumer，简称为商对客）交易平台与 ERP（enterprise resource planning，企业资源规划）系统、CRM（customer relationship management，客户关系管理）系统的有效结合，形成了符合质量管理标准的运营体系，实现了完整的数据、信息的流程化管理。

(3) 商务贸易　商务贸易并不仅是网上药店和在线购物，还应该为各公司间建立营销网络而服务。电子商务的一个发展方向就是网上在线交易，这是一种全新的贸易方式。目前网上交易比较典型的药店是 2005 年 12 月 28 日经国家食品药品监督管理局和北京市药品监督管理局认证审批的中国首家网上药店——药房网，是全球最大的中文健康医药零售电子商务门户。药房网通过搭建开放式的医药零售电子商务平台为全球网上购物人群提供全面的（包括药品、保健品、美容护肤、减肥瘦身、母婴用品、成人用品、医疗器械、家庭护理等）健康医药信息与交易服务。随着中国健康医药产业的迅猛发展，药房网已成为中国医药零售电子商务的领航者，并将以先进的管理理念不断推动中国医药零售电子商务的快速发展。应当说，在科学快速发展的今天，商业贸易的新模式每天都在不断涌现。因此，要利用最新的科技方式进行商务贸易的更新才是最好的方式。

(4) 协作交流　人人都能参与的新闻组讲座是交流的重要组成部分，但对于商务贸易来说，一些人以一种非常安全、非常秘密、非常自如的方式通过互联网进行交流是非常有意义的方式。电子化的商业贸易正在快速发展，而电子商务最强有力的方面正是协作交流。

互联网正以电子商务的方式渗透到贸易活动的各个阶段，因而内容广泛，包括信息交换、售前售后服务、销售、电子支付、运输、组建虚拟企业、共享资源等。它为商业机构带来了无尽的可拓展空间，并带来了无穷的选择能力，而电子商务是使互联网持续发展的更强有力的推动力量。

1.2.2　医药电子商务的分类及其服务内容

对于企业和消费者来说，不同种类、不同层次的电子商务过程，蕴含着不同的发展机遇。医药电子商务和其他电子商务一样，按照不同的标准，可划分为不同的类型。

(1) 按照商业活动的运作方式分类　按照商业活动的运作方式来分类，医药电子商务可分为完全电子商务和非完全电子商务。完全电子商务是指完全可以通过电子商务方式实现和完成完整交易的交易行为和过程。换句话说，完全电子商务是指购药或者服务的完整过程是在信息网络中实现的电子商务。完全电子商务能使双方超越地理空间的障碍进行电子交易，可以充分挖掘全球市场的潜力。

非完全电子商务是指不能完全依靠电子商务方式实现和完成完整交易的交易行为和过程。非完全电子商务要依靠一些外部因素，如运输系统的效率、运输过程中药品的保质等。

(2) 按照开展电子交易的范围分类　按照开展电子交易的范围来分类，医药电子商务可分为本地电子商务、远程国内电子商务和全球电子商务三类。

① 本地电子商务　通常是指利用本城市或者本地区的信息网络实现的电子商务活动，电子交易的范围较小。本地电子商务系统是利用互联网、内联网（Intranet）或者专用网络将差价交易各方的电子商务信息系统，包括买方卖方以及其他各方的电子商务信息系统、银

行等金融机构的电子信息系统、保险公司的信息系统、商品检验信息系统和本地区 EDI 中心系统联系在一起的网络系统。本地电子商务系统是开展国内电子商务和全球电子商务的基础系统，因此建立和完善本地电子商务信息系统是厂家实现全球电子商务的关键。

② 远程国内电子商务　是指在本国范围内进行的网上电子交易活动，其交易的地域范围较大，对软硬件和技术要求较高，要求在全国范围内实现商业电子化、自动化，实现金融电子化，交易各方具备一定的电子商务知识、经济能力和技术能力，并具有一定的管理水平和能力等。

③ 全球电子商务　是指在全世界范围内进行的电子交易活动，参加电子商务的交易各方通过网络进行贸易的活动。它涉及有关交易各方的相关系统，如买卖方国家进出口公司系统、海关系统、银行金融系统、税务系统、保险系统等。全球电子商务业务内容繁杂，数据来往频繁，要求电子商务系统严格、准确、安全、可靠，应制定出世界统一的电子商务标准和电子商务协议，使得电子商务得到顺利发展。

(3) 按照交易对象分类　按照交易对象分类，医药电子商务可以分为企业与消费者的电子商务、企业与企业的电子商务、企业与政府的电子商务和消费者与消费者的电子商务。

① 企业与消费者的电子商务　即 B2C (business to consumer) 电子商务。它类似于联机服务中进行的商品买卖，是利用计算机网络使消费者直接参与经济活动的高级形式。这种形式随着网络的普及迅速地发展，现已形成大量的网络商业中心，提供各种商品和服务。这类电子商务主要是借助于互联网开展的在线销售活动，可看作是网上的零售业，例如，药房网的在线购药。近年来，随着互联网为企业和消费者开辟了新的交易平台，再加上全球网民的增多，使得这类电子商务得到了较快发展。特别是企业的网页对于广大消费者并不需要统一标准的数据传输，而且在线销售和支付行为通常只涉及到信用卡、电子货币或电子钱包。另外，互联网上提供的搜索浏览功能和多媒体界面，又使得消费者更容易寻找和深入了解所需的产品。因此，开展 B2C 电子商务具有巨大的潜力，是今后电子商务发展的主要动力。截止到 2011 年 8 月为止，经中华人民共和国食品药品监督管理局（以下简称国家药监局）审核批准，可提供互联网药品信息服务的网站，中国一共有 3390 家；可以提供互联网药品交易服务的网站有 86 家。

2011 年上半年医药 B2C 的发展受到了广泛的关注。2009 年中国药品零售市场规模约 1500 亿元，其中网络销售仅 7000 万元左右，只占零售市场销售的 0.046%。2010 年中国药品零售市场规模约 1739 亿元，同比增长 17%，但网络销售额刚刚过亿；而 2010 年美国网上药店的销售规模占整个医药流通领域的近 30%。由此可见，在中国，医药 B2C 的发展仍有很大的空间。

先有淘宝网试水网上卖药，后有京东商城联手九州通医药集团股份有限公司（以下简称九州通），之后当当网也加入其中。由此可见电子商务企业看中了医药 B2C 的商机，积极地向这个领域进军。然而由于淘宝网试水医药 B2C 首战失利对医药 B2C 的发展无疑是个打击。使得网上卖药引起了各界的广泛讨论。从目前来看医药 B2C 面临以下问题。

a. 电子商务大佬布局在线医药市场都遭遇了资质质疑。

根据《互联网药品交易服务审批暂行规定》，只有同时具备《互联网药品交易服务资格证》和《互联网药品信息服务资格证》两证的企业才能开展网络售药。但对于只提供第三方交易平台的电子商务企业，《互联网药品交易服务审批暂行规定》中却并未提及是否需要同时具备上述"双证"才能售药。京东商城大手笔与九州通合力向个人消费者卖药，似乎与淘宝网一样，也打了政策的"擦边球"，同样被认为日后或将面临资质是否合规的问题。不过，九州通旗下子公司北京九州通医药有限公司已经协助京东商城取得《互联网药品信息服务资格证书》。

b. 电子商务巨头涉足医药 B2C 市场，还面临物流配送和报销两大障碍。

根据我国《中华人民共和国药品管理法》的规定，药品作为关系到人民生命安全的特殊商品，不允许邮购。如果委托第三方配送，其必须通过 GSP 认证，以避免药品在配送中被污染、破损、调换等。物流要求之高无疑会阻碍业务量的释放。同时，随着近年来医保报销目录的药品范围逐年增大，能报销的药品越来越多，虽然按国家药监局新规，"新医改"接受电子支付方式，但短期内 B2C 网上药店要拿到医保定点资质将是一件不可能完成的任务。

从目前来看，医药 B2C 的发展道路还很曲折。但可以预见的是，医药 B2C 的竞争也会渐渐打响，而且很快会从价格竞争过渡到特色商品的竞争，然后过渡到药学服务的竞争。保健品会是医药 B2C 发展的较好出路。另一方面，网上卖药可以降低目前备受各界诟病的药品零售价，增加药品价格的透明度，消费者也可能从中获益❶。

② 企业与企业的电子商务　即 B2B (business to business) 电子商务。B2B 包括特定企业间的电子商务和非特定企业间的电子商务。特定企业间的电子商务是在过去一直有交易关系或者今后一定要继续进行交易的企业间，为了相同的经济利益，共同进行的设计、开发或全面进行市场及库存管理而进行的商务交易。企业可以使用网络向供应商订货、接收发票和付款。非特定企业间的电子商务是在开放的网络中对每笔交易寻找最佳伙伴，与伙伴进行从订购到结算的全部交易行为。这里，虽说是非特定企业，但由于加入该网络的只限于需要这些商品的企业，可以设想是限于某一行业的企业。不过，它不以持续交易为前提，不同于特定企业间的电子商务。B2B 在这方面已经有了多年运作的历史，使用得也很好，特别是通过专用网络或增值网络上运行的电子数据交换（EDI）。

按市场结构，可把当前我国 B2B 医药电子商务划分为买方（或地方政府）主导的医药电子市场、卖方主导医药电子市场和第三方医药电子市场三大类。

a. 买方主导的医药电子商务。其通常被称为买方市场，是专门为药品采购方提供电子采购服务的电子交易场所。电子商务的运营单位为药品的买方，通常由多家医疗机构或者由代表多家医疗机构采购需求的组织构成，通常属于多对多的交易服务模式。我国为配合药品集中采购，由地方政府或医疗机构出资开发建立的药品电子市场，也属于买方主导的药品电子市场。

如广东省纠正医药购销和医疗服务中不正之风工作办公室主办的"广东省医药采购平台（http：//www.gdmpc.cn/bpportal/）"、四川省卫生厅创办的"四川省药品集中采购交易监督管理平台（http：//www.scbid.gov.cn/index.aspx）"即为买方药品电子市场。

b. 卖方主导医药电子商务。其通常被称为卖方市场，是药品供应商开展网上销售的药品电子交易场所。电子商务的运营单位为药品的卖方，通常由一家企业或者一个企业集团构成，属于一对多的交易服务模式。如湖北省九州通的九州通医药网（http：//www.jztetyao.com/）、浙江珍诚医药在线公司的珍诚医药在线（http：//www.zc511.com/）就是典型的卖方主导的药品电子商务企业。

c. 第三方的医药电子商务。第三方药品电子市场的运营商由药品交易主体之外的第三

---

❶ 2011年度（上）中国电子商务市场数据监测报告。

方投资人设立,是聚集大量买方和卖方、以互联网方式进行药品交易活动的电子交易场所。第三方电子商务运营商不参与药品的交易活动,仅为所有药品的买方或卖方提供交易服务,属于多对多的交易服务模式❶。

我国从事第三方药品电子商务业务的企业主要有海虹控股的海虹医药交易中心网(http://www.emedexchange.com/)、北京鹤麒医药电子商务公司的鹤麒医药网(http://www.heqi.com.cn/)、北京先锋环宇电子商务公司的医药梦网(http://www.drugnet.com.cn/),以及民生医药配送中心公司的中国民生医药电子商务网(http://www.yiyao.cc/)等。在上述企业中,海虹医药电子商务应属我国从事第三方药品电子商务业务规模发展最大的企业。根据海虹控股 2010 年度报告披露,2010 全年该公司通过互联网进行药品网上交易的业务量达到 670 亿元。

③ 企业与政府的电子商务 即 B2G(business to government)电子商务。这种商务活动覆盖企业与政府组织间的各项事务,包括网上报关、网上报税、网上审批、网上竞标、网上政府采购、产权交易、政策发布和信息公告等。政府采购清单可以通过互联网发布,政府可以通过电子交换的方式向企业征税,公司可以以电子化方式回应。美国政府已经宣布从 1997 年 1 月起将通过 EDI 完成政府年度采购任务,并于 1999 年最终取消了纸面单证。目前这种方式仍处于初期的试验阶段,但会很快发展起来,这种方式可以更好地树立政府的形象,实施对企业的行政事务管理,推行各种经济政策等。

④ 消费者与消费者的电子商务 即 C2C(consumer to consumer)电子商务。这种商务活动是将大量的个人买主和卖主联系起来,以便进行商品的在线交易,它是通过互联网为消费者提供相互交易的环境——网上拍卖、在线竞价。除少数个人设立的用于电子商务的网站外,有些专门的网站还为消费者之间进行网上买卖提供平台,想出售商品的人可以申请网上店铺,在店铺上陈列待售商品并报出底价,等待购买者竞价或开出一口价,由购买者选购。出售者同时也可以是购买者。C2C 电子商务所交易的商品多是实物商品,难以通过网络实现商品的流转,网络只是提供商品信息发布、在线竞价的平台。例如,eBay 就是 C2C 模式的鼻祖。

(4) 按照商务活动形式分类 按照商务活动的内容分类,医药电子商务主要有间接电子商务和直接电子商务两类。

间接电子商务是指有形货物的电子订货,它仍然需要利用传统渠道(如邮政服务和商业快递)送货或实地交割(如药厂厂房等)。

直接电子商务是指医药咨询服务的网上交易,包括医药图书、医药数据库、全球规模的医药信息提供等。

直接和间接电子商务均提供特有的机会,同一公司往往二者兼营。间接电子商务要依靠一些外部要素,如上下游制药厂的供应链、药品的配送系统等。直接电子商务能够使双方越过地理界线直接进行交易,充分挖掘全球市场的潜力。

(5) 按照使用网络类型分类 根据使用网络类型的不同,电子商务目前主要有四种形式:EDI(electronic data interchange,电子数据交换)商务、Internet(互联网)商务、Intranet(内联网)商务、移动(mobile)电子商务。

EDI 商务,按照国际标准组织的定义,是"将商务或行政事务按照一个公认的标准,形

---

❶ 梁建桥,黄志勇. 我国 B2B 医药电子商务的商业模式探析 [J]. 商场现代化,2010(6):70-71.

成结构化的事务处理或文档数据格式,从计算机到计算机的电子传输方法"。简单地说,EDI 就是按照商定的协议,将商业文件标准化和格式化,并通过计算机网络,在贸易伙伴的计算机网络系统之间进行数据交换和自动处理。

EDI 主要应用于企业与企业、企业与批发商、批发商与零售商之间的批发业务。相对于传统的订货和付款方式,EDI 大大节约了时间和费用。相对于互联网,EDI 较好地解决了安全保障问题,这是因为使用者均有较可靠的信用保证,并有严格的登记手续和准入制度,加之多级权限的安全防范措施,从而实现了包括付款在内的全部交易工作电脑化。

互联网商务是现代商务的新形式。它以计算机、通信、多媒体、数据库技术为基础,通过互联网络,在网上实现营销、购物服务。它突破了传统商业生产、批发、零售及进、销、存、调的流转程序与营销模式,真正实现了少投入、低成本、零库存、高效率,避免了商品的无效搬运,从而实现了社会资源的高效运转和最大节余。消费者可以不受时间、空间、厂商的限制,广泛浏览,充分比较,模拟使用,力求以最低的价格获得最为满意的商品和服务。

Intranet 商务是利用企业内部网络开展的商务活动。Intranet 是 Intra-business 互联网的缩写,是指运用互联网技术,在企业内部所建立的网络系统。Intranet 只有企业内部的人员可以使用,信息存取只限于企业内部,并在安全控制下连上互联网。一般 Intranet 多设有防火墙程序,以避免未经授权的人进入。由于建立成本较低,所以 Intranet 目前发展迅速。企业开展 Intranet 商务,一方面可以节省许多文件往来时间,方便沟通管理并降低管理成本;另一方面可通过网络与客户提供双向沟通,适时提供产品与服务,提升服务品质。EDI 商务、互联网商务和内联网商务的位置关系如图 1-2 所示。

移动电子商务是基于无线网络,运用移动通信设备,如笔记本电脑、手机、个人数据助手,进行的商品交易或服务交易。从另一角度,移动电子商务也可以定义为移动通信网络为用户提供的网络交易的增值服务。移动电子商务增加了移动性和终端的多样性。无线系统允许用户访问移动网络覆盖范围内任何地方的服务,通过对话交谈和文本文件直接沟通。

(6) 按照服务行业类型分类　按照服务行业的特点,电子商务可以分为若干不同的类型,如金融电子商务、旅游电子商务、娱乐(包括游戏)电子商务、房地产电子商务、交通

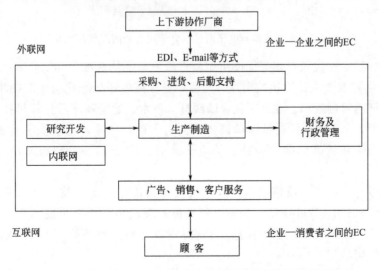

图 1-2　EDI 商务、互联网商务和内联网商务的位置关系

运输电子商务、医药电子商务等。其中,医药电子商务又可以分成医疗器械电子商务、药品电子商务等。

1.3 医药电子商务相关领域

1.3.1 无纸贸易

现代信息技术,尤其是电子商务及电子政务技术的发展将国际贸易带进了信息化时代,国际贸易运作方式由此发生了巨大变化。信息技术推动了国际贸易向"无纸贸易(paperless trading)"的方向发展,也为国际贸易的可持续发展开辟了一条新的路径。

(1) 无纸贸易发展历程 无纸贸易是电子商务的重要应用领域,但是贸易无纸化的实现还与电子政务活动密切相关,例如电子许可证的申领、电子通关、电子报检等,涉及海关、商检等政府部门电子数据的交换。从广义角度看,无纸贸易可理解为是国际贸易、电子商务及电子政务相结合的产物(图1-3)。相比较电子商务,无纸贸易更关注与公共服务环境建设(主要涉及通关、政府管理、国际运输、国际结算等环节)和贸易链的整体应用水平。

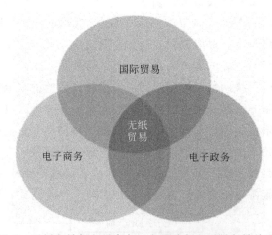

图1-3 无纸贸易与电子商务、电子政务和国际贸易关系图

早在20世纪70年代联合国等国际组织就在纸质单证的标准化和简化方面开展了大量工作。80年代后期随着个人计算机的出现,贸易参与方将单证标准化与电脑制单应用相结合,提高了贸易单证的缮制效率。在此期间,以微电子技术、通信技术、计算机技术为核心的高新技术迅速发展,为实现从传统纸面单证体系向电子单证体系转化提供了重要的技术支持,以计算机网络通信和数据标准化为特征的电子数据交换技术(electronic data interchange, EDI)应运而生。

此后,以微电子技术、通信技术、计算机技术为核心的高新技术迅速发展,使单纯的EDI转化为Open-EDI、Web-EDI,为整个贸易链实现从传统纸面单证体系向电子单证体系转化提供了重要的技术手段。鉴于信息技术基本解决了纸面单证的电子化问题,人们将其直观称之为"无纸贸易"。

EDI技术主要解决了纸面单证电子化问题,可以说是早期的无纸贸易形式,也可以称为无纸贸易发展的第一阶段,这一阶段的重点是实现交易中纸面单证电子化数据的传输和交换。EDI 技术在国际运输、贸易管理、国际采购等方面得到广泛的应用。但是,受其封闭技术环境以及实现的复杂性和高昂的运行成本影响,EDI 技术主要应用于大型跨国公司,众多的中小型企业被拒之门外。20 世纪 90 年代中期,互联网技术在商业领域得到广泛应用,使得网上寻找客户(供货商)、电子函件形式的询盘发盘,甚至使网上成交成为可能。这促使了无纸贸易从交易中开始向交易前的第二阶段延伸。互联网技术的广泛应用,不仅使交易中的电子数据交换向交易前延伸,也对交易后期的电子支付发展产生影响,同时,可扩展标识语言 XML 在商业中得到广泛应用,使传统 EDI 更加灵活、快捷、高效,费用也更为便宜,将无纸贸易推入了第三个发展阶段❶。无纸贸易发展阶段如图 1-4 所示。

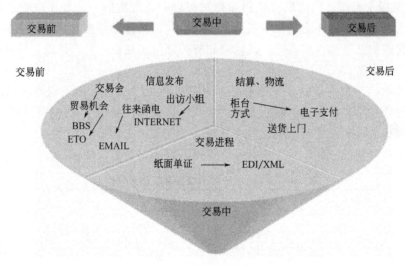

图 1-4　无纸贸易发展阶段示意图

(2) 亚太经济合作组织(APEC)跨境无纸贸易行动战略进程评估　自 2001 年以来,为了实现亚太地区全面无纸化贸易环境建立的最终目标,APEC 不仅提出了相关的行动战略,更采取了 17 项具体的行动/项目来全面推进无纸贸易的发展;绝大多数 APEC 成员经济体也都有了无纸贸易实施的基本行动纲领,并在经济体内部一体化、提高工作效率和公共服务水平等方面取得了显著的成绩。近年来,各经济体已经开始关注无纸贸易的一些新兴领域,如贸易数据交换等,且增值服务网络模式也已经作为提供服务的手段之一加以建立。服务模式已经由 20 世纪 90 年代单一渠道、单一功能的数据提交服务转向了今天针对业务流程和价值链整合的单一窗口模式,服务方式也明显表现出跨境贸易数据集成的趋势。从 APEC 经济体无纸贸易发展排序来看,在 2005~2009 年的 4 年间,APEC 经济体无纸贸易发展阶段排序基本无显著变化。但是,在 2005 年时,只有新加坡和中国香港处于高级阶段,时至 2009 年,已有 9 个 APEC 经济体处于无纸贸易发达阶段,发达经济体的无纸贸易发展速度较快。近年来 APEC 经济体无纸贸易的发展状况大致可以分为四个阶段。

① 发达阶段　就无纸贸易而言,新加坡、中国香港、中国台湾、韩国、美国、日本、加拿大、澳大利亚和新西兰可以归入发达阶段。处于发达阶段经济体的特点是:整体经济的

---

❶ 冯萍,杨海余,张庸萍. 无纸贸易发展动因及策略研究[J]. 长沙理工大学学报. 社会科学版,2010(1):43-47.

发展都已较为成熟，尤其是在无纸贸易、贸易地位、法律环境和 IT 环境等领域，而其电子政务的发展也相对更加协调。虽然不同经济体的发展模式可能会有所不同，但这些经济体无疑都实现了其电子商务数据的有效整合。

② 潜力阶段　智利、墨西哥、马来西亚、中国和俄罗斯可以归入潜力阶段。处于潜力阶段经济体的特点是，都具有巨大的发展潜力，根本原因是在无纸贸易领域都有着巨大的发展空间，如智利、墨西哥和马来西亚在 IT 环境中表现就很突出。与之形成鲜明对比的是中国和俄罗斯等一些经济体，这些经济体整体贸易额巨大，但是无纸贸易的发展与其贸易额极不相符。如果政府和有关部门能够有效地组织力量，那么无纸贸易的实施就可以大大地提高贸易效率，从而提高该经济体的整体贸易竞争力。

③ 改善阶段　泰国、印度尼西亚和菲律宾可以归入改善阶段。处于改善阶段经济体的特点是，无纸贸易的实施环境正在不断地得到改善，包括在近年推出的种种有利于无纸贸易和电子商务发展的立法和行政措施，其政府和有关部门正在积极采取措施，设法最大限度地促进无纸贸易的发展。

④ 追赶阶段　秘鲁、越南、文莱和巴布亚新几内亚大致可以归入追赶阶段。处于追赶阶段经济体的特点是，在无纸贸易上追赶速度较快，如秘鲁和越南等一些经济体已经颁布了一系列的政策和措施来促进无纸贸易的发展❶。

表 1-1 为 2005 年和 2009 年 APEC 经济体无纸贸易发展阶段排序。

表 1-1　APEC 经济体无纸贸易发展阶段排序

年份	阶段	地区	年份	阶段	地区
2009 年 APEC 经济体无纸贸易发展阶段排序	发达阶段	新加坡 中国香港 中国台湾 韩国 美国 日本 加拿大 澳大利亚 新西兰	2005 年 APEC 经济体无纸贸易发展阶段排序	高级阶段	新加坡 中国香港
				中级阶段	韩国 美国 澳大利亚 中国台湾
	潜力阶段	智利 墨西哥 马来西亚 中国 俄罗斯		初级阶段	日本 加拿大 新西兰 智利
	改善阶段	泰国 印度尼西亚 菲律宾		成长阶段	马来西亚 墨西哥 中国 泰国 印度尼西亚 俄罗斯
	追赶阶段	秘鲁 越南 文莱 巴布亚新几内亚		起步阶段	菲律宾 秘鲁 越南

---

❶ 刘重力，曹杰. APEC 跨境无纸贸易行动战略进程评估与展望 [J]. 国际贸易，2010（9）：50-53.

1.3.2 电子政务

电子政务（E-government）的概念自20世纪90年代电子政务产生以来，关于电子政务的定义有很多，并且随着实践的发展而不断更新。通过总结与归纳，电子政务至少包括以下三层含义：首先，电子政务必须借助现代信息技术、数字网络技术和办公自动化技术，同时也离不开信息基础设施和相关软件技术的发展；其次，电子政务处理的是与公共权力行使相关的公共事务，这决定电子政务有着广泛的内容；第三，电子政务并不是将传统的政府管理和运作简单地搬上互联网，而是要对现有的政府组织机构、运行方式、行政流程进行重组和再造，使其更有利于信息技术、网络技术的应用❶。

（1）医药电子政务的概念　医药电子政务以其现代信息技术的优势，重塑医药行政部门，使之更好地发挥监管和服务的职能。所谓医药电子政务是医药行政部门借助现代信息技术，以计算机网络为平台而进行的政务活动。它不仅意味着医药行政部门信息的进一步透明和公开化，还意味着医药行政部门通过网络来管理其所管辖的医药卫生公共事务。

医药电子政务指政府机构在其管理和服务职能中运用现代信息技术，实现政府组织结构和工作流程的重组优化，超越时间、空间和部门分隔的制约，建成一个精简、高效、廉洁、公平的政府运作模式。医药电子政务可概括为以下两方面：

① 政府部门内部利用先进的网络信息技术实现办公自动化、管理信息化、决策科学化；

② 政府部门与社会各界利用网络信息平台充分进行信息共享与服务、提高政府办事效率、促进政务公开与加强医药市场监管。

（2）医药电子政务的基本内容　医药电子政务是医药行政部门办公自动化、网络化、电子化的产物，它不像政府上网那么简单，而是涵盖了政府信息发布、政府政务公开、企业和公众网上办事等丰富的内容。

① 医药行政部门信息发布　各级医药行政部门建立官方网站，企业和公众可以通过网站查询各级政府的部门构成、政策法规、政务公告等。通过网站政府不仅可向企业和公众提供信息服务，还可以加强政府、企业和公众的沟通与联系，促进政府职能的转变，更好地服务于社会。

② 政府办公电子化　医药电子政务推动医药行政部门办公自动化、网络化。这不仅可以实现各部门内部局域网直接联通，而且还可以实现上下级部门和同级部门间的相互联通，实现资源共享、信息互通。通过医药电子政务信息安全保障体系，政府政务网上办公同样具有可靠性和保密性。

③ 政府与企业双向互动　企业和公众可以通过互联网发表自己的看法和意见，参与医药行政部门的有关政策制定，还可以通过政府官方网站直接和相关的医药行政部门的领导进行联系，荐言纳策。

（3）医药电子政务的参与者和业务模式　医药电子政务包括"医监"电子政务和"药监"电子政务。前者是国家公共卫生信息化的一个重要组成部分，后者是药品监督管理部门信息化的主要组成部分。所以我国医药电子政务的参与者和业务模式也是围绕这两个方面进行划分的。

① 医药电子政务的主要参与者及基本流程　医药电子政务的参与者主要是政府、企业、

---

❶ 李霖，郭仁忠，桂胜. 电子政务信息资源目录体系建设及案例 [M]. 北京：科学出版社，2009.

公众和公务员。在"医监"电子政务方面,"政府"是指各级医疗行政部门、疾病预防与控制机构、卫生监督机构组成;"企业"是指受卫生行政部门监督管理的从事医疗卫生事业的事业单位和企业单位。在"药监"电子政务方面,"政府"是指对医药市场进行监督管理的国家食品药品监督管理局和地方各级食品药品监督管理部门;"企业"是指参与医药产品生产、销售的药品(医疗器械)生产企业、经营企业和零售企业等。"公众"是指享受医疗服务的人民大众它包括全体公民。政府、企业、公众和公务员之间的互动,就产生了医药电子政务的基本业务流程,如图1-5所示。

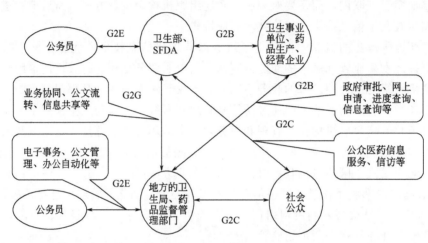

图1-5 医药电子政务的基本业务流程

② 医药电子政务业务模式 按照服务对象不同,医药电子政务可分为:政府部门间电子政务(government to government,G2G)、政府对企业电子政务(government to business,G2B)、政府对公众电子政务(government to citizen,G2C)、政府对公务员电子政务(government to employee,G2E)。

a. 政府部门间电子政务(G2G)。政府部门间的医药电子政务包括主管医药卫生的中央政府与地方各级政府之间、政府内部各个部门之间的政务活动。其活动内容主要是信息交换、资源整合和业务协同。

这些活动主要由下列一些信息系统实现。

(a) 法规政策系统。对所有医药卫生系统的医药行政部门和工作人员提供医药相关的法律、法规、规章、行政命令和政策规范服务,使所有的医药行政部门和机关做到依法办事。

(b) 公文流转系统。在保证信息安全的前提下,医药行政部门的上下级之间、部门之间传送有关的政府公文(如报告、请示、批复、公告、通知、通报等),使政务信息十分快捷地流转,提高医药行政部门的公文处理速度和办事效率。

(c) 业绩评价系统。按照设定的任务目标、工作标准和完成情况,对各级医药行政部门业绩进行科学的测量和评估。

b. 政府对企业(G2B)。政府面向企业的医药电子政务主要是指医药行政部门向企、事业单位发布的各种方针、政策、法规、行政规章,其实质是政府向企、事业单位提供的各种公共服务,如在线健康咨询、医药企业电子申报、电子审批、电子支付、电子数据库在线查询等。

政府面向企业的活动还包括按政府要求填报的各种医药统计信息和企业报表、参加药品的招标采购,以及就政府如何创造良好的医药产业发展环境、如何引导医药企业较快、较好的发展等提出的意见和建议等。

G2B 的运行流程如图 1-6 所示。

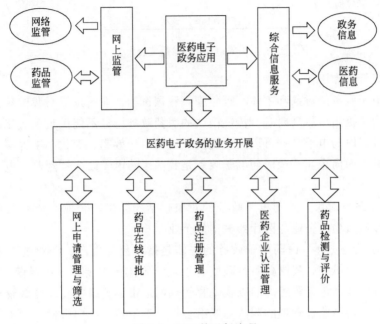

图 1-6 G2B 的运行流程

c. 政府对公众(G2C)。政府对居民的医药电子政务是医药行政部门通过信息网络面向居民所提供的各种服务,主要包括以下几方面。

(a) 提供医药信息服务。让公众知道医药相关的政府方针、政策、法规、行政规章,了解药品常见不良反应以及进行合理的用药指导等。

(b) 提供公众参与服务。通过在线服务、意见反馈、局长信箱等了解公众对医药行政部门的意见,以改进政府工作,更好地服务于公众。

(c) 提供医疗服务。通过政府网站提供医疗保险政策信息、医药信息、执业医师和执业药师信息,为公众提供全面的医疗服务。公众可以通过网络查询自己的医疗保险个人账户余额和当地公共医疗账户情况;查询当地医院的级别和执业医师的资格情况,选择合适的医生和医院进行合理治疗;查询国家新审批的药品成分、功效、试验数据、使用方法及其他详细数据,提高自我保健能力。

G2C 的运行流程如图 1-7 所示。

d. 政府对公务员(G2E)。政府对公务员的医药电子政务是有关公务员工作、培训和考核的部分。

(a) 培训系统。对政府公务员提供各种综合性和专业性的网络教育课程,特别是业务能力、医药政策法规的专业培训。公务员可以通过网络随时随地注册参加培训课程、接受培训、参加考试等。

(b) 办公系统。通过计算机和信息网络,为公务员提供现代化的工作环境,节约时间和费用,提高工作效率。

(c) 人员考核评估系统。通过信息网络对公务员的业绩进行考核,对工作人员出差、请

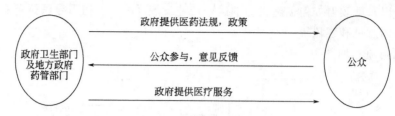

图 1-7　G2C 的运行流程❶

假、工资等进行管理和服务。

(4) 医药电子政务的对象和主体　近年来，我国医药产业的发展对我国药监部门的执政水平和监管能力都提出了更高要求。传统模式的医药政务已经不能满足现代化的企业发展需求，面向企业开展医药电子政务可以大大提高政府的工作效率、简化办事程序、降低政府与企业的交易成本。面向企业开展医药电子政务是我国医药电子政务"药监"电子政务的主体部分。

① 医药电子政务对象　医药电子政务的对象包括药品生产企业、药品批发企业、药品零售企业、医疗器械生产企业与医疗器械销售企业。

② 医药电子政务主体　医药电子政务的主体是指对药品生产、经营过程进行监督管理的药品行政监督管理机构。我国药品行政监督管理组织体系主要是指国务院和省、自治区、直辖市政府设置的药品监督管理部门以及垂直管理的地市、县级的药品监督管理部门。1998 年 4 月以前，我国药品监督管理的职能主要由县以上卫生行政部门行使。为了加强药品的统一管理，国务院组建了原国家药品监督管理局，将原属卫生部行使的药政、药检职能，原国家医药管理局行使的药品生产、流通监督管理职能，国家中医药管理局行使的中药生产、流通监督管理职能划归原国家药品监督管理局行使。国务院药品监督管理部门主管全国的药品监督管理工作，省级药品监督管理部门负责本行政区域内的药品监督管理工作，各级相关部门在其各自的职责范围内负责与药品有关的监督管理工作。2003 年 3 月，根据国务院机构改革方案，国务院决定在原国家药品监督管理局的基础上组建国家食品药品监督管理局。目前，我国药品行政监督管理机构可分为：国家级、省（自治区、直辖市）级、市（地）级和县（市）级。

以国家食品药品监督管理局政府网站为主，直属单位、地方药监部门网站为补充，药监系统医药电子政务服务已经初具规模。计算机网络应用系统在行政办公、药品注册、医疗器械注册、药品广告监督、药品检验、重要保护品种审评、药品地方标准整顿等专项工作中，发挥了特殊重要作用，促进了监管水平的提升❷。

1.3.3　医药电子商务与无纸贸易及电子政务

(1) 医药电子商务与无纸贸易　无纸贸易与电子商务在很多方面有着共同的特征，例如，两者都是运用信息技术手段开展贸易活动的，两者都在 B2B 贸易中广泛应用，但无纸贸易还在 B2G 和 G2G 中有更多的应用。表 1-2 详细分析了无纸贸易的主要特征，并与电子商务的特征做了比较。

---

❶ 申俊龙，汤少梁. 医药电子政务的绩效评价分析 [J]. 电子政务，2010 (7)：77-86.
❷ 秦晓瑞. 面向企业的我国医药电子政务研究 [D]. 沈阳：沈阳药科大学，2008.

表 1-2　无纸贸易与电子商务特征对照

特　征	无纸贸易	电子商务	说　明
非市场要素	★		无纸贸易关注法律环境,贸易的规则、标准、安全,程序的简化与协调等非市场要素
市场要素		★	电子商务更关注参与方的交易行为,它包含了市场中的价格、成交量、时间和客户等市场要素
国际贸易链公共服务环节	★		无纸贸易更关注通关、政府管理、运输、结算等国际贸易链中公共服务环节
企业供应链环节		★	电子商务更关注企业采购、生产、销售环节
贸易的高效化	★		无纸贸易关注减少贸易过程的复杂性,提高贸易效率,增加贸易机会,降低贸易成本
利润的最大化		★	实施电子商务更关注提高企业的核心竞争力,扩大市场占有率,提高企业经济效益
贸易全过程		★	电子商务涉及贸易交易前、中、后的全部过程的数字化
合同的执行过程	★		无纸贸易主要涉及合同签订后至贸易结算过程单证的数字化
结构和非结构信息		★	电子商务传送的信息可以是标准或非标准的信息
结构化信息	★		无纸贸易主要传送的是标准化的单证信息
资源的整合	★		无纸贸易的实施效果主要体现在贸易参与方之间的资源整合和信息共享
作业的实时性		★	采购、生产、营销的协同作业
B2B/B2C/C2C		★	B2B/B2C/C2C 是电子商务应用的重点
B2B/B2G/G2G	★		无纸贸易更加关注 B2B/B2G/G2G 的应用

注：杨坚铮.电子商务基础与应用[M].第5版.西安：西安电子科技大学出版社,2006.

(2) 电子商务与电子政务

① 电子商务与电子政务的异同（表 1-3）　电子政务的主体是政府，以公共服务需求为出发点；电子商务的主体是企业，利用电子信息手段实施商业管理和商务活动，是一种经济行为，故二者的本质区别在于其核心是服务还是交易。电子政务的根本目的是不受时空限制通过电子方式安全、方便的向公众及时、准确地传递信息，电子商务的最终目的是通过电子方式提高交易效率和经济效益。电子政务主要依据法律法规和规章制度，要求遵循一定的统一性和规范性，而电子商务受行业和地域限制，表现为多样性。我国电子政务已逐步形成规模效应与整体布局，而电子商务发展并不顺利，东多西少，二者具有不同步性。

政府与企业方方面面的联系决定了二者间的必然关联，存在着许多相同或相通之处。二者都以电子为手段，分别以政务、商务为核心，都可以统称为业务。电子政务是政府对部门内部、其他政府、企业和公众进行管理和服务；电子商务是企业对企业内部、其他企业、政府以及消费者进行管理和服务，从本质上讲两者内容同质。二者都依赖于信息技术实现其功能，技术基础具有同一性。政府与企业都是分层组织结构，都仍是分工体系管理，具有明确的边界职能，所以二者信息化基础建设改造的重点都在于业务流程的重组，具有相通性。二者的信息传输安全要求一致，都需要采用信息技术手段防止非法用户入侵来保护其安全性。二者都要求其服务直接、高效、交互和透明，服务理念相同。

② 电子政务与电子商务的互动依存关系　电子商务只有在电子政务环境下，才能充分发展和健康成长。电子政务对企业网上监管具有监督作用，可减少并防范企业舞弊，实现对国有资产的有效监控。电子政务对电子商务的发展具有示范效应，电子政务无论是管理模式还是运作流程都比电子商务更规范，再加上公众对政府的固有信任，这就为电子商务的开展提供了良好的环境。电子商务能从电子政务中自动跟踪获取政策信息和客户资信，在保证企

业决策实时性和现实性的同时提高了企业间交易的安全性。

表 1-3 电子商务与电子政务的异同

	项　　目	电 子 政 务	电 子 商 务
不同点	主体	政府	企业
	出发点	公共服务需求	利用电子信息手段实施商业管理和商务活动
	本质	服务	交易
	目的	不受时空限制通过电子方式安全、方便的向公众及时、准确地传递信息	通过电子方式提高交易效率和经济效益
	依据	法律法规和规章制度，要求遵循一定的统一性和规范性	受行业和地域限制，表现为多样性
相同点	手段	电子	
	核心	业务	
	本质内容	管理和服务	
	技术基础	依赖于信息技术实现其功能	
	信息化基础建设改造	业务流程的重组	
	信息传输安全	采用信息技术手段，防止非法用户入侵来保护其安全性	
	服务理念	服务直接、高效、交互和透明	

　　电子政务只有在电子商务的环境下，才能得到更好地开展而服务社会。政府决策依赖于企业提供全面、准确、及时的信息。只有通过电子商务，电子政务才能与企业进行实时信息沟通，减少政企办公交互时间，才能提高政府监控能见度。为加快政府审批和传递，电子商务迫使政府加快电子政务建设以适应其发展。电子商务可直接接收电子政务中的政策，用作电子商务业务流程的控制因素，不但可以更好地传达和执行政府政策，也能使企业实时地规范和约束市场，形成良好的市场秩序❶。

---

　　❶ 高献坤，丁文萍，赵黎，应继来，徐广印. 论电子商务与电子政务的协同发展 [J]. 价值工程，2011 (15)：184.

第 2 章
医药电子商务系统的建设

作为一种新兴的商业模式,医药电子商务具有极大的潜力推动医药企业"打破"原有企业战略的束缚,彻底改变企业的运作流程,增强顾客与供应商的联系,开拓新的市场。这就迫切要求建设一个完善的医药电子商务系统。

2.1 医药电子商务系统概述

在我国医药行业,无论走什么样的电子商务发展道路,都需要以一个实际的商务系统为基础。

2.1.1 医药电子商务系统的基本概念

(1) 医药电子商务系统的定义　所谓医药电子商务系统,广义上讲是支持商务活动的电子技术手段的集合;狭义上讲,医药电子商务系统则是指医药企业、消费者、银行(金融机构)、政府等在互联网和其他网络的基础上,以实现医药企业电子商务活动为目标,满足医药企业生产、药品销售、税务等生产和管理的需要,支持企业的对外业务协作,从运作、管理和决策等层次上全面提高企业信息化水平,为企业提供商业智能的计算机系统。

从技术的角度来看。电子商务系统可以由下面三部分组成:医药企业内联网(Intranet)、医药企业 Intranet 与互联网的连接、电子商务应用系统。从商务角度看,医药电子商务系统有企业与企业之间电子商务、企业与消费者之间电子商务和企业内部电子商务的形式。从医药电子商务的发展趋势来看,企业与企业之间的电子商务将是医药电子商务业务中的重头戏。企业与消费者之间的电子商务是人们最熟悉的一种类型。例如药房网利用互联网提供的双向交互通信功能,完成在网上进行的购药过程,这基本等同于医药电子零售业。企业内部电子商务主要是指采用电子商务技术实现医药企业内部交易,解决医药企业内部的物流、资金流和信息流的信息化。

(2) 医药电子商务系统的特点　根据医药电子商务系统的定义,可以看到医药电子商务系统是支撑企业商务活动的技术平台,这一平台与传统的管理信息系统、决策支持系统等信息系统既有联系又有区别,具有自身较为鲜明的特征。

① 医药电子商务系统是支持医药企业商务活动整个过程的技术平台　从企业内部管理的角度看,企业的活动包括日常的操作、管理和决策三个层面,医药电子商务系统依托企业内部网络,支持企业内部的事务,不仅服务于企业日常操作层面的库存、订单、结算等事

务,而且也对决策环节提供支持。

从企业之间的商务活动看,电子商务系统透过互联网、企业间专用网［或称企业外部网(Extranet)］,使得企业之间构成紧密、动态的商务协作关系,支持企业的电子化协作(ecollaboration),使企业之间能够快速地适应市场需求的动态变化,进而在一定意义上导致企业及其合作伙伴形成种虚拟的联盟关系或者共同市场。

因而,无论是医药企业内部的生产、销售,还是医药企业外部的市场活动,都可以依托医药电子商务系统这一平台,这是医药电子商务系统与企业信息系统(MIS)、企业规划决策系统(DSS)等不同的地方(图 2-1)。充分支持医药企业商务活动的各个环节就成为医药电子商务系统的一个重要特点。

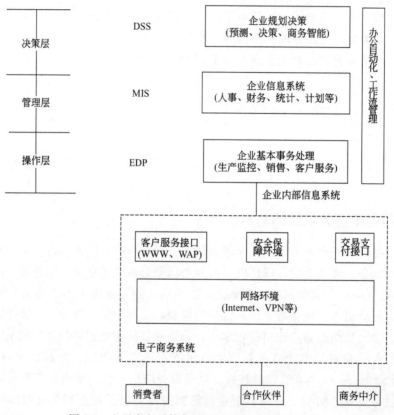

图 2-1　电子商务系统与 DSS、MIS、EDP 之比较

② 医药电子商务系统是医药企业业务流程重构、价值链增值的技术平台　如前所述,医药电子商务追求的是通过"商务整合"完成医药企业业务流程的再造,充分发挥医药企业信息资源,提升医药企业的竞争优势。医药电子商务系统作为实现这一目标的技术支撑平台,能否实现企业价值链的增值是其是否成功的一个标志。

③ 医药电子商务系统依托网络,提供基于 Web 的分布式服务　医药电子商务的形式多种多样,但是支撑医药企业电子商务运作的医药电子商务系统基本上都是依托互联网、Intranet 和 Extranet 构造的,以 TCP/IP 协议为基础的网络环境是所有医药电子商务系统的共同基础。因此,医药电子商务系统是一个在分布式网络环境中提供服务的系统。

此外,从应用的处理方式上看,大多数医药电子商务系统中都含有 Web 服务功能,或者是通过 B/S 这种方式向客户提供在线服务。在这种方式下,医药电子商务系统的核心软、硬件都集中在 B/S 结构下的应用服务器或者 Web 服务器，而客户端得以大大简化，并通常表现为浏览器的形式。这是电子商务系统的一个突出的技术特点。

④ 医药电子商务系统在系统、应用的安全方面有较高的要求　虽然几乎所有的信息系统在安全方面都有需求，例如强调操作系统的安全等级、数据的安全、主机设备的备份等。但是相对而言，电子商务系统在安全方面的要求更高一些。其原因有三个：第一，医药电子商务系统一般处理的是与医药企业交易活动相关的数据，因此业务数据涉及医药企业的敏感数据，自然对安全等级的要求很高；第二，医药电子商务系统依托于网络，一般是在一种开放的、公共的网络环境中运行，而且 TCP/IP 协议本身就存在漏洞，因此这种开放环境相对于封闭系统而言，存在着一些不安全因素，所以，需要强调安全措施来降低风险；第三，医药企业传统的商务活动是在法律保护下开展的，企业的交易行为通过契约、合同的形式得到法律保障，开展电子商务活动时，有形的纸质合同转变为电子契约，而电子契约存在的公共密钥体系本身就有很高的安全规范。

⑤ 医药电子商务系统大多是依托企业既有信息资源运行的系统　医药电子商务系统不是要废弃医药企业既有的信息资源，而是试图使信息资源整合，提升其共享程度，发挥其效益。一方面保证了企业既有信息化建设的投资不被浪费；另一方面也是企业信息化得以可持续发展的必然要求。

(3) 医药电子商务系统与传统医药企业信息系统的差异

① 事务处理

a. 电子数据处理系统（electronic data process，EDP）或者事务处理系统（transaction process system，TPS）主要涉及与企业生产相关的事务（如财务统计、银行转账等）。

b. 管理信息系统（management information system，MIS）则主要服务于企业的管理层面，它在 EDP 系统之上通过生产数据的收集、转换和加工，进而完成企业的信息管理、统计、分析、控制，辅助企业的管理活动。

c. 决策支持系统（decision support system，DSS）主要是针对企业决策过程中面临的一些半结构化或者非结构化的问题，利用现代数学、管理科学和信息科学的技术方法，通过推理、模拟等手段，在不完备或者不确定的条件下，对最终面对的决策问题提供决策的参考依据，它主要面对的是企业的决策者。

医药电子商务系统充分支持医药企业商务活动的各个环节如图 2-1 所示。

② 系统功能　医药电子商务系统不仅支持企业内部的生产与管理，例如企业资源规划（enterprise resource planning，ERP）、供应链管理（supply chain management，SCM）和客户关系管理（customer relationship management，CRM），而且支持企业通过互联网进行的商务活动，例如企业形象宣传、网络订单管理、网络支付管理等。从信息系统服务的范围及对象看，传统信息系统主要服务于企业内部特定的客户，例如 MIS 主要用以满足企业管理人员管理的需要。但是，电子商务系统服务的对象不仅包括企业内部管理人员，而且包括企业的客户和合作伙伴。

③ 技术方面　医药电子商务系统基本上是一种基于 B/S 结构的系统，它的构造技术还包括一些原有信息系统未曾使用的新技术，例如多层结构、站点动态负荷均衡技术、安全与认证技术等❶。

---

❶ 孙德林，王晓玲，张建. 基于现代企业信息化的电子商务系统规划与设计 [J]. 企业研究，2006 (1)：68-70.

综上所述，医药电子商务系统是在网络的基础上，利用现代信息技术支持医药企业电子商务活动的计算机信息系统。这一系统服务于企业内部用户、企业客户及企业的合作伙伴，支持企业生产、销售、管理等整个环节，其目的是利用信息技术手段整合企业的商务流程，帮助企业建立新的商务模式。医药电子商务系统在技术上与传统信息系统有共性，它需要与医药企业内部信息系统结合，更侧重于医药企业商务活动的整体，其结构与组成同传统信息系统不同，而且由于B/S模式、安全等技术的引入，使这样的系统在设计与开发上存在很多独特之处。

2.1.2 医药电子商务系统的建造过程

医药电子商务的建造过程有系统规划、系统设计、系统开发与集成、系统实施和系统运行维护五个阶段（图2-2）。

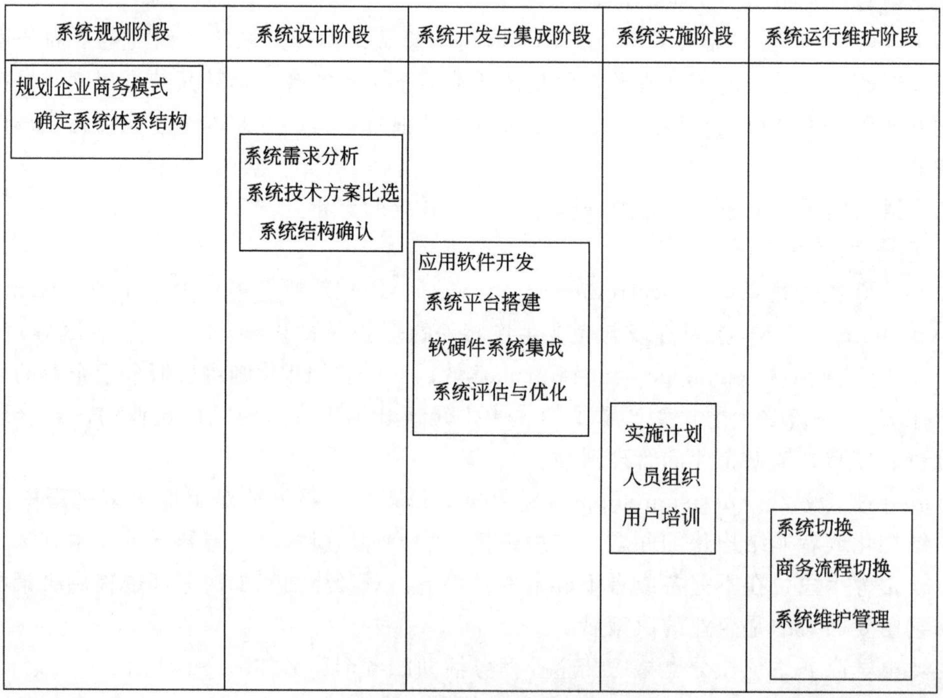

系统规划阶段	系统设计阶段	系统开发与集成阶段	系统实施阶段	系统运行维护阶段
规划企业商务模式 确定系统体系结构	系统需求分析 系统技术方案比选 系统结构确认	应用软件开发 系统平台搭建 软硬件系统集成 系统评估与优化	实施计划 人员组织 用户培训	系统切换 商务流程切换 系统维护管理

图2-2 医药电子商务系统建造的基本过程

医药电子商务系统规划阶段的里程碑是给出医药企业未来的电子商务模型和清晰的电子商务系统体系结构。

医药电子商务系统设计的目标是在电子商务系统规划的基础上，确定整个电子商务系统体系结构中各个组成部分或者说不同层次的具体内容。其重点是确定电子商务业务系统的功能、平台的基本功能和系统平台的构成。

医药电子商务系统开发与集成是根据前述阶段的需求和系统逻辑结构设计，确定需要哪些产品或者技术来构建医药电子商务平台，完成应用软件系统的编码，最终将医药电子商务系统的应用软件和各种平台集成在一起。该阶段的任务主要包括应用软件开发、系统平台的选择和搭建、软硬件系统集成、系统评估及优化四个方面。

医药电子商务系统实施阶段的主要任务是设计合理的系统实施计划，确定系统实施的组织安排，准备应用培训，完成医药电子商务系统的上线运行准备。在实施阶段不仅需要规划信息系统如何取代企业已有的信息系统，而且要为实现这一目标做多方的准备。

医药电子商务系统运行不仅仅是指医药电子商务系统投入运行，更为重要的是医药企业商务活动在一种新的模式下运转。这样，系统的运行过程除了电子商务系统的正常投产外，还包括相应的维护和管理，以及医药企业处于这样一个系统的市场、销售、客户服务等基本商务环节的运作与组织。

2.1.3 医药电子商务系统的建造方式

医药电子商务系统的建造方式是多种多样的，常用的类型有自主开发、外包、租用和购买四种。

（1）自主开发　自主开发方式也称为内包方式。其主要特征是电子商务系统由企业内部自有的信息主管部门或者技术人员为主建造。

自主开发方式的优势如下。

① 医药企业内部信息技术人员对企业自身的需求比较了解，对企业电子商务系统的迫切需要有切身体会，所以，在建造过程中比较容易把握系统的重点。

② 医药企业自主开发的系统与其他企业的系统相比较，具有独创性和差异性。而这种独创性或者差异性使得其他企业难以模仿，从而保证企业在竞争中，保持一种差异化的竞争优势。

③ 医药企业拥有自主开发的医药电子商务的全部知识产权，易于升级和管理。

自主开发建造医药电子商务系统，对于企业而言，也有其不利之处：

① 要求企业拥有实力较强的开发队伍，对企业人员的素质要求较高；

② 建造成本与外包方式相比，可能会高一些。

当然，这种方式也不一定意味着系统的所有内容全部从零开始，其小部分功能或者部分医药电子商务软件组件也可以外包或者购买，只不过强调的是整个系统的建造过程完全由企业自主控制。

（2）外包　外包方式也就是所谓的"交钥匙工程"，是指医药电子商务系统的建造完全交给专业化的技术企业，由专业化的公司根据企业的需求，完成医药电子商务系统建造的整个过程。

外包方式对于规模较小或者IT技术实力较弱的医药企业实现医药电子商务而言，是一种比较好的选择。

外包方式的优势在于以下两个方面。

① 负责系统建设的专业化企业一般具有较强的技术实力，同时，具备较为成熟的成功案例和丰富的相关行业的成功经验，所以医药企业的风险较低。

② 外包企业在项目管理上有着丰富的经验，同时与实施医药电子商务的医药企业间的义务和责任清晰，从而保证项目的进度得以控制。

外包方式也有以下一些风险。

① 外包企业对需求的了解相对于自主开发而言，可能会产生一些遗漏或者偏差，常常会导致最终产品投产后，可能还要进行一些改动。

② 采用外包方式，不可避免地会涉及到系统产品的版权和知识产权问题。一般来说在外包前，医药企业必须与专业化技术企业签署相关的备忘录或者知识产权协议，以确保共同

投入建造的医药电子商务系统不被竞争对手窃取。

③ 医药企业在系统投产后的培训及维护方面与自主开发相比，成本会有所增加。

（3）租用　所谓租用方式是指开展医药电子商务的医药企业并不拥有或者并不完全拥有相关的技术设备和应用软件，而是通过向应用服务商租用设备和软件的使用权，开展自己的电子商务活动。

租用方式的优点在于以下两个方面。

① 企业可以不必进行医药电子商务系统建造的一次性大规模投资，可以通过租用和试用的方式，积累企业实施电子商务的经验，从而为后续的投资做好前期准备。

② 与自主开发和外包方式相比，租用方式的成本最低，且时间最短。这样对于急需开展医药电子商务，又缺少该方面投入的医药企业来讲，这是最为合算的一种方式。

租用方式的缺点也是显而易见的，如下。

① 提供租用服务的设备和应用软件一般具有某种类型电子商务所需的基本功能，缺乏针对性。所以，这种方式虽然可以满足企业的大部分需求，但企业的特色服务恐怕难以全面得到满足。

② 采用租用方式时，企业电子商务的服务特色、效率等会受限于服务商的能力、环境和服务质量。当租用者出现问题（例如主机故障、维护能力匮乏）时，医药企业的电子商务活动会受到影响。

2.2　医药电子商务系统的规划

医药电子商务是医药企业依托网络和现代信息技术开展的商务活动。当今技术的飞速发展，使得医药电子商务系统的构造和医药企业电子商务的实施存在着挑战。医药企业电子商务的实施实际上意味着医药企业商务活动的转型，这是一种变革和飞跃，这种变革不是一蹴而就的，需要经历一个过程。所以，就需要对于该过程中的每一个步骤的实施，以及何时实施进行统一的安排，以降低医药企业实施电子商务的风险。这个过程就是医药电子商务规划。

2.2.1　医药电子商务系统规划概述

一般来讲，规划的目的是为完成未来的某个目标设计相关的实施步骤，其主要内容是给出达到这一目标的行动计划，要求指明行动过程中的人员组织、任务、时间及安排。

（1）医药电子商务系统规划的定义　医药电子商务系统的规划是指以完成医药企业核心业务转向电子商务为目标，给定未来医药企业的商务模式，设计支持未来这种转变的电子商务系统的体系结构，说明系统各个组成部分的结构及其组成，选择构造这一系统的技术方案，给出系统建设的实施步骤及时间安排，说明系统建设的人员组织，评估系统建设的开销和收益。

医药电子商务系统规划强调的是从战略层次或者决策层次做出的，因此在规划中对未来电子商务系统的描述是概要性的和逻辑性的，并不阐述系统实现的细节和技术手段。医药电子商务系统的规划并不强调未来系统"怎么做"，但一定要明确给出系统未来的目标与定位，即"做什么"。医药电子商务系统的规划依据医药企业实施电子商务的目标来完成，服务于企业电子商务的整体战略。

(2) 医药电子商务系统规划的内容　医药电子商务系统规划包括医药电子商务战略规划和医药电子商务系统规划两个基本层次，如图 2-3 所示。

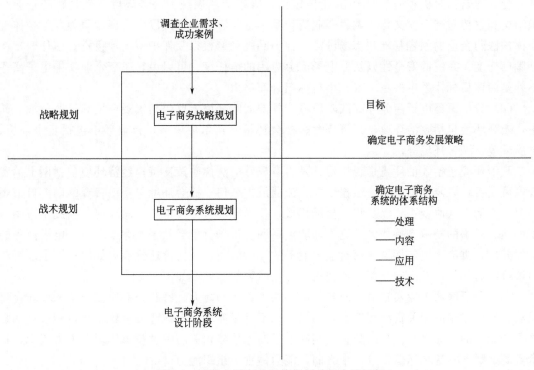

图 2-3　医药电子商务系统规划的层次及目标

电子商务战略规划目的是明确医药企业将核心业务从传统方式转移到电子商务模式时所需要采取的策略，确定医药企业的商务模型（就是确定医药企业在电子商务时代如何做生意）。电子商务系统战略规划确定医药企业未来核心业务路线，给出电子商务系统开发可依据的一个基本框架，由于这种规划过程侧重于技术的实现，所以它的主要参与人员是以熟悉网络和计算机技术的各类工程技术人员为主。

电子商务系统规划是一种战术层的规划，它侧重以商业模型为基础，规划支持医药企业未来商务活动的技术手段，确定未来信息系统的体系结构。

2.2.2　医药电子商务系统的战略规划

从战略管理理论研究历史来看，各种学派的观点的产生和发展是一个不断变异、不断进化的过程。战略规划学派的思想产生于 20 世纪 60 年代，基本分析工具是 SWOT 分析与波士顿矩阵（Boston consulting group）。战略规划的过程就是一个资源与机遇的匹配过程，一个为医药企业发展指明方向的过程。医药电子商务战略规划就是指明确电子商务战略目标，对电子商务所需资源和其带来的机遇进行匹配的过程，是医药电子商务应用实施的行动纲领。电子商务战略规划主要包括以下八个步骤。

(1) 考察医药企业总体战略目标　医药企业总体战略目标限定了企业竞争活动的范围，即各种行业和市场。实施医药电子商务应该从考察总体战略目标出发，调查电子商务战略是否适应医药企业的总体战略目标，为电子商务的应用范围指引一个明确方向。

(2) 确定医药企业电子商务战略目标 医药电子商务的实施工作将会以电子商务战略目标为导向,其控制工作将以该目标为基准。医药企业的电子商务战略目标主要体现在实现差异、管理变革、保护和信任四个方面。差异表现为一对一的专业化营销、较高的客户服务水平、合宜的营销时机和适中的价格/价值定位;管理变革表现为改善环境,强化医药企业组织结构和宣传医药企业文化、重组企业流程和丰富顾客沟通方式以及提高竞争力;保护体现在保护医药企业的顾客基础和市场份额、保护品牌和产权以及保护市场和投资;信任表现在品牌信任度、系统的安全性以及对电子商务应用的信任度。可以说,医药企业实施电子商务不外是为该目标体系中的一个或几个目标组合而努力。

(3) 分析医药电子商务外部战略环境 外部战略环境主要包括宏观环境和行业环境。其中,宏观环境包括政治环境、经济环境、社会环境、技术环境等;行业环境包括竞争环境、供应环境、顾客环境等。

政治环境包括政治环境是否稳定、是否有成熟的法律政策支持;经济环境包括网上消费规模可观否,以及能源成本、运输成本、流通成本如何;社会环境包括消费者的网上价值观如何、生活方式改变否,以及收入分配构成;技术环境包括技术新方向如何、新技术应用速度如何、对手的技术支持如何;竞争环境包括网上市场竞争激烈否、竞争对手对电子商务的态度如何;供应环境包括供应商对电子商务的支持如何、其讨价还价能力如何;顾客环境包括议价能力如何、药品适合网上消费吗、网上顾客的忠诚度如何。

(4) 分析医药企业实施电子商务的内部相关资源和能力 医药企业应该分析和检验自身成功实施该战略的相关资源和能力,如果它们不满足需求,应该选择重新制定目标或是加强资源和能力的补充水平。与医药企业实施电子商务战略相关的关键资源体现在人力资源、技术资源、财务资源和运营资源四个方面,能力体现为组织能力。

是否有相关的专业技术人员关系到电子商务是否成功——人力资源,其主要内容为人员的观念、人员的技术水平、人员的学习能力等。

电子商务技术是实施医药电子商务的前提和保障——技术资源,其主要内容为技术人员的数量、现有技术与所需技术的差距等。

充足的资金支持医药电子商务的开展——财务资源,其主要内容为提供的资金与所需资金的比较等。

各类信息系统等用来支持医药企业电子商务流程顺利开展的资源——运营资源,其主要内容包括各类信息系统的先进性、系统的整合程度、升级的难易程度等。

组织能力使组织能够顺应企业电子商务的开展,其主要内容为组织流程变革的难易程度、电子商务管理水平等。

(5) 评估电子商务战略目标的有效性 医药企业应结合对战略外部环境和内部资源与能力的分析,再一次评估电子商务战略目标的有效性。在这一阶段,医药企业应该做到在明确实施电子商务战略过程中所需要的资源和能力的基础上,确立正确而稳定的电子商务战略目标。

(6) 电子商务战略方案制定 电子商务战略方案制定是把医药企业所要实施的所有电子商务活动系统化和明确化。医药电子商务战略方案制定主要是要确定医药电子商务运作模式、医药电子商务核心能力和医药电子商务战略定位三个问题。

(7) 电子商务战略实施 有效实施是保证战略成功的关键。在实施阶段,要注重每个细节的执行,并且应该制定出详细的战略实施方案。

（8）电子商务战略实施效果评估　效果评估的目的就是看先前所确立的战略目标在实施了战略后有没有达到。效果评估必须以确立的战略目标为基准，不能一味对经济效果进行定量评估，隐性效果不容忽略。除了经济效果评估外，企业还应从竞争者、客户和企业内部三个方面对实施效果进行全面评估。从竞争者方面，企业应评估在多大程度对竞争者形成了防御或威慑作用、竞争者市场份额的变化等；从消费者方面，企业应评估消费者的忠诚度变化、采用数量变化等；从企业内部维度，企业应评估组织的适应程度、员工的支持程度、管理方式的变化等。

互联网技术发展日新月异，医药电子商务的应用环境必定是处于一个不稳定的状态。这就要求医药企业在实施电子商务战略的过程中，不能一味按照上述规划来进行，还应该时时监控这一动态变化的环境（图2-4），灵活地对规划做相关调整，以求获取动态竞争优势，保证医药电子商务的成功实施❶。

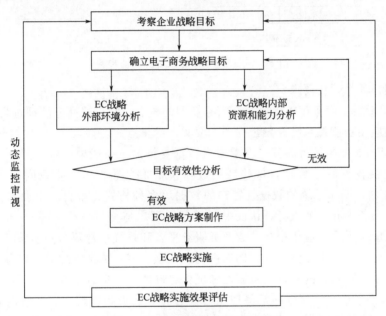

图 2-4　医药电子商务战略规划模型

2.2.3　医药电子商务系统的系统规划

医药电子商务系统规划简单地讲就是规划医药企业可以采用哪些电子手段做生意。医药电子商务系统的规划则给出医药电子商务系统开发可依据的一个基本框架，所要解决的基本问题是如何实现商务活动。医药电子商务系统规划主要有抽象应用模型、规划应用平台和界定基础设施环境三个步骤。

（1）抽象应用模型　应用模型可以分解为应用表达层、商务逻辑层和数据层三个层次（图2-5）。

① 应用表达层　应用表达层为最终用户提供界面，同时它也是系统接受用户请求的接口。应用表达层至少需要满足三个基本的特征：支持多种标准数据格式；支持多种主流数据

---

❶ 李纲，李伟. 传统企业电子商务战略规划研究［J］. 管理学报，2005，2（S2）：89-92.

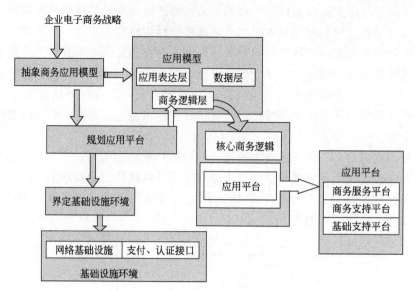

图 2-5 医药电子商务系统规划的步骤

终端；支持用户的个性化要求。

② 商务逻辑层　商务逻辑层是整个商务模型的核心，它描述商务处理过程和商务规则。该层所定义的应用功能是系统开发过程中需要实现的重点。

③ 数据层　数据层是为商务逻辑层提供数据支持的。一般地，这一部分为商务逻辑层的各个应用提供各种后端数据，这些后端数据包括来自数据库、企业内部信息系统或者ERP 系统的数据、EDJ 系统的数据、客户的数据等多种格式；来自于企业内部、企业外部的合作伙伴、商务中介［如银行、认证中心（CA）等］等多种来源。

（2）规划应用平台　应用平台分成商务服务平台和系统平台两个基本层次。前者直接为医药企业的核心商务逻辑提供服务，例如供应链管理、客户关系管理等；后者则主要面向系统性能，侧重于保障系统的效率、可靠性和优化，例如动态负载平衡、系统管理等。

① 商务服务平台　该部分的某些功能与核心商务逻辑相比较，是辅助性的、服务性的和支持性的，它主要包括供应链管理、客户管理、电子市场、社区和协作服务。

② 系统平台　该部分从计算机系统、网络、集成、开发等方面为核心应用提供支持。例如网络管理、开发工具、网络平台、搜索工具等。虽然这一部分算不上是应用，但它为提高商务效率、安全程度提供保障。

该部分包括商务支持平台和基础支持平台两部分内容。前者的作用是提高商务逻辑的效率，简化开发的任务；后者支持应用之间的协同与集成，提高商务逻辑运行环境的可关联性和高性能。

③ 商务支持平台　商务支持平台的基本内容有内容管理、知识管理、搜索引擎、目录管理和用户管理。

④ 基础支持平台　基础支持平台的基本内容有应用集成中间件、负荷均衡、集群结构、故障恢复和系统管理。

（3）界定基础设施环境　界定基础设施环境的基本步骤如下。

① 分析医药电子商务系统的外部实体，该步骤包括分析每个实体与电子商务系统之间的联系内容，确定这种联系所对应的接口。

② 分析医药电子商务系统运行的运行环境，该步骤包括分析医药电子商务的外部和内部网络系统。

③ 规划医药电子商务的网络基础设施，确定商务系统运行所依赖的网络的基本拓扑结构、地理分布及网络接口。

（4）确定系统的支付和认证方式　该部分主要包括支付方式、支付网关接口、支付协议、认证方式、认证中心接口以及内部和外部网络安全环境。

2.2.4 医药电子商务系统规划的人力资源

医药电子商务系统在技术上和运作方面牵扯的内容很多，这一系统又没有唯一的成功道路，所以在医药电子商务系统的规划过程中，应该尽可能多地吸收多方面的意见和建议。

医药电子商务系统规划的人员组织见表 2-1。

表 2-1　医药电子商务系统规划的人员组织

规划人员		领域知识	作 用 点
企业领导层		企业的核心业务 商务过程	控制、决策
企业经营人员		市场 客户 产品 商务流程 增值点、业务延伸 与其他企业的协作 转向电子商务的需求	商务模式 服务内容 企业流程再造对商务逻辑的决策 系统评估 运行决策
咨询人员	商务顾问	电子商务 成功案例 系统设计 项目实施	商务模型 规划建议 商务系统 系统设计建议 系统投资与收益建议
	技术顾问	系统设计 技术产品 系统集成	商务逻辑实现 系统外部接口 系统集成 系统实施
	其他咨询人员	ISP 或者成功的电子商务运营商 物流专家 金融投资顾问	电子商务运营经验 经营风险 物流及供应链管理 项目风险评估	商务模式建议 系统运行管理 企业供应链设计 投资效益评估
技术人员	项目管理经理	规划组织 协同工作 知识管理	规划实施 项目风险 项目管理
	网络专家	互联网/Intranet/Extranet 数据通信 网络互联 设备	网络基础 设施规划 网络互联 数据交换
	Web 应用专家	B/S 计算模式 HTML/HTTP/信息发布分布式应用 数据库/数据仓库 Web 应用开发	客户服务 应用平台 应用逻辑设计
其他人员（文档管理人员、法律人员等）		特定的专业知识	规划建议及辅助工作

2.2.5　医药电子商务系统的规划报告

医药电子商务系统规划的结果形成了《医药电子商务系统规划报告》或者称作为《医药电子商务系统解决方案》。其内容主要是对医药企业电子商务系统的商务模式、电子商务系统的体系结构和该系统的各个组成部分进行阐述。其基本内容细化如下。

（1）系统背景描述　该部分阐述电子商务系统规划涉及的企业的基本情况，包括企业的性质、实施电子商务的范围和规模、计划的项目周期、外部环境及其他的一些特殊说明。这部分还需要对整个规划报告中涉及的一些专门的概念进行初步定义。

（2）医药企业需求描述　该部分对医药企业转向电子商务的动机、基本设想等进行描述。其关键内容是阐述企业的核心商务逻辑，以及医药企业对未来电子商务的一些基本认识。该部分的主要内容包括医药企业核心业务描述、医药企业现行的组织结构及主要协作伙伴和核心业务分析三个部分。核心业务分析又由核心商务流程、医药企业商务活动中存在的问题、电子商务对医药企业商务活动的影响、未来医药企业业务的增值点和业务延伸趋势和医药企业实施电子商务中存在的困难五个部分组成。

（3）电子商务系统设计的原则及目标　该部分主要阐述医药企业建设电子商务系统的策略、所要达到的目标、规划过程中需要遵循的原则。换句话说，这部分阐明的是帮助医药企业实现电子商务的基本思路。该部分的主要内容包括医药企业实施电子商务的基本策略、电子商务系统所要达到的目标以及规划和设计原则三个部分。规划和设计原则有实施商务流程再造原则、技术原则、实施原则和投资费用原则。

（4）商务模型建议　该部分主要是描述医药企业未来商务模式、商务模型的建议。它是医药企业商务模型规划结果的总结。这一部分的内容包括商务模式分析和建议、商务模型、电子商务环境下医药企业核心商务流程说明、未来客户服务、外部信息系统接口、内部系统整合和未来电子商务系统的环境。

（5）目标系统的总体结构　这一部分在某些情况下，也被称为电子商务系统整体解决方案。其目标是阐述电子商务系统的体系结构，说明其逻辑层次，界定各个部分的作用及其相互关系。其特征是：侧重于从逻辑上阐述系统各部分的关联关系，而不是说明构造系统的技术产品，但是这种体系为系统的集成提供依据。该部分的主要内容包括系统的体系结构、系统各层次的构成及作用（客户、服务表达、应用逻辑、支持平台和基础网络）、互联网、Extranet 以及网站或企业信息门户（EIP，enterprise information portal）五个部分。

（6）应用系统方案　该部分说明应用软件的基本结构、功能分布、平台结构等。它的主要内容包括应用软件结构、应用的功能、主要应用流程描述、数据与数据库、应用支持平台和应用互联接口。

（7）网络基础设施　该部分描述电子商务系统运行所需要的网络基础设施的基本构成。在这一部分需要阐明支持电子商务系统运行的网络结构、组成、特征、互联方式等。该部分的主要内容包括网络基本结构、互联网及接入、Intranet 结构、Extranet 及数据交换以及网络互联方式五个部分。其中互联网及接入这一部分侧重说明医药企业电子商务系统是通过接入设备和线路连接到互联网还是通过托管方式在 ISP 的数据中心配置。Extranet 及数据交换阐述医药企业电子商务系统与合作伙伴、商务中介以及银行、认证机构之间的网络连接、数据交换方式。

（8）联机交易中的支付与认证　该部分侧重阐述联机交易中的支付和认证的实现方案，

说明保证交易安全的方式和方法。该部分的主要内容包括联机支付方案和认证方案。联机支付方案包括支付手段、支付流程和支付网关接口方式；认证方案包括认证内容、认证过程和认证证书。

（9）系统安全及管理　该部分说明保证电子商务系统安全的整套体系、系统的管理等，其目的是说明电子商务系统的安全性和可管理性。该部分的主要内容包括系统安全体系和系统管理。系统安全体系包括安全策略、安全体系、计算机系统安全（网络安全措施、主机系统安全和应用安全措施）和交易安全四个部分；系统管理包括网络管理、服务器管理和授权与审计三个部分。

（10）系统性能优化及评估　该部分说明保证系统高可靠性、可用性和高性能的方案。它的主要内容包括系统可靠性（数据及设备备份和灾难恢复）、可用性和性能优化方案（系统负荷均衡、并发事务控制、高性能软件等）。

（11）系统集成方案　这部分说明支持应用系统的软、硬件平台的选择、集成方式。其主要内容有系统平台选择和系统集成。系统平台选择包括平台结构、软件及中间件（应用服务器、数据库系统、中间件产品和应用开发工具）和硬件（主机设备、网络设备以及其他外围设备）；系统集成包括设备集成方案和应用集成方案。

（12）系统开销与投资　此部分说明系统建设各个部分的开销及投资计划。

（13）实施方案　该部分说明电子商务系统实施的基本过程及相关的保障措施。其具体内容应当包括系统实施的主要任务、实施进度安排、实施过程的分阶段目标和实施人员组织。

（14）商务系统收益分析　该部分说明系统投产后可预见的收益。

（15）其他说明　由于电子商务系统涉及的不仅仅是技术问题，而且涉及组织、管理甚至法律、人文环境等因素，所以对于相关的配套措施在这一部分进行阐述。

2.3　医药电子商务系统的分析

成功的电子商务企业首先应使医药企业内部运作电子化、信息化。只要企业利用互联网络进行信息处理，内外部沟通，在管理和业务流程上进行革新，减少中间环节，使医药企业降低运营成本，提高效率。进行医药企业电子商务系统分析，需要先对医药企业的商务活动进行分析，分析电子商务会对企业的哪些商务活动产生影响，并产生什么样的影响进行分析。

2.3.1　医药电子商务系统分析概述

（1）医药电子商务系统分析的基本概念　对于医药企业而言，实施电子商务的目标就是最大程度地扩大利润空间，增加企业收入。为了达到这一目的，需要不断改善提高其核心竞争能力，扩大市场份额。利用电子商务系统改进其核心竞争能力是医药企业建设电子商务系统的最直接，也是最为原始的动机。因而，在设计电子商务系统之初，必须准确、完全地了解医药企业电子商务的需求，掌握医药企业各个商务过程的数据及其处理过程才能在设计阶段，有针对性地设计电子商务系统软件所应具备的相应功能。使得所设计的电子商务系统的功能与医药企业实施电子商务的动机吻合。这就是系统分析所要完成的任务。因此，系统分析是系统设计的基础,是电子商务系统建设中的一个重要阶段。

医药电子商务系统分析就是在系统规划确定的原则和目标的指导下,结合电子商务系统的特点,对企业进行调查,全面了解企业的目标、组织结构、数据流程和业务处理过程,结合不同电子商务活动的基本需求,进而确定企业的详细需求定义(或者系统功能需求说明书),为系统设计奠定基础。

(2)医药电子商务系统分析的内容　医药电子商务系统分析的内容包括需求分析、市场分析和企业分析三个部分。

① 需求分析　医药企业的商务需求推动了电子商务的产生、形成和发展。没有医药企业的商务需求,就没有今天的电子商务,需求是电子商务发展的真正动力。在考虑电子商务系统设计时也不例外。需求主要是指医药企业需求和市场需求两个方面。

医药企业需求是指医药企业或者其他计划建设电子商务系统者,由于自身的生存、发展所引发的对电子商务系统的需求,比如为了降低药品采购成本,或者为了更好地进行市场营销。

市场需求是指由于市场供求不平衡或者其他市场原因所引发的对电子商务系统的需求,比如需要能够24小时送货上门的网上药店。

当然,自身需求和市场需求并不是截然分开的两回事情,而是相互关联、互为表里的。对于医药企业而言,自身需求归根结底还是市场需求,还是为了满足市场对医药企业的需求。市场需求也不是抽象的、无所依附的,它必须而且只能通过特定的医药企业的商务活动得到满足,这时市场需求就自然转化成了医药企业自身需求。对于电子商务系统来说,无论是自身需求还是市场需求,总归是来自客户的需求。对于消费类电子商务系统而言,总归是来自网上客户的需求。

医药企业对电子商务系统的需求主要出自企业管理、经营战略、市场营销和技术支持这四个方面。比如,医药企业对于电子商务系统的需求可能来自客户对医药企业越来越高的要求,可能来自医药企业竞争对手越来越大的压力,可能出自医药企业对于进一步发展的战略考虑。总之,要仔细研究医药企业对电子商务系统的需求。

在研究医药企业对电子商务系统的需求时,应从下面这几个问题入手。

电子商务确实能够提升企业的客户服务能力吗?

电子商务确实能够服务于企业发展战略吗?

医药企业竞争对手已经或计划实施电子商务应用了吗?

电子商务确实能为企业增加效益吗?

医药企业建立电子商务系统的目的究竟是什么?

电子商务应用的成功实践表明,企业可以从最迫切的需求入手,看一看哪个环节、哪个方面是企业中最薄弱、最令人头疼的?因为,这很可能就是企业中最迫切需要应用电子商务的地方。比如,企业的采购管理太乱、采购成本太高,企业一直很想改善却又没有什么好的办法,那么不妨试一试电子商务的办法,试一试运用网上采购管理的办法。效果可能会让你喜出望外。从这里开始,企业可以渐次调整和变革企业的其他环节、其他方面,逐步整合并建成企业电子商务系统。

② 市场分析　市场分析包括市场环境分析和客户分析。

a. 市场环境分析。在考虑电子商务系统设计时,市场环境是必须加以分析考虑的。如果医药企业的竞争对手尚未使用电子商务,那么首先进入电子商务的医药企业无疑更可能成功。良好的国际和地区经济环境、政府部门的支持以及市场所在地互联网设施的完备程度都对电子商务的成功有影响。要综合权衡国际和地区经济环境、政府部门支持以及本地互联网基础设施等完备程度。例如，经济环境必然影响网上销售，经济环境差时一定很少有人光顾网上昂贵的奢侈品。网络还可以创造新的、特殊的市场环境。例如，客户可能不大愿意在传统的药店环境下购买某些隐秘药品，而更愿意在网上购药。

b. 客户分析。从医药电子商务系统的交互对象看，医药电子商务系统的客户可以是消费者，也可以是医药企业或者其他系统角色，例如政府等。对于消费类电子商务系统来说，如果客户定位在喜欢新技术、受教育程度较高或经常使用互联网的人群，那么这个电子商务系统成功的可能性就比较高。如果再进一步分析目前的网民结构，将市场细分，针对某一类网上消费者推出他们需要的商品或者服务，使目标市场和客户定位更加准确，那么效果当然会更加理想。

对于医药电子商务系统的消费者客户，大致有以下特点。

（a）电子商务系统的客户必定是计算机用户，因此针对计算机用户的产品容易获得成功。

（b）最初使用互联网的用户多为乐于接受新事情的人，他们一般年轻，不够谨慎，对各种新观点、新变化持欢迎态度。针对这些用户的产品最容易成功。

（c）互联网用户大部分受过较高的教育，以大学生或有大学以上学历的用户为主。因此，针对这一消费群体的产品也易于成功。

③ 医药企业分析　医药企业电子商务应用，是对医药企业资源的重新组合，是对医药企业组织、管理和业务流程的改造。对于制药大企业来说，这尤其是牵一发而动全身的大事。因此在电子商务系统建设之前，必须进行全面深入的医药企业分析，为系统的规划设计提供依据。医药企业分析内容一般包括医药企业现状分析、医药企业信息化分析和医药企业电子商务应用目的分析。

医药企业现状分析包括以下内容。

a. 分析医药企业的业务特征。例如，一个医药企业与一个金融企业相比，其重点可能是不一样的。金融企业可能更侧重于电子支付系统，而医药企业可能更侧重于业务流程的电子化。

b. 分析医药企业的组织、管理和业务流程。

c. 医药企业的运作情况如何。医药企业及其产品的市场占有率是在扩大还是在缩小，利润如何？此项分析将有助于确定对电子商务系统的投入。

d. 医药企业的业务在未来是否要进行扩展。这将有助于制定电子商务系统建设实施计划，确定如何分步骤实施。

医药企业信息化分析包括以下内容。

a. 医药企业内部信息化基础建设分析，主要包括信息化设备的装备与水平分析等。

b. 医药企业内部信息化应用分析，主要包括生产作业、后勤管理、人力资源管理、技术管理等的应用。

c. 医药企业信息化人才状况分析。

医药企业电子商务应用目的分析包括以下内容。

a. 医药企业电子商务系统客户分析，主要包括对消费者的服务、对企业的服务、对社会分析等，然后再细分。

b. 医药企业电子商务系统内容分析，主要包括网上订购、网上销售、咨询洽谈、服务传递、广告宣传、意见征询等。

c. 医药企业电子商务系统策略分析，主要包括产品策略、定价策略、渠道策略、促销策略分析等。

d. 医药企业电子商务系统作用分析。分析电子商务能为医药企业带来哪些具体好处，具体明确企业哪个方面、哪个环节、哪个部分或哪项业务最需要电子商务❶。

2.3.2 医药电子商务系统分析的方法

医药电子商务系统是一类特殊的信息系统，其信息处理的过程仍然是数据的加工处理过程，所以软件工程中的需求分析方法可以用来建立系统数据处理的逻辑模型。

(1) 结构化分析方法　医药电子商务系统常用的分析方法为结构化的分析方法——数据流图（data flow diagram，DFD）和数据字典（data dictionary，DD）。

① 数据流图

a. 数据流图的基本组成。数据流图是一种最常用的结构化分析工具，它从数据传递和加工角度，以图形的方式刻画系统内的数据运动情况。数据流图中具有以下四种基本成分。

(a) 数据流。数据流是数据在系统内传播的路径，因此由一组成分固定的数据组成。如订票单由旅客姓名、年龄、单位、身份证号、日期、目的地等数据项组成。由于数据流是流动中的数据，所以必须有流向，除了与数据存储之间的数据流不用命名外，数据流应该用名词或名词短语命名。常以箭头"→"表示。

(b) 加工（数据处理）。加工是对数据流进行某些操作或变换。每个加工也要有名字，通常是动词短语，简明地描述完成什么加工，例如，"计算"、"打印"等。在分层的数据流图中，加工还应编号。常用圆或椭圆"○"表示。

(c) 数据存储（文件）。数据存储是指暂时保存的数据，它可以是数据库文件或任何形式的数据组织。数据存储名称应该与其内容一致，数据存储在数据流图中起着保存数据的作用。指向数据存储的数据流可以理解为写数据，从数据存储引出的数据流可以理解为读数据，双向数据流可以理解为修改数据。常用双杠"="表示。

(d) 数据源点或终点　数据源点或终点是本软件系统外部环境中的实体（包括人员、组织或其他软件系统），统称外部实体。一般只出现在数据流图的顶层图。常用方框"□"表示。

b. 数据流图的绘制步骤

(a) 顶层数据流图。顶层图首先考虑系统的输入输出。顶层流图只包含一个加工，用以表示被开发的系统，然后考虑该系统有哪些输入数据、输出数据流。顶层图的作用在于表明被开发系统的范围以及它和周围环境的数据交换关系。图2-6为某医药企业销售管理系统的顶层图。

(b) 下层数据流图。下层图考虑的是系统内部。不再分解的加工称为基本加工。一般将层号从0开始编号，采用自顶向下、由外向内的原则。画0层数据流图时，分解顶层流图的系统为若干子系统，决定每个子系统间的数据接口和活动关系。例如图2-6即可分成五个

---

❶ 企业电子商务系统分析 [EB/OL]. [2008-03-06]. http://www.real-estate.tj.cn/cjpt/jian/%BC%B4%CA%B1%D0%C5%CF%A2/New_/%C6%F3%D2%B5%B5%E7%D7%D3%C9%CC%CE%F1%CF%B5%CD%B3%B7%D6%CE%F6.htm.

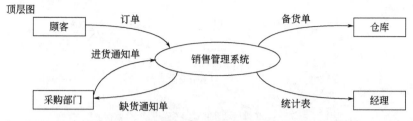

图 2-6　某医药企业销售管理系统的顶层图

子系统绘制下层图（图 2-7）。

（c）注意事项

ⅰ．命名。不论数据流、数据存储还是加工，合适的命名使人们易于理解其含义。

ⅱ．画数据流而不是控制流。数据流反映系统"做什么"，不反映"如何做"，因此箭头上的数据流名称只能是名词或名词短语，整个图中不反映加工的执行顺序。画数据流图而不是画程序框图，对于很多人来说，通过学习计算机语言已经比较熟悉程序框图了，在画数据流图时很容易将它们搞混。程序框图是从对数据进行加工的角度描述系统的，其箭头是控制流，表示的是对数据进行加工的次序，它用于描述怎样解决问题；数据流图则是从数据的角度来描述系统的，其箭头是数据流，表示的是数据的流动方向，它用于描述是什么问题。

ⅲ．一般不画物质流。数据流反映能用计算机处理的数据，并不是实物，因此对目标系统的数据流图一般不要画物质流。

ⅳ．每个加工至少有一个输入数据流和一个输出数据流，反映出此加工数据的来源与加工的结果。

ⅴ．编号。如果一张数据流图中的某个加工分解成另一张数据流图时，则上层图为父图，直接下层图为子图（图 2-8）。子图及其所有的加工都应编号。

ⅵ．父图与子图的平衡。子图的输入输出数据流同父图相应加工的输入输出数据流必须一致，此即父图与子图的平衡。

ⅶ．局部数据存储。当某层数据流图中的数据存储不是父图中相应加工的外部接口，而只是本图中某些加工之间的数据接口，则称这些数据存储为局部数据存储。

ⅷ．高数据流图的易懂性。注意合理分解，要把一个加工分解成几个功能相对独立的子加工，这样可以减少加工之间输入、输出数据流的数目，增加数据流图的可理解性❶。

② 数据字典　所谓数据字典是指系统中所使用的数据定义的集合，即关于 DFD 中处理、数据流、数据存储等信息的详细描述。DD 既应具有独立而完整的字典管理功能，又应与其他工具间具有良好接口，以支持其他工具的功能。

DD 面向用户的主要功能有编辑功能、字典服务和字典验证。编辑功能主要实现 DFD 中信息的具体定义与详细刻划；字典服务包括字典查询、字典维护和字典报告形成；字典验证包括 DD 的一致性检查和完备性验证。前者保证 DFD 分解的正确性；后者保证电子商务系统信息的完整性❷。

---

❶ 数据流图［EB/OL］．［2008-03-06］．http://student.zjzk.cn/course_ware/software/txt/txt/show.asp?filename=3_3.txt.

❷ 张家重，郑明春，刘培玉，刘方爱，高玲．支持结构化方法的需求分析环境［J］．计算机研究与发展，1995，32(3)：51-55.

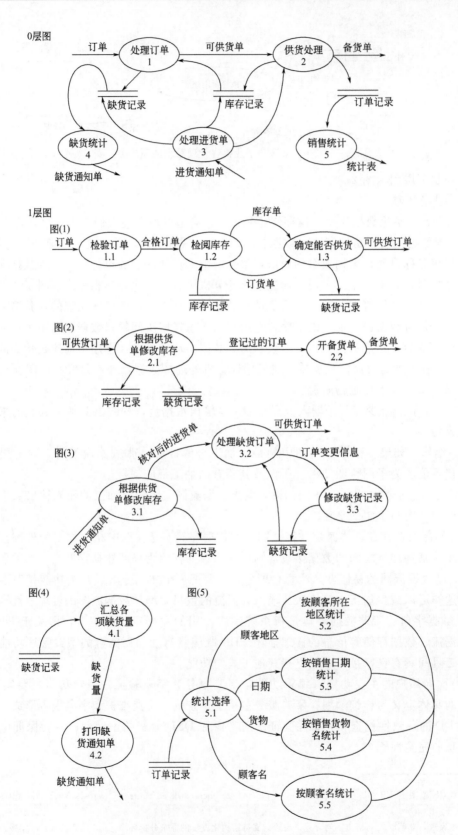

图 2-7 某医药企业销售管理系统的下层数据流图

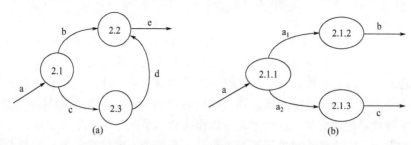

图 2-8 父图与子图

例如，在 DFD 中提到的只要企业的销售管理系统的数据流图中，订货单的内容究竟是什么，DFD 无法回答这一问题，只有以 DD 来描述数据的细节。医药企业销售管理系统中的订货单实际上至少包括了订货标识、顾客详情和药品详情三项主要内容。

这样数据字典就可以将订货单细化定义。

a. 订货单标识：订货日期；订货编号。

b. 顾客详情：单位名称；联系人姓名；电话；开户银行；账号。

c. 药品详情：药品名称；药品规格；药品编号；需要数量。

（2）UML 建模方法　UML（unified modeling language，统一建模语言）是面向对象建模语言的既定标准，它可以对任何具有静态结构和动态行为的系统进行建模，用于医药电子商务系统分析的标准建模语言 UML 的重要内容可以由下列五类图（共 10 种图形）来定义[1]。

UML 提供了全面的建模图形符号体系和组织规则，极大地方便了可视化建模。运用 UML 对系统进行建模时，主要是通过不同的模型从不同的角度对系统进行观察，并且以图的形式来描述这些视图。UML 建模体系的框架和主要内容如表 2-2 所示。因为 UML 是用类图、对象图、包图、构件图、配置这五种图来观察系统的静态部分，所以称这五种图形建模方法为静态建模；用顺序图、合作图、状态图和活动图这四种图来观察系统的动态部分，称这些图形的建模方法为动态建模。静态建模用于对系统的静态方面进行可视化、详述、构造和文档化，可把系统的静态方面看作是系统的相对稳定的骨架。动态建模则用于对系统的动态方面进行可视化、详述、构造和文档化，把系统的动态方面看作是对系统变化部分的表示。UML 建模体系框架说明了 UML 对系统建模提供的全面支持能力，在实际应用中，灵活运用这些模型能够构建出目标系统的需求模型、设计模型和实现模型。

表 2-2　UML 建模体系

模型种类	10 种图形	建模机制
用例模型	用例图	静态建模
静态模型	类图 对象图 包图	静态建模
行为模型	状态图 活动图	动态建模
交互模型	时序图 协作图	动态建模
实现模型	构件图 配置图	静态建模

---

[1] 沈晓近. 基于 UML 建模的图书馆信息管理系统的分析与设计 [J]. 现代计算机，2007（8）：108-110.

① 静态建模

a. 用例图。用例图由参与者、用例、系统边界和箭头组成，用画图的方法来完成。

参与者不是特指人，是指系统以外的，在使用系统或与系统交互中所扮演的角色。因此参与者可以是人，可以是事物，也可以是时间或其他系统等。还有一点要注意的是，参与者不是指人或事物本身，而是表示人或事物当时所扮演的角色。比如小明是图书馆的管理员，他参与图书馆管理系统的交互，这时他既可以作为管理员这个角色参与管理，也可以作为借书者向图书馆借书，在这里小明扮演了两个角色，是两个不同的参与者。参与者在画图中用简笔人物画来表示，人物下面附上参与者的名称。

图 2-9 为医药交易场认证系统的用例图。在医药交易场认证系统中，每个医药企业都向医药交易场发布中心进行服务注册。要登录到医药交易场时，需要先向医药交易场进行认证，由医药交易场中的认证中心向医药企业返回签发的证书。此时医药企业可以向医药交易场提出作业请求，若医药交易场内部的资源可以完成该作业，则医药交易场调用资源，完成作业；否则，医药交易场与其他医药交易场相互认证，并提出服务查询要求。医药交易场发布中心将查询到的资源结果返回，则医药交易场在认证通过之后，就可调用其他医药交易场资源来共同完成医药企业的作业，最后将作业结果返回给医药企业。

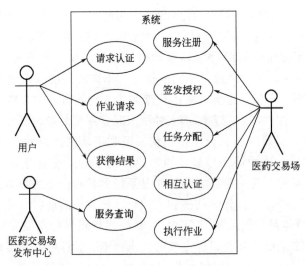

图 2-9 医药交易场认证系统的用例图

图 2-10 表示某医药公司的主要业务包括采购、批发、零售连锁、仓库、配送、药品优良供应规范（GSP）、财务、综合查询、报表等模块。

图 2-11 用于刻画医药价格监测管理系统的用户以及外部系统与本系统的交互，强调从用户的角度看到的或需要的系统功能。通过用例图对系统进行分析。

b. 类图。在 UML 中，类图显示了一组类、接口、协作以及它们之间的关系。在 UML 的静态机制中类图是一个重点，它不但为设计人员所关心，更为实现人员所关注，建模工具也主要依据类图来产生代码（正向）工程。因此，类图在 UML 的各种图中占据了相当重要的地位。

（a）类。在类图中类用矩形框来表示，它的属性和操作分别列在分格中，若不需要表达详细信息时，分格可以省略。一个类可能出现在好几个图中。同一个类的属性和操作只在一种图中列出，在其他图中可省略。

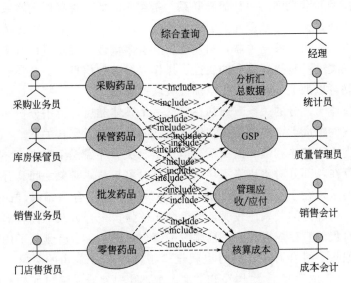

图 2-10 某医药公司主要业务的用例图

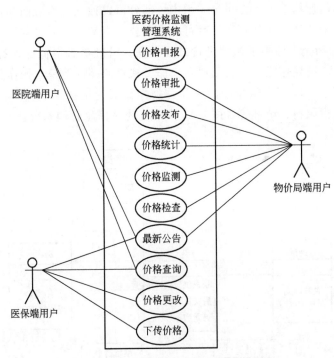

图 2-11 医药价格监测管理系统用例图

（b）类间关系。在类图中，除了需要描述单独的类的名称、属性和操作外，还需要描述类之间的联系，因为没有类是单独存在的，它们通常需要和别的类协作，创造比单独工作更大的语义。在 UML 类图中，关系用类框之间的连线来表示，连线上和连线端头处的不同修饰符表示不同的关系。类之间的关系有继承（泛化）、关联、聚合和组合。

继承指的是一个类（称为子类）继承另外的一个类（称为基类）的功能，并增加它自己的新功能的能力，继承是类与类之间最常见的关系。类图中继承的表示方法是从子类拉出一条闭合的、单箭头（或三角形）的实线指向基类。

关联指的是模型元素之间的一种语义联系,是类之间的一种很弱的联系。关联可以有方向,可以是单向关联,也可以是双向关联。可以给关联加上关联名来描述关联的作用。关联两端的类也可以以某种角色参与关联,角色可以具有多重性,表示可以有多少个对象参与关联。可以通过关联类进一步描述关联的属性、操作以及其他信息。关联类通过一条虚线与关联连接。对于关联可以加上一些约束,以加强关联的含义。

聚合指的是整体与部分的关系。通常在定义一个整体类后,再去分析这个整体类的组成结构。从而找出一些组成类,该整体类和组成类之间就形成了聚合关系。

组合也表示类之间整体和部分的关系,但是组合关系中部分和整体具有统一的生存期。一旦整体对象不存在,部分对象也将不存在。部分对象与整体对象之间具有共生死的关系。

聚合和组合的区别在于:聚合关系是"has-a"关系,组合关系是"contains-a"关系;聚合关系表示整体与部分的关系比较弱,而组合比较强;聚合关系中代表部分事物的对象与代表聚合事物的对象的生存期无关,一旦删除了聚合对象不一定就删除了代表部分事物的对象。组合中一旦删除了组合对象,同时也就删除了代表部分事物的对象。例如,"国破家亡",国灭了,家自然也没有了,"国"和"家"显然也是组合关系。而相反的,计算机和它的外设之间就是聚合关系,因为它们之间的关系相对松散,计算机没了,外设还可以独立存在,还可以接在别的计算机上。在聚合关系中,部分可以独立于聚合而存在,部分的所有权也可以由几个聚合来共享,比如打印机就可以在办公室内被广大同事共用❶。

图 2-12 为某医药企业原料及试剂进货过程类图。管理员查看商品库存情况,若发现仓库中商品库存充足,则操作完毕。否则通知操作员缺货商品的清单,操作员领取清单后立即联系相应的供应商,供应商提供相应的商品,操作员接受货物,更新库存数据库,操作完成。这里的商品是指原料、试剂等。图 2-13 为医院药品信息管理系统。

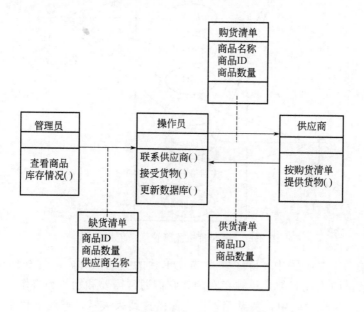

图 2-12 某医药企业进货过程类图

---

❶ 宋宝华. 统一建模语言 UML 轻松入门之类和对象 [EB/OL]. [2008-03-06]. http://www.uml.org.cn/oobject/200607034.htm.

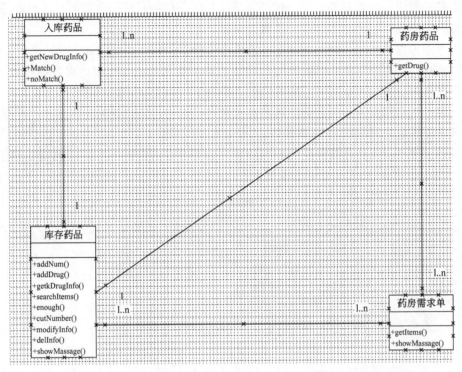

图 2-13 医院药品信息管理系统

c. 对象图。对象图是显示了一组对象和它们之间的关系。使用对象图来说明数据结构、类图中的类或组件等的实例的静态快照。对象图和类图一样反映系统的静态过程,但它是从实际的或原型化的情景来表达的。

对象图显示某时刻对象和对象之间的关系。一个对象图可看成一个类图的特殊用例,几乎使用与类图完全相同的标识。它们的不同点在于对象图显示类的多个对象实例,而不是实际的类。一个对象图是类图的一个实例。由于对象存在生命周期,因此对象图只能在系统某一时间段存在。图 2-14 为饮料自动售货机系统对象图。

d. 包图。包图是在 UML 中用类似于文件夹的符号表示的模型元素的组合。系统中的

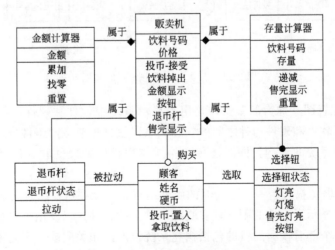

图 2-14 饮料自动售货机系统对象图

每个元素都只能为一个包所有,一个包可嵌套在另一个包中。使用包图可以将相关元素归入一个系统。一个包中可包含附属包、图表或单个元素。

一个包图可以是任何一种的 UML 图组成,通常是 UML 用例图或 UML 类图。包是一个 UML 结构,它使得你能够把诸如用例或类之类模型元件组织为组。包被描述成文件夹,可以应用在任何一种 UML 图上。虽然包图并非是正式的 UML 图,但实际上他们是很有用处的,创建一个包图是为了描述你的需求高阶概述,描述你的设计的高阶概述,在逻辑上把一个复杂的图模块化和组织 Java 源代码。

某医药企业客户支持系统的包图和医院客户服务中心的包图如图 2-15 和图 2-16 所示。

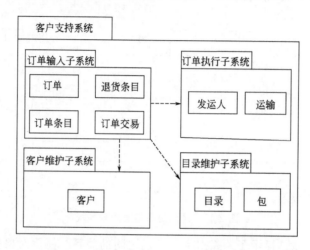

图 2-15 某医药企业客户支持系统的包图

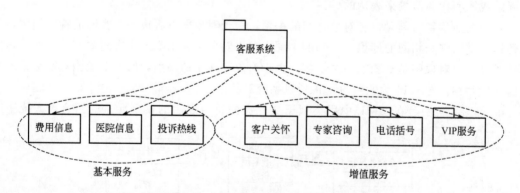

图 2-16 医院客户服务中心的包图

e. 配置图。配置图又称为部署图,是用来显示系统中软件和硬件的物理架构。从部署图中,可以了解到软件和硬件组件之间的物理关系以及处理节点的组件分布情况。使用部署图可以显示运行时系统的结构,同时还传达构成应用程序的硬件和软件元素的配置和部署方式。

一个 UML 部署图描述了一个运行时的硬件结点,以及在这些结点上运行的软件组件的静态视图。部署图显示了系统的硬件,安装在硬件上的软件,以及用于连接异构的机器之间的中间件。创建一个部署模型的目的包括探究系统投产的相关问题、探究可能已经存在的或是将要引入的系统和生产环境中其他系统之间的依赖关系、描述一个商业应用主要的部署结

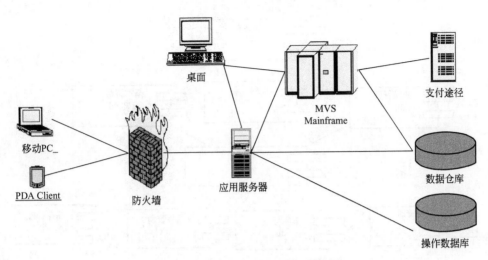

图 2-17 某医药企业的 UML 配置图

构、设计一个嵌入系统的硬件和软件结构和描述一个组织的硬件/网络基础结构[1]。

图 2-17 为某医药企业的 UML 配置图。

f. 构件图。构件图描述各个代码组件的结构及组件之间的相互关系，它包含逻辑类或者实现类的有关信息[2]。构件图是系统的物理体系结构的一部分。构件可以是源代码、二进制文件、可执行代码、文档、其他类似的内容以及它们的集合体。相对逻辑内容而言，构件是有形的实际内容。构件图实质上是针对于系统构件的类图。构件图有助于分析和理解部件之间的相互影响程度。

图 2-18 为某制药厂生产管理信息系统的构件图。

② 动态建模

a. 状态图。状态图是描述一个实体基于事件反应的动态行为，显示了该实体如何根据当前所处的状态对不同的时间做出反应的。通常创建一个 UML 状态图是为了以下的研究目的：研究类、角色、子系统或组件的复杂行为。

图 2-19 为某制药虚拟企业经营过程的状态图。设有一个盟主企业及 5 个成员企业组成一个虚拟医药企业，盟主企业首先发现市场机遇并制定出生产计划，把任务分配给 3 个伙伴企业进行并行生产。联盟成员 4 负责把生产出的部件运到联盟成员 5 处进行组装，最后由联盟 6 负责销售。

图 2-20 为医院管理信息系统中药库管理员添加药品的状态图。

b. 活动图。活动图在 UML 里，活动图本质上就是流程图，它描述系统的活动、判断点和分支等。活动图除了描述对象状态之外，更突出了它的活动。一个活动结束自动引发下个活动，则两个活动之间用带箭头的连线连接，连线的箭头指向下一个活动。图 2-21 是互联网药品直销流程图。

c. 时序图。时序图用来显示对象之间的关系，并强调对象之间消息的时间顺序，同时显示了对象之间的交互。

时序图中包括类角色、生命线、激活期和消息四种元素。

---

[1] 部署图 [EB/OL]. [2008-03-07]. http://www.itisedu.com/phrase/200604161812215.html.
[2] 廖朝辉，张毕西. UML 在生产管理信息系统中的应用 [J]. 现代计算机，2004 (3)：68-70.

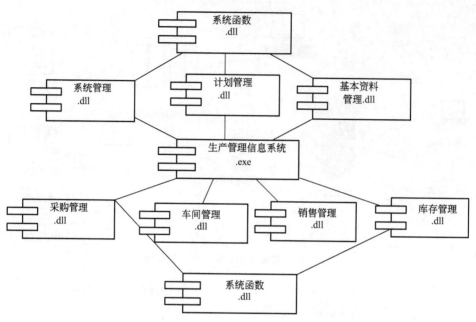

图 2-18 某制药厂生产管理信息系统的构件图

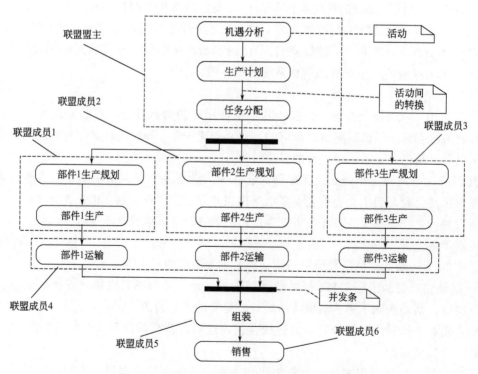

图 2-19 为某制药虚拟企业经营过程的状态图

(a) 类角色。类角色代表时序图中的对象在交互中所扮演的角色,位于时序图顶部,对象代表类角色。类角色一般代表实际的对象。

(b) 生命线。生命线代表时序图中的对象在一段时期内的存在。时序图中每个对象和底部中心都有一条垂直的虚线,这就是对象的生命线,对象间的消息存在于两条虚线间。

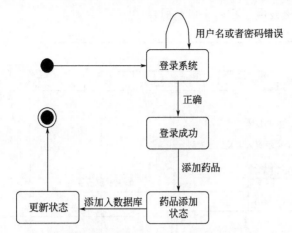

图 2-20　医院管理信息系统中药库管理员添加药品的状态图

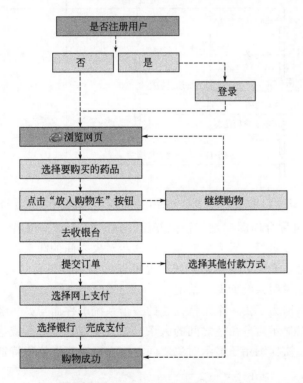

注：未注册者下单时，需填写收货人资料，建议注册为本站会员后购物，
　　注册时填写好您的详细资料，可以简化您的购物过程。

图 2-21　互联网药品直销流程图

（c）激活期。激活期代表时序图中的对象执行一项操作的时期，在时序图中每条生命线上的窄的矩形代表活动期。

（d）消息。消息是定义交互和协作中交换信息的类，用于对实体间的通信内容建模，信息用于在实体间传递信息。允许实体请求其他的服务，类角色通过发送和接受信息进行通信[1]。

---

[1]　uml 时序图 [EB/OL]．[2007-06-02]．[2008-03-07]．http：//blog.chinaunix.net/u/32776/showart_312982.html.

图 2-22 为病人就诊及电子病例生成的时序图。

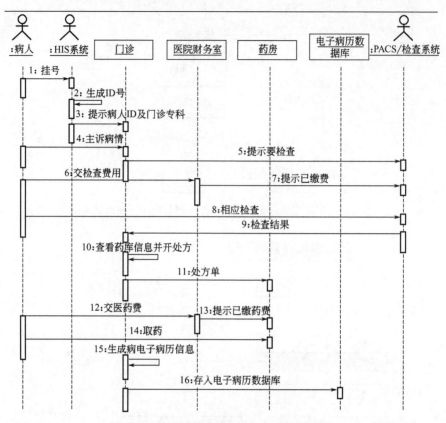

图 2-22　病人就诊及电子病例生成的时序图

d. 协作图。协作图（也称合作图）是一种交互图，强调的是发送和接收消息的对象之间的组织结构。一个协作图显示了一系列的对象和在这些对象之间的联系以及对象间发送和接收的消息。对象通常是命名或匿名的类的实例，也可以代表其他事物的实例，例如协作、组件和节点。使用协作图来说明系统的动态情况。

协作图显示某组对象如何为了由一个用例描述的一个系统事件而与另一组对象进行协作的交互图。使用协作图可以显示对象角色之间的关系，如为实现某个操作或达到某种结果而在对象间交换的一组消息。协作图用于显示对象之间如何进行交互以执行特定用例或用例中

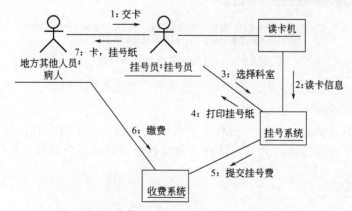

图 2-23　医院信息系统中医院病人挂号的协作图

特定部分的行为。图 2-23 为医院信息系统中医院病人挂号的协作图。

2.3.3 医药企业商务活动的基本类型分析

医药企业的商务活动主要包括市场（marketing）、销售（sale）、订货（order）、交付（delivery）和售后服务（service）这样几个环节，这些环节有些是以供应商为中心的（例如营销、客户服务），一些是客户的主动行为（例如订货、选购），还有一些是双方共同完成的（例如合同的履行）。其基本商务流程如图 2-24 所示。在电子商务环境中，这些环节都可能有一定的变化，各个环节需要实现的基本目标及变化见表 2-3。

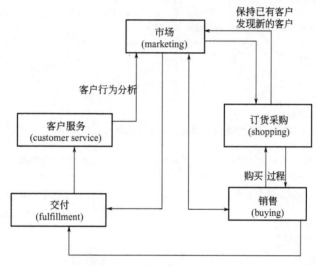

图 2-24　医药企业基本商务流程图

医药企业除了与以上这些环节相关的商务活动外还包括医药企业内部的管理活动（如财务、人力资源等）、供应链管理（运输、保管、配送）等。

2.3.4 医药电子商务系统的业务需求分析

企业的电子商务可以划分为 B2C、B2B 等几种模式，这几种典型商务模式的业务需求还是有一定的共性的。

（1）B2C 电子零售系统的基本需求　B2C 电子零售系统是目前比较成熟的一种电子商务模式，也是服务于个体消费者的零售企业应用的最为广泛的一种电子商务模式。支持这种电子商务模式的电子商务系统应当满足消费者购买过程中的各种需要，帮助消费者更好地做出购物的选择。

B2C 电子零售系统的基本需求包括用户管理需求、客户需求和销售商的需求。

用户管理需求包括用户注册和注册用户管理信息。

客户需求包括提供电子目录，帮助用户搜索、发现需要的商品；进行同类产品比较，帮助用户进行购买决策；商品的评估；购物车；为购买产品下订单；撤消和修改订单以及通过网络付款。

销售商的需求包括检查客户的注册信息；处理客户订单；完成客户选购商品的结算，处理客户付款；能够进行电子拍卖；能够进行商品信息发布；能够发布和管理网络广告；商品库存管理；能够跟踪产品销售情况；能够和物流配送系统建立接口；能够和银行之间建立接口；实现客户关系管理以及售后服务。

表 2-3　医药企业商务过程中各环节分析

商务环节	描　述
市场	——市场活动的目标 • 增加客户对企业及相关产品的认知程度,了解企业的服务 • 为企业发现潜在的商业机会 • 挖掘潜在客户、发现客户需求 • 培养客户的忠诚度 ——要点 • 企业的形象 • 产品的竞争力 • 客户(包括已经有的和潜在的) • 启蒙客户的需求 ——电子商务系统和传统市场活动的目标是一致的 • 寻找新的客户 • 保持现有客户 • 优化产品 • 交叉销售产品 • 客户管理 ——电子商务系统特别需要的 • 对于 B2C(企业对客户)的系统应该具备综合巩固和保持的能力,通过新的电子化手段增加吸引客户的能力 • 对于 B2B(企业对企业)应当采取新的手段为企业提供新的、灵活的销售方式
销售	——销售过程实质上是为用户提供备选产品的过程,这一过程包括:产品的发现、选择两个基本环节 ——要点 • 产品的信息及描述 • 产品对客户的吸引力 • 如何发现产品 • 买前的推销 ——目标 • 帮助客户选择或者找到其需要的产品 ——电子商务系统 • 为客户提供可组合的、灵活的购买计划 • 提供方便易用的产品搜索 • 为客户的财务组合提供帮助 ——电子商务系统特别需要的 • 客户通过网络执行销售任务,意味着通过电子商务系统浏览、发现最终的购买清单。为了支持这一点,应当提供足够的备选产品和客户主动搜索的工具 • 在客户的搜寻过程中,应当尽可能在客户发现需要购买的产品前,由电子商务系统分析客户的行为,以便尽快地发现客户的潜在需求,主动为客户服务 • 购买行为发生后,应当记录客户搜索过程,分析其行为及再次购买行为发生的可能性
订货	——产品的订货过程包括产品的购买及支付 ——要点 • 产品信息如何被客户收集 • 报价 • 价格协商手段 • 折扣 • 附加费用(运输、包装等) • 支付及支付确认 • 交付前的追踪 ——目标 • 为客户选购提供方便 • 良好的支付形式和手段

续表

商务环节	描　　述
订货	——电子商务系统的订货过程与传统支付是不完全相同的 • 联机的采购过程 • 在线报价和价格计算 • 间接的远程协商 • 电子支付 ——电子商务系统特别需要的 • 安全的网络支付环境 • 保证购买行为的不可抵赖、可信和真实 • B2C 的模式当中,应当支持信用卡、借贷卡等方式 • B2B 的系统应当支持线上交易及线下支付(交易及支付过程分离)。 • B2B 的系统中应当提供商务谈判的联机交互手段
交付	——交付过程也就是履行订单的执行过程 ——传统交付过程的目标 • 执行订货过程的结果 • 完成产品所有权的转移 • 交付过程应包括产品的包装、运输和递交 ——电子商务系统的交付是包括产品的交付过程的,但是它对交付过程应起全程信息支持的作用 • 交付过程可视化,实际上这应当是企业透明的供应链管理的一部分 • 订单可追踪 ——电子商务系统特别需要的 • 电子商务系统中交付过程应当是可定制的,包装、运输、递交过程可以是预先设计的,也应当允许客户的个性化要求 • 对于运输过程应当对用户透明,允许用户对供应过程进行动态调整,如变更交付日期、运输方式等 • 对于 B2B 的商务活动,交付过程应当融入企业的供应链管理当中 • B2C 的活动中,交付过程和个性化服务是相关的 • 电子商务系统中对交付过程的信息管理和实际的交付过程应当是一致的,也即商务的保管、包装、运输、配送的实际执行情况应当实时地通过电子商务系统反馈给客户
服务	——服务(或者客户服务、售后服务,customer service)是在上述环节完成后的产生的活动。它是前面活动的总结和新商务活动的准备 ——目标 • 确认订单的执行情况,提供客户支持 • 积累和分析商务过程,为市场活动提供依据 ——要点 • 订单完成情况的检查 • 产品使用的反馈 • 订货及客户历史记录 • 客户行为分析 ——电子商务系统对传统服务提供更新的支持,这些支持反应在服务方式、内容、客户自我服务及服务的速度等方面 • 新的客户服务(在线、远程、动态) • 7×24 小时服务 • 服务的及时反馈 • One-To-One 的个性化服务 • 自助式服务 • 服务过程记录及发掘 ——电子商务系统特别需要的 • 在电子商务中,服务是商务活动的起点而不是终点 • 个性化的满足

(2) B2B 电子商务的基本需求　B2B 电子商务的基本需求有会员管理、产品目录管理、审批流程、订单管理、交易定价、拍卖与投标采购以及网络支付。

① 会员管理　会员管理使得所有参加交易的机构都必须先注册成为会员。同时，系统提供完善的会员管理机制。注册会员可在网上进行产品信息发布及销售（卖方）产品、浏览购买（买方）。会员管理包括会员身份管理、会员资料管理和权限控制。会员管理包括会员身份管理、会员资料管理和权限控制。

会员身份管理使得一个会员机构中将只有一个机构管理员。但可定义多个交易操作员，这些操作员可具有不同权限。一般成员可分为两大类：管理员和一般会员。管理员负责用户角色分配、产品目录管理、组织管理及一些日常的管理工作。

会员资料管理包括审批交易会员及其成员的注册申请、创建新的交易会员、注销会员资格以及修改或删除交易会员信息。会员注册允许新的成员（用户或组织）进入交易市场进行交易，并在注册过程中收集成员信息，这些信息可用于以后的用户个性化服务。非注册用户也可以进入交易市场，但他们的行为可能要受到限制，如只能浏览产品目录，无权进行交易。

② 产品目录管理　产品目录管理主要包括目录管理、目录视图和目录查找。

目录管理使得交易会员（卖方）可在平台上发布自己的产品信息，包括创建新的产品、设置交易方式、选择修改产品信息、删除产品信息。

目录视图包括目录浏览、管理产品和我的目录。目录查找使得用户可按产品名称、描述或产品交易类型进行查找。

③ 审批流程　审批流程主要包括注册审批、交易审批。交易审批包括创建、修改和删除交易品、合同验证、合同提交。

④ 订单管理　当交易会员通过标准价格或合约价格方式采购产品时，可先将需要采购的产品放入购物车中。当采购完毕后，可进入购物车浏览选择的产品并修改购物车中的内容。对购物车内容修改完毕后，可生成采购订单。若交易会员采购多家其他交易会员（卖家）的产品，每个卖家生成一张采购订单。

⑤ 交易定价　交易定价包括定价销售、协议价格和请求报价。

⑥ 拍卖与投标采购　拍卖与投标采购包括电子拍卖和电子采购。

(3) 医药企业电子商务网站的基本需求　医药企业电子商务网站是电子商务系统的一个重要组成部分，一般的企业电子商务系统在建设之前，只对企业业务活动进行分析，很难完整地提出有关信息门户的用户需求。所以在系统需求分析的创新分析中，必须考虑这一典型需求。医药企业电子商务网站的需求主要包括企业基本信息发布、企业动态与新闻、企业产品与服务、搜索与索引、电子邮件与客户反馈、用户访问统计、网站访问分析与统计、个性化服务、电子社区和相关链接。

2.4　医药电子商务系统的设计

在对医药电子商务系统进行了框架性和概括性的描述，以及界定了目标系统所要达到的目的和规模后，接下来的工作就是要对这一框架进一步细化，确定目标系统的逻辑结构，从而为后续的系统实现提供依据，这就是医药电子商务系统设计所要解决的问题。

2.4.1 医药电子商务系统设计概述

所谓电子商务系统的设计是指根据系统规划的内容,界定系统的外部边界,说明系统的组成及其功能和相互关系,描述系统的处理流程,目标是给出未来系统的结构。完成电子商务系统的设计后,对未来电子商务系统的整体构成能够有个清晰的理解,为后续的系统设计工作奠定基础。

系统设计的重点是描述清楚系统由哪些部分构成,说明系统各个部分的相互关系。所以,在系统设计阶段所关心的重点是一个系统中的各个组成部分是如何相互配合、共同完成企业的电子商务需求。

系统设计阶段要细化系统规划阶段给出的系统体系结构中的层次内容,所要完成的主要工作是系统总体结构设计、系统信息基础设施设计、支持平台的设计和应用系统设计。

2.4.2 医药电子商务系统的总体结构设计

医药电子商务系统的总体结构设计是系统设计的一个重要部分,是在系统体系结构的基础上,针对医药企业电子商务的目标,界定系统的外部边界和接口,刻画系统的内部组成及其相互关系,确定未来电子商务系统的逻辑结构,如图 2-25 所示。

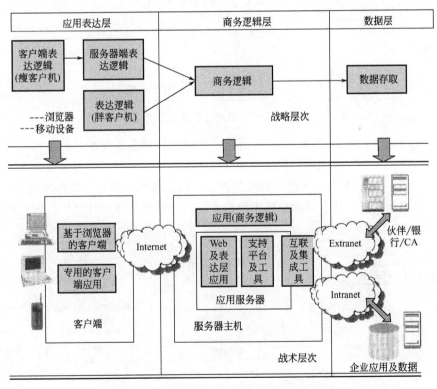

图 2-25 医药电子商务系统的总体结构设计

医药电子商务系统规划部分说明了医药电子商务系统的体系结构包括较多的内容,既有网络、主机设备,也有支持平台软件和应用软件,这些内容居于不同的层次,并对系统有不同的贡献,而系统的总体结构设计则进一步明确目标系统的各个组成部分是什么、都有什么样的作用、其相互关系是什么,如果说系统规划中给出的体系结构是一个宏观的战略层次上的说明，那么系统的总体结构设计则是一个战术层次上的描述。

系统总体结构设计不强调系统的细节，但是需要阐述清楚系统的组成情况，其主要内容包括外部环境等以下几个方面。

(1) **外部环境** 医药企业商务活动发生于医药企业及其客户、合作伙伴之间，所以电子商务系统不是一个封闭系统，系统是开放的，与其他系统之间存在着数据交换和接口。在总体结构设计中，首先应当确定的是系统的外部边界，即通过分析，将电子商务系统与其外部环境区分开来，从而使总体设计有一个明确的范围。

一般来讲，系统与其外部环境的接口包括与企业合作伙伴之间的接口、与医药企业内部既有系统的接口、与交易相关的公共基础设施之间的接口和与电子政务相关的接口。图2-26为医药电子商务系统的外部环境。

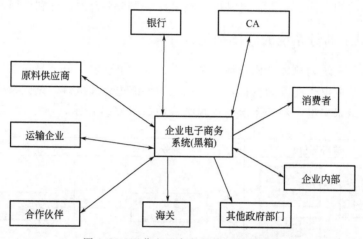

图 2-26　医药电子商务系统的外部环境

(2) **系统组成结构** 上述的外部环境界定了医药电子商务系统的外部边界，那么，系统组成结构则主要说明目标系统内部的组成部分和系统内部与外部环境的相互关系。

在图2-27中，能够看到构成这一系统的网络、应用系统、系统与外部环境的相互关系。

(3) **信息基础设施** 信息基础设施主要指支撑目标系统运行的计算机系统、网络，以及

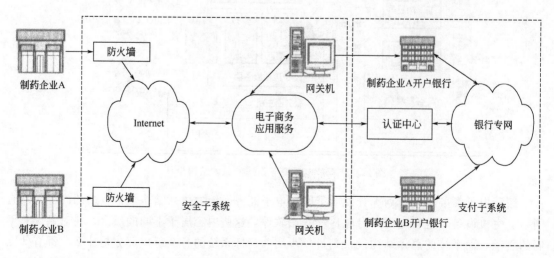

图 2-27　医药电子交易场系统组成结构

保障网络交易顺利进行的认证中心等。在系统总体结构设计中，应当说明整个系统中计算机系统分成哪些部分、系统的网络有哪些部分组成、采用什么样的联机交易认证方式和认证机构。

（4）应用软件结构　应用软件是医药电子商务系统的核心，在系统总体结构设计中，应当给出应用软件的主要功能，说明系统应用软件的构成，即应用软件由哪些子系统组成，以及各个子系统的主要功能和相互之间的关系。

需要注意的是在系统总体结构设计中，对应用软件系统的子系统的划分及其所要完成的核心功能进行描述是重要的，而在应用软件系统设计部分则需要进一步描述每个子系统具体由哪些模块组成。

（5）系统软件平台　在医药电子商务系统的体系结构中，系统的核心业务逻辑最终由电子商务应用软件实现，而应用软件是在诸如商务支持平台、服务平台等基础上构造的。这些平台物理上表现为系统软件、组件软件等形式。在系统总体结构设计中，应当明确说明支持电子商务应用软件运行的平台软件主要包括的内容。

2.4.3　系统信息基础设施设计

系统信息基础设施设计主要包括计算机网络环境、计算机系统、系统集成及开发方面的有关标准以及产品的设计与选择。这一部分主要对应电子商务系统体系结构中的基础支持层，对企业而言，这一部分主要通过选用合适的产品来实现。

（1）网络环境设计　医药电子商务的网络环境包括互联网、Intranet 和 Extranet 三个组成部分。一个良好的医药电子商务网络环境应当满足下述三个要求：

① 支持网络的互联和应用的互操作；
② 能够隔离和控制对系统的访问，保证网络设备的安全；
③ 网络环境是可以管理的。

（2）服务器的设计与选择　服务器是指在网络环境下运行相应的应用软件，为网上用户提供共享信息资源和各种服务的一种高性能计算机。服务器是一种高性能计算机，作为网络的节点，存储、处理网络上 80% 的数据和信息，因此，也被称为网络的灵魂。服务器管理着应用程序、数据和网络资源。早期的服务器主要用来管理数据文件或网络打印机，现在的服务器则用来完成其他各种服务，如网络管理、各种各样的信息服务处理和基础安全性的访问等。电子商务系统的服务器是应用系统运行的主要环境。

① 选择服务器的性能指标　一般而言，选择服务器时通常要考虑以下几个方面的性能指标。

a. 可管理性。可管理性是指服务器的管理是否方便、快捷，应用软件是否丰富。

b. 可用性。可用性是指在一般时间内服务器可供用户正常使用的时间的百分比。

c. 高性能。高性能是指服务器综合性能指标要高。主要要求在运行速度、磁盘空间、容错能力、扩展能力、稳定性、监测功能及电源等方面具有较高的性能指标。

d. 模块化。模块化是指电源、网卡、SCSI 卡和硬盘等部件为模块化结构，且都具有热插拔功能，可以在线维护，从而使系统停机的可能性大大减少。

② 其他注意事项　医药电子商务系统的服务器主机是应用系统运行的主要环境。对电子商务系统而言，它面临的是用户对系统响应时间的苛刻要求、动态变化和难以预估的未来负荷，以及未知的升级周期等特殊的问题。所以，在选择服务器的主机时，除了遵守以上性

能指标外，还应当注意以下问题：
  a. 可靠性高、安全性好；
  b. 可扩展性；
  c. 网络吞吐量及网络接口能力；
  d. 开放的体系结构。

2.4.4 电子商务系统平台的选择和设计

  电子商务系统平台的选择和设计包括操作系统的选择、数据库管理系统的选择、应用服务器的选择和设计、中间件软件和电子商务应用软件设计。其中，操作系统、数据库管理系统和中间件软件主要根据电子商务的应用软件的需要进行选择。

  (1) 操作系统的选择 目前流行的操作系统有 UNIX 系统、Linux 系统和 Microsoft 的 Windows NT 系列三大类。

  ① UNIX 系统 UNIX 系统主要包括 IBM 公司的 AIX、SUN 公司的 Solaris、HP 公司的 HP-UX、COMPAQ 公司的 OSF/1 等。UNIX 是多用户、多进程、多任务的分时操作系统，UNIX 的主要特点是技术成熟、可靠性高，其结构简练、便于移植。UNIX 系统是世界上唯一能够在笔记本电脑、PC 机、工作站及巨型机上运行的操作系统，而且能够在所有体系结构上运行。开发性是 UNIX 最重要的本质特征，它不受任何厂商的垄断和控制。UNIX 具有强大的支持数据库的能力和良好的开放环境。

  UNIX 的另一个特点是网络功能强大。TCP/IP 协议就是在 UNIX 上开发和发展起来的。此外，UNIX 还支持所有的网络通信协议，这使得 UNIX 系统能便利地与现有的主机系统以及各种网络相连接。

  ② Linux 系统 Linux 系统的核心和 UNIX 相似，但主要运行于 Intel 的芯片上，如 RedHat、Linux、CoreLinux、OpenLinux 等。Linux 是一种自由的、没有版权限制的软件。

  由于 Linux 是免费平台，应用软件开发商不需要系统平台的注册，用户也不必额外购买操作系统。Linux 的流行不仅是因为免费，更主要的是其在稳定性和综合性能上与其他的操作系统相比，有着较强的竞争力。

  ③ Microsoft 的 Windows NT 系列 Windows NT 是美国 Microsoft 公司开发的网络操作系统，也是目前最流行的网络操作系统之一，占有较大的市场份额。其主要优点在于：学习掌握容易，可以非常方便地使用。另外，它可以很好地兼容 Windows 丰富的应用软件，能很好地利用 Windows 的优势；能够方便地提供 Web 服务功能，使企业 Intranet 用户能够创建个人网页，向内部用户发布信息；使用户可以通过互联网远程访问企业 Intranet。Windows NT 捆绑了 DNS、FTP、DHCP 及 LPD 服务器等，使得其在应用上非常方便。

  Windows Server 2003 是 Microsoft 公司 2003 年开发的网络操作系统。这是一个基于 NT 架构的网络操作系统，在经历了 Windows NT 1.0~5.0 和 Windows Server 2000 等多个版本后演变而成。该系统采用了先进的 C/S 系统结构，提供了强大的系统功能和丰富的网络服务。

  这三大类操作系统各有特点。从企业级电子商务系统应用来看，UNIX 系统所占的份额更大一些。由于 Linux 是一个免费的平台，无需专业的技术支持，尽管利用 Linux 可以节省费用。一旦系统出现问题，那么只能由用户自行解决，所以使用该平台需要承担一定风险。

  (2) 数据库管理系统的选择 目前可供选择的数据库管理系统有关系数据库、多媒体数据库和非结构的数据管理系统。其中多媒体数据库又有基于关系模型的多媒体数据库、基于面向对象技术的多媒体数据库和超媒体数据库。

（3）应用服务器　应用服务器是一种在计算环境下，创建、部署、运行、集成、维护和管理事务性应用服务，提供包含一系列运行时服务如消息、事务、安全、应用集成等的运行环境和平台，其实质是一种新型的中间件。

应用服务器是一个系统软件平台，该软件在操作系统上将一些通用的、与医药企业核心商务应用无关的环境和软件包集成在一起，作为一个软件包向开发者提供，这样，在软件包中可以预装部分功能，从而简化用户的接口，减少开发的难度。

（4）中间件软件　在系统的前端和后台之间的中间层上，应用中间件以简化系统开发的难度，提高系统的性能。与其他信息系统设计比较而言，中间件软件设计是医药电子商务系统设计中一个非常突出的特点。

中间件软件按处理的内容分，可以分为数据类、处理类和分布式构件类。按中间件的作用分，可以分为平台或接口中间件和服务型中间件。

在系统的设计过程中，是否一定要选择中间件充实、强化系统的性能需要根据应用软件的具体情形而定。

（5）电子商务应用软件设计　医药电子商务应用软件是整个系统的核心。其设计主要包括应用软件系统与子系统的划分、数据库与数据结构设计、输入/输出设计以及网页设计和编辑。

① 应用软件系统与子系统的划分　应用软件的系统划分目的是从计算机实现的角度出发，将整个应用软件分解为不同的、功能相对独立的子系统，在此基础之上，进一步将每个子系统细化，最终形成可编程的应用模块。其划分的方法有按业务逻辑划分、按过程划分和按医药企业的业务部门划分。

系统与子系统的划分目前还没有完全统一的方式，但是应用软件子系统划分后，一般要使结果满足下述要求：

a. 各个子系统相对比较独立，能够满足明确业务需求；

b. 各个子系统之间的偶合比较少，也就是说子系统之间的数据依赖、数据联系较少；

c. 划分后的结果应当使数据的冗余较少；

d. 划分后的结果便于后续的开发实现。

② 数据库与数据结构设计　数据库与数据结构设计主要针对应用软件中要处理的数据对象进行。数据库与数据结构设计的目的是使应用程序中用到的数据能够根据其性质、用途、要求等特征，组织成为有效的形式。

③ 输入/输出设计　输入/输出设计主要是对应用软件的输入/输出数据的格式、内容、方法、校验等方面进行设计，目的是保证应用软件所要处理的输入数据是合法的、准确的，系统输出的数据正确、直观和美观。

④ 网页设计和编辑。

第 3 章
医药电子商务网站建设

医药电子商务就是利用先进的电子技术进行商务活动的总称。它是通过网络、使用先进的信息处理工具,利用计算机这种载体,将买卖双方的商务信息、产品信息、销售信息、服务信息以及电子支付等活动,用相互认同的交易标准来实现。进行医药电子商务活动的平台是医药电子商务网站。医药电子商务网站在医药企业的医药电子商务体系中有着重要的作用,网站内容规划是否合理、设计的好坏、推广的成败,直接关系医药企业实施医药电子商务能否成功。

随着医药企业网上竞争意识的提高,企业自身的网站运用已经迅速地被接受。如果想在短时间内向外界发布如产品招商、人才招聘等信息,或者是企业的最新公告、声明等,企业网站无疑是最好的选择。但是,这些企业的网站大多没有发挥它应有的作用。个别企业的网站将近半年没有更新过信息,像这样的网站已经远远被搜索引擎抛到了后面。在现代人的眼中,网站的运用早已经不再是过去的那种门面、形象,它完全可以发挥他应有的作用,它是医药企业对外宣传的最有效、最廉价、最持久的第一媒体,它可以为医药企业创造出真实的效益。

3.1 医药电子商务与网站

电子商务就是利用先进的电子技术进行商务活动的总称。它是通过网络、使用先进的信息处理工具,利用计算机这种载体,将买卖双方的商务信息、产品信息、销售信息、服务信息以及电子支付等活动,用相互认同的交易标准来实现。进行电子商务活动的平台是电子商务网站。电子商务网站在企业的电子商务体系中有着重要的作用,网站内容规划是否合理、设计的好坏、推广的成败,直接关系企业实施电子商务能否成功。

3.1.1 网站的基本概念

网站通常又称为门户站点或者站点,是企业为合作伙伴、客户等提供的访问企业内部各种资源的统一平台。对于不同类型的企业,它的功能和作用也不相同。对于制造型和生产型的企业来说,它是企业的又一个"工厂"、"公司"、"经销商";对于零售商和批发商来说,它是开设在全世界的"连锁店",具有统一的售价,并提供标准的服务和完美的售后服务;对于政府机构来说,它是政府的"接待处"和"宣传板"。

医药电子商务网站是医药企业开展医药电子商务的门户,是实施医药电子商务的公司与服务对象之间的交互界面,是医药电子商务系统运转的承担者和表现者。

从我国几年来的网站策划及管理设计经验来看,目前市场上出现的医药电子商务网站,已经全面包含了医药电子商务的 B2B、B2C、C2C 等各个领域。随着最近几年里中国生活水平的提高,以及家庭拥有电脑数量的增加,互联网的用户激增,保守的估计就已经超过了 120 万,而且现在在互联网上拥有自己域名的企业已超过 48 万个,还有个人注册的域名就更多了。但是,《2010 年度中国行业电子商务调查报告》的统计数据表明,医药健康的电子商务网站只占全行业电子商务网站的 2.21%,低于农业(7.52%)和食品(3.74%),这就体现了我国虽然已经具有了为全国乃至全球提供医药电子商务网络环境的能力,但是,医药电子商务网站还有待于发展。已经出现的大型医药电子商务型的网站就表明了医药电子商务时代已经到来。因此,我国的网站就更需要做成适应这种环境的网站❶。

3.1.2 医药电子商务系统与网站

(1)网站与医药电子商务系统的关系 网站是发布商务信息、实现商务管理和交易的重要方式,是医药电子商务系统的"窗口"。尽管医药电子商务系统大多以网站作为服务客户的窗口,但是两者是不可等同的。它们的关系如图 3-1 所示。

没有网站的医药电子商务系统是不完整的,而将医药企业电子商务系统等同于企业的网站也是不够全面的,无法达到优化医药企业生产、销售等一系列作业流程,以及降低企业成本、提高生产效率等目的。

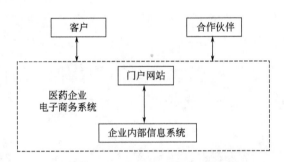

图 3-1 医药电子商务系统与网站的关系

(2)网站在医药电子商务系统中的作用 网站作为医药电子商务系统的一个重要组成部分,既是医药电子商务系统的对外界面,又是医药电子商务系统与医药企业内部信息系统集成的重要途径。所以,网站无论在医药电子商务系统中,还是在医药企业的商务活动中都起着重要的作用。

① 面向客户 网站能增加企业与用户的接触点,使用户能够通过网站——这种更直接的途径与企业沟通交流。这有助于医药企业提供更高水平的客户服务和更加优秀的、能够提高用户忠诚度的个性化服务。

网站可以提供详尽的产品信息和服务介绍,方便客户的信息索取,极大地节省了业务接待、咨询和回应的负担与费用。这方面成功的例子如微软公司,其庞杂多样的产品序列如果不是依靠其详尽的网站来进行全面细致的介绍,即使该公司在全球配备大量高级的专职业务接待人员,也无法满足客户的咨询要求。这类公司的成功案例非常多,在国外一些成功的公

---

❶ 药福网为医药企业提供网站制作 [EB/OL]. [2008-03-13]. http://www.yaofu.cn/baojianpinzhaoshang.html.

图 3-2　Pizzahut 外卖主页

图 3-3　葛兰素史克公司网站主页

司中已经非常普遍。

网站可以提供产品或服务的预定或咨询接待。这方面的成功例子如网上预定外卖食品的 Pizzahut（图 3-2），以及像 Cisco 公司的网上预订产品的业务，目前该公司业务的 32％来自网上，每年达 10 亿美元。

网站可以直接进行销售，直至完成支付和运输的安排。这方面的成功例子如美国戴尔电脑公司进行的网上电脑直销，目前每天在全球的销售额已达到 500 万美元以上，占到该公司 PC 销售总量的一半。另外，像网上零售商店 Amazon.com 和在线音乐商店 CDnow.com，均取得了巨大的成功。

② 面向媒体和股东　网站可以作为医药企业公共关系的重要窗口，宣传医药企业的最新动态和经营状况。这方面特别体现在国外的一些上市公司，在其网站上都设有"公司新闻"和"投资者专递"栏目，成为医药企业对外公布消息的正式渠道和准确来源。图 3-3 就是葛兰素史克公司的网站主页，在这个主页上列有公司新闻中心和投资者专栏。另外，一些政府也已经将其网站作为公布法令和通告的正式渠道，对自己和公众两方面来讲都受益无穷（图 3-4）。

图 3-4　中华人民共和国食品药品监督管理局网站"公告通告"栏目页面

③ 面向供应商　网站可以建立电子采购模式和环境，提高供应商工作规范和供应配合密切程度，降低外围成本。Intel 自称是电子商务的后来居上者，其一个月与合作伙伴的网上交易额就超过 10 亿美元。

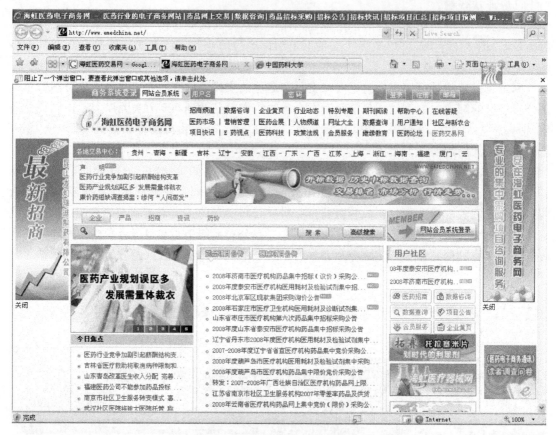

图 3-5 海虹医药电子商务网首页

图 3-6 南京圣和药业有限公司网站的"员工茶座"栏目页面

网站可以建立批发营销网络，完成代理支持与管理，建立订购、付货和结算的支持系统，减低管理与流转成本，增强企业掌握市场的能力和机动性能。在这方面，IBM中国公司就为其中国的代理商建立了专门的网站，提供代理商管理、订货、促销材料的提供和索取，以及其他商务信息的交换，做到了对代理网络的高效管理和支持。

网站还可以进行医药企业与医药企业间的销售、市场、开发、交流等方面的合作（图3-5）。

④ 面向公司职员　通过网站，利用互联网可以提高工作人员的生产效率和工作的持续性，减少管理费用。资源能够被任何授权的公司职员在任何场所任何时间便捷地被获取，同时还大大地增强了工作人员之间的合作和交流（图3-6）。

3.2　医药电子商务网站概述

医药电子商务网站不但极大地减少了医药企业的经营成本，促进了企业管理职能、组织结构的优化，而且是企业公共关系的重要窗口，是宣传企业最新动态和经营状况的最好平台。

3.2.1　医药电子商务网站的特点

作为医药企业的专用功能网站，电子商务网站除了具有一般网站的特点之外，还有许多独特之处。

（1）服务性强　在电子商务环境中，买方市场的特点表现得更加明显：消费者可以主动地选购商品，并浏览网站；企业只能够通过各种手段宣传，被动地等待消费者光临。在这种情况下，医药企业往往利用降低产品价格，提高企业在售前、售中和售后的服务来争取消费者的"心"。消费者通过鼠标点击的方式进行回报。然而，药品的价格受到原料的限制不能出现超低价格，同种药产品之间的差价是有限的。在这种情况下，医药企业网站主要是通过对消费者进行优质服务来增加消费者访问量。医药企业的电子商务网站一般都把强调服务放在第一位，有了人气，就有了获得利润的机会。

医药电子商务系统为医药企业提供了一种与合作伙伴、供应商和客户直接联系做生意的方式，它为医药企业提供了新的机会，更加贴近客户，而且互联网使企业的合作伙伴和客户遍布全球。为了给客户提供更加优质的服务，就要求医药企业的电子商务系统是7×24小时全天候方式运作。因此，网站必须可靠地确保提供7×24小时的服务。

（2）商务性强　医药企业建立电子商务网站的目的都是为了开展网上的商务活动。因此，商务性是医药企业网站的主要特点。就商务性而言，电子商务可以扩展企业的药品销售市场，增加消费者数量，延长销售时间，通过网络技术记录每位消费者的消费信息、浏览信息以便更好地为消费者服务。

（3）集成性高　在计算机网络之前，医药企业和消费者之间的沟通往往通过写信、打电话、第三者帮助、直接拜访等方式。有了网络以后，医药企业可以通过网络直接和消费者进行沟通，这种沟通方式方便、快捷、准确性好。因此，网络逐渐成了医药企业和消费者沟通的重要手段。但是，这并不意味着传统的沟通方式就此失去了意义。在医药企业电子商务网站中，很多都构建了呼叫中心分系统。它的主要功能是将医药企业和消费者之间的各种沟通方式集成起来，无论消费者采用哪种沟通方式都可以实现和企业之间的实时联系，并能得到企业回复。这个集成的特点不仅表现在企业和消费者的信息沟通上，还表现在商务洽谈、物流配送、资金流通等多个领域之中。同时，网站不仅能被 www 浏览器访问，同时还应该能被手机、palm 等多种客户端访问。所提供的一些应用对于来自医药企业内部和外部的不同种类的客户端都可使用。

网站必须能够与现存的医药企业应用系统紧密整合。医药电子商务系统中的门户网站不同于一般互联网网站，它与医药企业的内部系统是紧密联系在一起的，网站所发布的信息主要来源于医药企业的内部信息，只有两者的紧密结合才能充分发挥电子商务系统的长处，促进医药企业的发展。因此，在设计医药电子商务系统时，应该充分考虑网站与现存医药企业应用的整合，许多 IT 厂商提出的电子商务解决方案中都包含有企业整合的产品。

（4）扩展性好　扩展性是网站自我完善的一种最重要的方法，医药企业的网站就是医药企业在网站中的"工厂"，不能随便地"关闭"。而网络中的速度变化非常快，网络中的信息内容、各种技术很快就会过时、落后，通过升级可以适应网络世界的变化。通过扩展还可以增加为客户服务的功能，更好地为使用者服务。随着网站访问量的不断增长，网站的规模还可以在原有系统的基础上随需要扩充。

（5）安全性高　医药企业的网络交易都要依靠电子商务网站才能完成。在每一次交易中都会涉及药品信息、药品报价、双方洽谈和资金的往来，这些信息对于企业都是非常重要的，特别是其中的金融信息，如果泄露、删除、篡改等就会造成直接的经济损失。网络中的黑客当然也知道这些，因此，企业网站往往是他们主要攻击的目标。Mastercard 信用卡公司在 2006 年就曾宣布有 1000 多名客户的信息被人从网络中盗取，经济损失巨大。与一般网站相比，企业电子商务网站的安全要求更高，安全措施也更加严格。现在，几乎每个公司的网站都设有防火墙保护，并配有相应的加密体系，尽可能地保护网站中的信息安全。

（6）兼容性好　医药企业的网站不仅为医药企业本身服务、为普通的消费者服务，它还是与其他的上下游企业及合作伙伴、国家的政府机构、公共部门等交流的主要场所。由于不同单位构建前网络系统不同，不同网站完成的功能也有明显的区别。因此，对于医药企业网站来说，若要随时和外部环境进行数据交换，就必须具有良好的系统兼容性。现在，很多组织为了提高效率，在组织之间提供交互式的协议，电子商务活动就可以在这些协议的基础上进行。

医药企业网站的建设不可能一步到位，随着企业的不断发展，越来越多的业务将在网上开展，例如一个医药企业，最开始只是建立一个企业网站进行信息发布和企业形象宣传等业务。随着时间的推移，该企业与销售商、零售商合作建立 Extranet，开展药品网上订购业务和原料及试剂的网上采购业务。因此要求在最初设计网站时，要充分考虑网站的可扩充性，例如选择开放的、有良好兼容性的电子商务应用服务器和 Web 服务器，采用符合国际标准的电子商务技术等。

（7）高效率的并发处理能力　网站要求能够经受住每日百万，甚至上千万的访问量，以及大量的并发请求。对于一个网站来说，基于互联网的用户是潜在的、无法准确估计的。因此在选择网站的 Web 服务器时，应特别注意服务器在高峰期对并发请求的处理能力，它应具有良好的排队机制，防止在大访问量时出现死机的情况。

（8）强大的管理工具　网站的结构虽然可能是分布式的，但必须是可集中管理的，维护一个网站的正常运转不是一件简单的事情。一方面要及时更新网站的内容，保证网站信息的时间性，如果一个网站在一个月内，内容和形式都不做任何变化，用户就会对网站失去兴趣，会怀疑"网站是否还活着"。因此在设计网站时，对于信息更新频繁的，应该有一个信息发布的系统，方便网站信息的维护。另一方面，还需要保证网站的正常运转，及时发现网站服务器的异常情况。

通常具有一定规模的网站都是分布式的，例如网站的 Web 服务器就有可能是由几台机器集群构成的。因此，一个功能强大的网站管理控制台对于一个网站的良好运转是必需的。

（9）良好的容错能力　网站应该具有很好的容错性能，能保证交易的完整性。电子商务系统运行的业务许多都是关键性的，如在线的股票交易、支付等。因此，在系统设计时，要考虑网站的可恢复性。一旦出现硬件错误或软件的意外事故，所有正在进行的交易信息必须保证是可以恢复的并且数据一致。

3.2.2　医药电子商务网站的类型

由于医药企业存在着差异，因此，医药企业构建电子商务网站的目标上也有区别，所以按照不同的分类方法，可以将电子商务网站分为不同的种类。

（1）从技术角度分　医药电子商务网站从技术角度可以分为静态网站和动态网站两种。

① 静态网站　静态网站是网站建设初期经常采用的一种形式。网站建设者把内容设计成静态网页，访问者只是被动地浏览网站建设者提供的网页内容。

在网站设计中，纯粹 HTML 格式的网页通常被称为"静态网页"，早期的网站一般都是由静态网页制作的。静态网页的网址形式通常为：www.example.com/eg/eg.htm，也就是以 htm、html、shtml、xml 等为后缀的。在 HTML 格式的网页上，也可以出现各种动态的效果，如 .gif 格式的动画、Flash、滚动字母等，这些"动态效果"只是视觉上的，与下面将要介绍的动态网站是不同的概念。

静态网站有如下特点[1]。

a. 静态网站的每个网页都有一个固定的 URL，且网页 URL 以 htm、html、shtml 等常见形式为后缀，而不含有"?"。

b. 网页内容一经发布到网站服务器上，无论是否有用户访问，每个静态网页的内容都是保存在网站服务器上的，也就是说，静态网页是实实在在保存在服务器上的文件，每个网页都是一个独立的文件。

c. 静态网站的内容相对稳定，因此容易被搜索引擎检索。

d. 静态网站没有数据库的支持，在网站制作和维护方面工作量较大，因此当网站信息量很大时完全依靠静态网页制作方式比较困难。

e. 静态网站的交互性较差，在功能方面有较大的限制。

② 动态网站　动态网站则综合利用静态网页、中间件、数据库技术，实现网站与用户之间的交互式操作，根据用户的不同需求，网站能够提供不同的信息，使访问者与网站之间能够进行交互式的信息交流。

动态网站是与静态网站相对应的，也就是说，其网页 URL 的后缀不是 htm、html、

---

[1] 冯英健. 什么是静态网页？静态网页有哪些特点？[EB/OL]. (2005-03-04)[2008-03-09]. http://www.wm23.com/resource/R03/site_3008.htm.

shtml、xml等静态网页的常见形式,而是以asp、jsp、php、perl、cgi等形式为后缀,并且在动态网页网址中有一个标志性的符号——"?"。如南京圣和药业有限公司的员工茶座网页的网址 http://www.sanhome.com/ygzc.asp?1m=员工茶座,这就是一个典型的动态网页URL形式。

这里说的动态网页,与网页上的各种动画、滚动字幕等视觉上的"动态效果"没有直接关系,动态网页也可以是纯文字内容的,也可以是包含各种动画的内容,这些只是网页具体内容的表现形式,无论网页是否具有动态效果,采用动态网站技术生成的网页都称为动态网页。

从网站浏览者的角度来看,无论是动态网站还是静态网站,都可以展示基本的文字和图片信息,但从网站开发、管理、维护的角度来看就有很大的差别。

动态网站有如下特点。

a. 动态网站以数据库技术为基础,可以大大降低网站维护的工作量。

b. 采用动态网站技术的网站可以实现更多的功能,如用户注册、用户登录、在线调查、用户管理、订单管理等。

c. 动态网页实际上并不是独立存在于服务器上的网页文件,只有当用户请求时服务器才返回一个完整的网页。

d. 动态网页中的"?"对搜索引擎检索存在一定的问题,搜索引擎一般不可能从一个网站的数据库中访问全部网页,或者出于技术方面的考虑,搜索"蜘蛛"不去抓取网址中"?"后面的内容,因此采用动态网页的网站在进行搜索引擎推广时需要做一定的技术处理才能适应搜索引擎的要求❶。

纯粹的静态网站通常需要手工制作网页,对于网站维护人员有一定的专业要求,并且,当网站内容更新较多时,手工制作静态网页会显得相当繁琐,于是通过后台信息发布方式的动态网站技术很快在企业网站中得到普及应用。从这种网站建设的技术角度,有人将纯粹手工制作静态网页的网站称为第一代企业网站,而完全采用动态网页技术的网站称为第二代企业网站。

如果从企业网站建设的大致时间来看,2000年之后建设的网站大多都采用了动态网站技术,甚至有些非常小的企业网站,总共不过20~30个网页,也采用动态网站的方式,重要原因之一是,动态网站技术已经非常成熟,一些核心功能如信息发布、会员注册管理等都已经是模块化的功能,对任何一个网站都是一样的,这就大大降低了网站开发的成本。

但是,动态网页不容易被搜索引擎收录是目前许多企业网站所存在的普遍问题,即网站的搜索引擎友好性比较差。随着近年企业对网站推广的重视,以及搜索引擎在网站推广中的作用越来越重要,动态网页这一缺点充分暴露了出来。于是一些重视搜索引擎推广的企业网站重新开始采用静态网页的方式来建设自己的网站,或者利用动态信息发布技术,只是在信息发布之前将动态内容转化为静态网页发布到网站服务器上。总之,无论采用手工制作静态网页的方法,还是利用动态内容转化为静态网页的技术,现在,如果考虑网站的搜索引擎优化问题,企业网站建设采用静态网页是最好的选择。

---

❶ 冯英健. 什么是动态网页? 动态网页有哪些特点? [EB/OL]. (2005-03-04)[2008-03-09]. http://www.wm23.com/resource/R03/site_3009.htm.

从网站建设的发展过程来看,从静态网页到动态网页再到静态网页,经历了企业网站建设方法的轮回,这不是网站建设技术的倒退,而是网络营销思想对网络营销技术基础发挥指导作用的体现。网站建设技术是为企业网络营销策略提供支持的,企业网站建设的目的不是为了展示最新的技术,因此,有时候最简单的技术可能才是最有用的技术。

现在很多具有较多功能的企业网站不仅仅是一些产品介绍等静态信息,还包括购物车、在线服务、信息查询、在线调查等多种营销功能,纯粹的静态网页是不能完全满足这些要求的,因此现在从网站推广角度建设的静态网站实际上往往是采用静态网页与动态网页技术相结合的方式,对一些重要信息(用户需要或者可能通过搜索引擎检索获得的信息如产品详细介绍、公司介绍、联系方式等)采用静态网页的方式,而对于网络营销功能的需求则仍然需要用动态网页技术来实现。从这个角度来看,采用动静结合方式建设的企业网站,兼有第一代企业网站和第二代企业网站的优点,这才是网络营销导向企业网站建设思想和方法的发展。这种符合网络营销思想的网站,虽然从技术上说并没有什么领先的地方,但更能体现出企业网站的网络营销价值[❶]。

(2) 从商业角度分 医药电子商务网站从商业角度可以分为电子商务网站、综合信息网站、宣传网站和搜索网站四种。

① 电子商务网站 电子商务网站是从事商业活动的网站,是以销售商品为手段的营利性网站。最著名的商业网站是海虹医药电子商务网(http://www.emedchina.net/),其堪称国内医药电子商务网站的鼻祖。

② 综合信息网站 综合信息网站向大众提供信息服务,提高站点访问率和知名度,以广告收入作为营利手段。类似站点如雅虎、搜狐等。

③ 宣传网站 宣传网站则是在互联网上树立企业形象的网站,不参与商业活动。

④ 搜索网站 搜索网站是以向客户提供大量搜索信息为目的的网站,客户输入一个确定的关键字以后,用户便可以在其服务器存放的海量信息中搜索到自己要检索的信息。类似站点如百度、谷歌等。

电子商务网站、综合信息网站及搜索网站都属于动态网站,综合采用先进的技术,达到交互的效果。实力强大的公司或企业的宣传型网站大多也是动态网站。

(3) 按照商务目的和业务功能分 按照商务目的和业务功能可以将医药电子商务网站分为基本型商务网站、宣传型商务网站、客户服务型商务网站和完全电子商务型网站。

① 基本型商务网站 基本型商务网站主要是通过网络媒体和电子商务的基本手段进行医药企业宣传和客户服务,网站可以完成一定金额要求或数量要求的交易,可以完成药品销售服务和客户管理。网站的功能比较齐全,但是硬件的规格不高。企业的商务活动仍以现实社会为主,商务网站只是一个有益的补充。此类网站适合于小型企业,网站的组建价格低廉,功能强大,性价比高。

② 宣传型商务网站 宣传型商务网站的主要建设目标是通过网站宣传药品和服务项目,提升医药企业形象,扩大品牌影响,拓展海内外潜在市场。网站以宣传为主。静态网页较多,网站的设计代表了企业形象和企业的文化内涵。这样的网站也有一些交易、管理的功能,但功效低,企业往往不通过其进行真正的药品交易。这样的网站一般都是企业在初次上

---

❶ 冯英健. 从静态网页到动态网页再到静态网页:企业网站建设方法轮回 [EB/OL]. (2005-11-05)[2008-03-09]. http://www.marketingman.net/lecture/site_051003.htm.

网时建立的过渡性网站，待时机成熟后进一步升级。这种网站适合于各种类型企业的初级阶段。

③ 客户服务型商务网站　客户服务型商务网站的建立目标是通过网站时时与消费者沟通，宣传医药企业形象与产品，为企业产品或服务提供技术支持。网站的核心是顾客，通过网站可以实现企业的客户关系管理和销售管理。利用网络可以降低服务成本、提高工作效率、提高顾客的满意度。在市场竞争日益激烈的今天，医药企业获得利润的最好方式就是获得顾客的认可，并提供最好的服务。这种类型的网站刚好可以满足这样的需求，而且这种类型的网站由于目标单一、功能集中，单项功能强大。成立这种类型的网站投资较少，适合于各类企业。

④ 完全电子商务网站　完全电子商务网站的目标是通过网站可以实现企业的所有商务活动，包括宣传医药企业整体形象、推广产品及服务、实现网上客户服务、产品在线销售。这种类型的网站可以为医药企业直接创造利润、提高竞争力。完全电子商务网站不再是企业现实商务活动的补充，而变成了企业主要的经营、销售、管理的渠道。例如，国内著名的海南卫虹医药电子商务有限公司的网站就是典型的完全电子商务网站。但这种类型网站的构建对企业来说会有一定的难度：产品要适合网络销售，企业的管理要符合网络管理模式，生产要实现现代化，与供应商和相关企业有良好的合作伙伴关系，并且网站的技术、硬件系统都要达到一定要求，还要有一批高素质的各方面人才。因此，完全电子商务型网站投资较大，适合于有一定规模的医药企业。

(4) 按照创建网站的主体分　按照创建网站的主体可以将医药电子商务网站分为行业电子商务网站、企业电子商务网站、政府电子商务网站和服务机构电子商务。

① 行业电子商务网站　行业电子商务网站是以某一行业为主构建的大型网站，主要从事行业内部的信息发布、行业内企业的信息交互、商品订购、客户交流、技术交流等方面的内容，实现内部的管理和监督，如海虹医药电子商务网。

② 企业电子商务网站　企业电子商务网站是最常见的一种网站。其是由制药业出资建设，宣传企业形象和产品信息、从事网络交易活动、实现网络产品服务活动的网站。根据企业的要求不同，网站的具体实现还有一些区别。

③ 政府电子商务网站　政府电子商务网站是由各国政府出资建设的网站，网站发布政府的法规、政策、对行业的监管信息等，并发放福利、实现公开采购、从企业收取税费，在网络中实现对企业、国民的管理。政府的网站主要是实现政府职能的转变，实现电子政务。

④ 服务机构电子商务网站　服务机构电子商务网站是由非营利性组织或特殊公共服务性行业出资建设的，如世界和平组织、金融组织、邮政服务等。它们有的虽然收费，但获取利润并不是网站经营的唯一目标，往往是为了提供更多的服务。

(5) 按照网站所有者的职能分　按照网站所有者的职能可以将医药电子商务网站划分为生产型商务网站和流通型商务网站。这种分类方式主要是根据企业在经济中所处的环节和所起的作用进行划分的。

① 生产型商务网站　生产型商务网站主要从事产品的设计，由医药企业出资建设。药品是企业重要的获利源泉，生产型的商务网站在网络中以推广自己生产的药品为主，网站的功能主要是医药企业的形象宣传、产品的推广、在线销售和针对产品的各种服务，一般情况下不涉及其他产品的宣传和销售。生产型企业要在网络上实现在线销售，必须与传统的经营

模式紧密结合，分析市场定位，调查用户需求，制定适合的电子商务发展战略，设计相应的电子商务系统结构，并在此基础上设计网页，使用户界面友好，操作简便。

② 流通型商务网站　流通型商务网站要从事产品的批发、零售等销售业务。流通企业一般不从事产品的生产，侧重产品的营销和服务。为了能够让消费者更好地了解产品的性能和用途，这种类型的网站都比较注重产品和服务的全面介绍，展示产品的外观和功能；比较注重网页风格的设计，色彩明快，动画多，这样可以吸引消费者大量购买产品。流通企业以在线销售为主，因此，不需要过多地宣传企业本身。流通型网站的操作界面友好，利于消费者选择购买。

（6）按照电子商务模式进行分类　按照电子商务模式可以将医药电子商务网站划分成为B2B商务网站、C2C商务网站、B2C商务网站、B2G商务网站。

① B2B商务网站主要是指企业和企业之间进行电子商务的网站。
② C2C商务网站是指消费者和消费者之间进行电子商务活动的网站。
③ B2C商务网站是指企业和消费者间进行电子商务活动的网站。
④ B2G商务网站是指企业和政府之间进行电子商务的网站。

（7）根据医药电子商务网站组成元素的相互关系以及其需要提供的功能分　根据医药电子商务网站组成元素的相互关系以及其需要提供的功能可以将医药电子商务网站划分为企业信息门户网站、供应链管理社区、消费者信息门户网站、B2C网上商店、B2B交易市场、B2C交易市场和C2C社区，见表3-1。

表3-1　医药电子商务网站的主要类型

类型	描述	动机
企业信息门户网站	为结构化或非结构化的信息提供"一站式"的检索和服务	高效,知识库管理,节省成本
供应链管理社区	过EDI实现企业之间的业务交互	收取交易费用,高效中介
消费者信息门户网站	提供社区信息,实现相互之间的协作	广告费、投资和上市
B2C网上商店	销售企业的产品和提供服务	业务收入
B2B交易市场	创建一个商品和交易的服务市场,为买卖双方提供搜寻、匹配和交易的保证	交易佣金
B2C交易市场	顾客提供货物和交换的场所	交易佣金
C2C社区	消费者拍卖、竞标、交流	收取交易费用

3.3　医药电子商务网站的总体设计

电子商务网站的建立实现了一种新型、高效、快捷的药品营销模式，成为提高市场竞争力、创建优良高效企业的一种重要手段。

3.3.1　网站建设目的的确定

建设医药电子商务网站，必须首先确定网站建设的目的，也就是要回答为什么要建立电子商务网站。电子商务战略的制定，为电子商务网站的建设指明了方向，但具体应用目的还需要认真考虑。因为针对不同的应用目的有不同的设计思路。

电子商务网站建设的目的一般可以分为开展 B2B 交易、开展 B2C 交易、开展拍卖业务、用于企业形象建设、拓展医药企业联系渠道、作为交易中间商、建立市场交易场所、开展中介服务、作为服务性网站、其他应用目的等。

对于网站设计人员来说，通过与业务人员的沟通，确定网站建设目的，是一项非常重要但又易于被忽略或轻视的一项工作。尤其是当专业的网站设计人员帮助企业建立网站，但设计人员又没有该企业的行业经验时，与企业的业务人员的沟通就更加重要了。

3.3.2 网站定位

（1）客户定位　当确定了网站的目的后，就要开始考虑网站所要面对的用户或网民，即要确定网站的服务对象。因为即使是同一类别的网站，也可以有不同的服务对象。对中国的网站而言，首要的选择就是做中文网站还是英文网站，这实际上就是用户范围的选择。

从经济学的角度而言，用户的消费是追求效用最大化。如果用户对产品和服务的效用评价超过其购买的成本，对他来说是有利可图的。对网络经济来说，仍然如此。如果用户可以从某个网站得到无法替代的服务，并且服务的费用在其可以承受范围内，他是乐于掏腰包的。而这种无以替代的特色服务的基础就在于准确的用户定位。一个比较典型的例子就是中国知网（www.cnki.net），由于它把服务对象定位在国内所有需要查阅文献资料的人，特别是高等院校和科研机构，全力推出中文期刊全文检索的服务。再加上清华大学得天独厚的文献资源，并配合一定时期的免费试用，使很多人产生了对它的依赖性，因此当它在年初实行收费服务时，也就顺理成章了。尽管它没有像某些网站那样大做广告，但它已有了一个较为庞大且稳定的用户群。当互联网经历了原始积累和快速扩张阶段而开始进入第一次调整阶段时，人们开始呼唤网站的特色，而这种特色就来源于正确选择网站类型和业务领域基础上的用户定位。

确定网站的服务对象一般可以从用户的年龄与性别结构、用户的文化层次、用户的职业与专业分布、用户的地域分布以及用户的个性偏好五方面入手。

（2）定位过程　网站定位的过程一般包括：明确竞争优势、选择竞争优势和示意竞争优势三个阶段。

竞争优势是指网站在为浏览者提供价值方面比竞争者更有效。例如能够提供更新的内容、独特的网页可视化设计、更快的速度或其他。网站定位是在浏览者心中建立起本网站区别于竞争者的独特性，即一种优势。而这种优势应该是访问者所注重的产品特征，不是一种劣势或不为访问者所关注的特征。所以，明确竞争优势的本质是排列网站可用于定位的各种要素，确定网站在哪些要素上具有优势的过程。

选择竞争优势是指一个网站不可能也没有必要在当前或通过努力后在所有方面都优于竞争对手，它只能选择若干最有力的要素加以培养，使之成为自己的竞争优势。选择竞争优势就是根据网站的目的和特点，选择本网站可采用的定位要素，培养它，使之超过竞争对手。

一般来说，选择竞争优势可遵循以下原则。

① 优势不能过多。

② 选择网页设计、内容、项目、服务等客观的、具体的要素作为短期定位，以强调不同的使用价值为目标，但要不断推陈出新，避免诸如"X 网站——服务最佳"、"Y 网站——技术领先"等过于笼统而且没有特色的定位。

③ 选择文化等主观的、抽象的要素，给客户比较广阔的想象空间，以形成顾客的品牌偏好。

④ 短期定位服务于长期定位。

示意竞争优势是指网站采取各种手段，通过各种途径向目标市场示意自己的定位。

3.3.3 子站点的设计

对于规模比较大，存在版块划分的网站，可以考虑把整个站点分成若干个站点，如每个版块或相关版块做成一个子站点，这样做的优势在于以下几个方面。

（1）对各个子站点可以分组开发　由于内容相对集中，业务相对近似，可降低开发的复杂程度。

（2）便于更新与维护　每一部分内容的更新只要对站点更新就可以，而不需要重新发布整个站点。且当某个子站点出了问题时，不会影响其他站点的浏览。

（3）对涉及专业领域较多的网站，如水平门户，便于资源的配备　因为不同专业所需的人才、信息素材、服务条件都不尽相同。划分子站点后，可以专门针对一些子站点配备这些资源。同时，通过专业的分工可以提高服务的效率和质量。

（4）便于实现分布式开发与管理　各个站点可以放在不同地点的 Web 服务器上，甚至可以放在不同的城市和国家，只要通过超链接连接就可以，这样就可以把各地的资源优势集中起来，实现跨地域的分布式开发与网站管理。

诚然，是否设立子站点主要还是取决于网站所需资源的配置情况和网站开发的复杂程度。如果所得资源不是很多或资源分布较为集中，以及网站开发的难度不大，也没有必要刻意拆分子站点，毕竟集中式结构比分布式结构容易管理。

3.3.4 网站页面结构设计

（1）页面设计　网站的所有内容最终是要通过网页表现出来的，可以根据业务流程设计来规划流程上各结点所需的页面。例如网上购药业务可以设计出表 3-2 的页面。

表 3-2　网上购药业务各结点所需页面

业务流程结点	所需页面
信息检索	药品目录—药品详细信息
准备订单	订单填写
下订单	订单确认
运输方式	送货上门介绍—送货上门申请—申请确认
付款方式	付款方式介绍—网上支付条款—填写账号信息—信息确认
订单提交	订单提交反馈（成功或修改）

这样就设计了网站所应包含的页面，而不是各页面上的具体内容。每页上放什么还要另外考虑。这一步的工作实际上是在搭建网站的页面框架，有了这个框架，后续的设计——编排页面的内容就很方便了，同时，减少了网站开发中的混乱。

（2）链接结构设计　链接结构是指页面之间相互链接的拓扑结构。它建立在页面设计的基础之上，假设每个页面都是一个固定点，链接则是在两个固定点之间的连线。一个点可以和一个点链接，也可以和多个点链接。如果使用过网页编辑软件 FrontPage，就可以在视图栏目清楚地看到站点的链接结构。规划网站链接结构的目的在于用最少的链接，达到最有效率的浏览。

医药电子商务的网站链接结构有树状链接结构和星状链接结构两种基本形式。

① 树状链接结构（一对一） 它类似 DOS 的目录结构，首页链接指同一级页面，一级页面链接指向二级页面。这样的链接结构在浏览时，一级级进入，一级级退出。其优点是条理清晰，访问者明确知道自己在什么位置，不会"迷"路；缺点是浏览效率低。一个栏目下的子页面到另一个栏目下的子页面，必须绕经首页。

② 星状链接结构（一对多） 它类似网络服务器的链接，每个页面相互之间都建立有链接。这种链接结构的优点是浏览方便，随时可以到达自己喜欢的页面；缺点是链接太多，容易使浏览者"迷"路，搞不清自己在什么位置、看了多少内容。而且一旦某个页面被删除或地址改动，其他页面也要更改。否则就会出现链接错误。

这两种基本结构都只是理想的形式，在实际的网站设计中，总是将这两种结构混合起来使用。网站总希望浏览者既可以方便快速地达到自己需要的页面，又可以清晰地知道自己的位置。为此，最好的办法是：首页和一级页面之间用星状链接结构，二级页面之间用树状链接结构。如果站点内容庞大，分类明细，需要超过二级页面，那么就应该在页面里显示导航条，它可以帮助浏览者明确自己所处的位置。这种导航条在很多门户网站中都可以看到，类似这样：首页≫公司产品≫胶囊剂系列≫氨酚美伪麻胶囊。

3.4 医药电子商务网站的域名申请与管理

网络域名虽然没有实物形态，但具有价值，可以使企业获得潜在的收益，它是互联时代企业重要的无形资产。

3.4.1 医药电子商务网站域名基础知识

（1）域名体系 域名是互联网络上识别和定位计算机层次结构式的字符标识，与该计算机的互联网协议（IP）地址相对应。中文域名是指含有中文文字的域名。域名一般有三～四级，其"级"准确表述是从右边数过来的小数点位数而得出称谓的。级数由点（"."）分开的部分数确定，有几个部分就是几级，如图 3-7 所示。

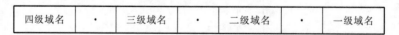

图 3-7 域名地址的通用格式

一级域名往往是国家或地区的代码，如中国的代码为 cn、英国为 uk、澳大利亚为 au 等；二级域名往往表示主机所属的网络性质，比如属于教育界（edu）、政府部门（gov）等；三级域名是自定义的，通常为机构、公司全称、全称的缩写或商标名称。四级域名＋三级域名所有者拥有随意解析权限的域名，四级域名是免费的。普通用户一般申请注册二级、三级及三级以下域名。

（2）中国互联网络域名体系

① 我国互联网络域名体系中各级域名可以由字母（A～Z，a～z，大小写等价）、数字（0～9）、连接符（－）或汉字组成，各级域名之间用实点（.）连接，中文域名的各级域名

之间用实点或中文句号（。）连接。

② 我国互联网络域名体系在顶级域名"CN"之外暂设"中国"、"公司"和"网络"3个中文顶级域名。

③ 顶级域名 CN 之下，设置"类别域名"和"行政区域名"两类英文二级域名。

设置"类别域名"7 个，分别为：AC—适用于科研机构；COM—适用于工、商、金融等企业；EDU—适用于中国的教育机构；GOV—适用于中国的政府机构；MIL—适用于中国的国防机构；NET—适用于提供互联网络服务的机构；ORG—适用于非营利性的组织。

设置"行政区域名"34 个，适用于我国的各省、自治区、直辖市、特别行政区的组织，分别为：BJ—北京市；SH—上海市；TJ—天津市；CQ—重庆市；HE—河北省；SX—山西省；NM—内蒙古自治区；LN—辽宁省；JL—吉林省；HL—黑龙江省；JS—江苏省；ZJ—浙江省；AH—安徽省；FJ—福建省；JX—江西省；SD—山东省；HA—河南省；HB—湖北省；HN—湖南省；GD—广东省；GX—广西壮族自治区；HI—海南省；SC—四川省；GZ—贵州省；YN—云南省；XZ—西藏自治区；SN—陕西省；GS—甘肃省；QH—青海省；NX—宁夏回族自治区；XJ—新疆维吾尔自治区；TW—台湾省；HK—香港特别行政区；MO—澳门特别行政区。

④ 在顶级域名 CN 下可以直接申请注册二级域名。也就是说，企事业单位用户可以直接在 .cn 下注册二级域名。例如，原来的地址是 http：//www.institute.com.cn，如果二级域名注册成功，地址将被简化成 http：//www.institute.cn。这是我国自 1990 年设立 CN 域名以来域名体系的一次重大变革，它使我国的域名长度大大缩短，记忆起来更加容易❶。

(3) 中文域名体系　中文域名是含有中文文字的域名，是中国域名体系的重要组成部分。中文域名体系具有以下特点。

① 高度兼容　中国互联网络信息中心（China Internet Network Information Center，CNNIC）域名体系将同时提供"中文域名.CN"与纯中文域名（如"中文域名.公司"）两种方案。CNNIC 不但将这两种技术完美结合而且也使之同现有的域名系统高度兼容。CNNIC 的域名系统是在现有的域名系统上做最小的改变，以保证从现有系统到中文域名系统稳定、可靠、便利地过渡。该系统与现有域名系统兼容，并支持 Unix、Linux、Windows 等操作系统和各种通用浏览器。也就是说用户可以通过此系统顺利解析想要的中、英文域名，让用户在世界任何一个角落只要输入正确的中文域名皆可以顺利访问相应网址。

② 繁简转换，两岸互通　支持简繁体的完全互通解析也是 CNNIC 域名服务的一个特点。例如，一个大陆用户想访问我国台湾的"宏碁電腦公司"，他完全没有必要在浏览器的地址栏中键入繁体的"宏碁電腦.TW"，而只键入大陆用户熟悉的简体汉字就可以了。而一位台湾用户如想访问大陆的"中国万网"网站，他也同样只需键入繁体的"中國萬網"就可以了。

③ 兼顾多种标准，符合国际趋势　从体系上，CNNIC 域名体系完全与国际中文域名技术发展趋势保持一致，提供通用一致的服务器端平台，将与中文域名相关的本地化问题与服务器端问题隔离。

---

❶ 中国互联网络域名体系调整将摆脱美国控制［EB/OL］.（2006-02-28）［2008-03-10］. http：//news.xinhuanet.com/ec/2006-02/28/content_4237135.htm.

从选用的编码格式上，CNNIC 域名体系兼顾了国际标准（UTF-8）、国家标准（GB2312，GBK）和工业事实标准（BIG5）。CNNIC 提供的服务器可支持 GBK（包括 GB2312）、BIG5、UTF-8、各种 ACE 编码（如 RACE 等）形式和 ASCII 码（American Standard Code for Information Interchange，美国标准信息密码）等。编码 UTF-5、RACE 属于 ACE，UTF-5、RACE 、UTF-8 都是转化格式编码，UTF-8 保证转化前后 ASCII 码保持不变，而 UTF-5、RACE 则可能不同，因此 UTF-8 编码保证了与 ASCII 编码的兼容性。如 ASCII 字符串"abc123"，转为 UTF-5 编码为"M1M2M3J1J2J3"，转为 UTF-8 编码为"abc123"。目前微软 Window 2000 已支持 UTF-8，负责 BIND 工作的互联网软件联盟（ISC）也表示新的 BIND 将支持 UTF-8。

灵活的 CNNIC 体系结构可方便地适应中文域名技术的变化，符合国际发展的趋势。

④ 使用方便，适用面广　在使用"中文域名.CN"时，用户可以不必安装客户端程序，用户所使用的 ISP 服务器也不用做任何的修改，就可以实现对中文域名的访问。如果用户要使用"中文域名.中国"、"中文域名.网络"等纯中文域名的访问，也可以不必安装客户端程序，只要为用户提供服务的 ISP（Internet service provider，互联网服务提供商）做相应的改动，或者用户改变自己操作系统的 DNS 配置，使用 CNNIC 的服务器。

如果用户的 ISP 存在防火墙限制，用户不能使用本 ISP 以外的其他域名服务器，情况就会更复杂一些，发向本 ISP 以外的其他域名服务器的中文域名请求会被防火墙屏蔽，造成访问失败。对于这一问题，CNNIC 可以为用户提供一个客户端安装程序，它不仅可以为计算机新手配置好服务器，也可以解决某些浏览器固有的问题，还可以将全中文域名以超文本传输协议（HTTP，hyper text tranfer protocol）请求的方式发送出去，从而绕过防火墙。也就是说在 HTTP 上建立一个专用通道完成解析。

⑤ 开放体系，鼓励合作　CNNIC 域名体系为其他应用软件提供开放、标准的技术平台，各个应用开发商可在其上开发出与中文有关的各种为中国互联网用户服务的软件和服务项目。

⑥ 支持中文邮件地址、中文虚拟主机等应用服务　中文域名注册后还支持中文电子邮件地址功能、中文虚拟主机、中文代理等应用服务。与 CNNIC 合作的软件开发商将提供为电子邮件 ISP/IAP（Internet Access Provider，互联网接入服务商）和企业内部使用中文电子邮件地址的解决方案。这意味着今后广大用户可以摒弃他们不擅长的英语，而使用自己熟悉的中文发送电子邮件了❶。

国务院办公厅于 2006 年 12 月 29 日颁发的《关于加强政府网站建设和管理工作的意见》明确提出，政府网站"中文域名要以'.cn'结尾，并与本行政机关的合法名称或简称相适应"。这一规定首次明确了政府网站使用中文域名的规范。根据这一规定，截止到 2007 年 5 月 15 日，包括外交部.CN、教育部.CN、财政部.CN 等国家部委政府网站的中文.CN 域名，工商总局.CN、国家侨办.CN、银监会.CN 等国务院直属机构、办事机构和事业单位网站的中文.CN 域名，以及海洋局.CN、文物局.CN 等政府网站的中文.CN 域名已全面启用。至此，国家部委和其他中央政府机构的繁简体中文.CN 域名启用率达 90% 以上；此外，随着上海市政府.CN、广东省政府.CN 等政府网站域名的纷纷开通，目前各省、直辖市、自治区政府门户网站中文.CN 域名启用率也已超过 90%。政府网站中文.CN 的规范化

---

❶ 中文通用域名［EB/OL］.［2010-03-10］. http：//www.net.cn/static/domain/cndomain1.asp.

启用已开始向省、市、县一级政府机构延伸❶。

（4）通用网址　通用网址是一种新兴的网络名称访问技术，通过建立通用网址与网站地址 URL 的对应关系，实现浏览器访问的一种便捷方式。用户只要在浏览器网址栏中直接输入企业、产品、网站、行业的名称，即可直达目标网站，无需记忆复杂的域名、网址。

通用网址可以由中文、字母（A～Z，a～z，大小写等价）、数字（0～9）或符号（-，！）组成，最多不超过 31 个字符（通用网址每一构成元素均按一个字符处理）。

通用网址、域名和网站地址三者是不同的概念，最基础的是域名。所以，注册一个通用网址，您必须先要注册您的域名，如 institute.com.cn，然后将通用网址指向的基于域名的网站地址如 www.institute.com.cn（或 institute.com.cn），提交给注册服务机构，这样通用网址就可以指向您提供的网站地址。

3.4.2　医药电子商务网站域名的申请

（1）域名的商业价值　为了更便于人们认识自己，大部分企业都是用自己名称或商标来定义域名。由于域名在互联网上是唯一的，一个域名注册后，其他任何企业就不能再注册相同的域名，这就使域名与商标、企业标识物有了相类似的意义，因此有人也把域名称为"网络商标"。事实上，企业在互联网上注册了域名、设立了网站，就可以被全球 6.5 亿用户随时访问和查询，从而建立起广泛的业务联系，为自己赢得更多的商业机会。域名在商业竞争中不只是一个网络地址，还包含着企业的信誉。

（2）域名的命名技巧

① 符合规范　国内的商用域名一般以 com.cn 结尾，也可以注册.com 或.cn 结尾的域名。大部分 ISP 可免费帮助用户注册域名。一般在申请域名时应注意申请符合规范的域名。例如 www.nice.cn.com 就不是一个好的域名，比较合适的域名应该是 www.nice.com、www.nice.cn 或 www.nice.com.cn。我国部分企业的域名遭到了其他境外机构的抢注，其抢注的一般是.com 国际顶级域名，目的是索要巨额转让费。

② 短小精悍　在已注册的以.com、.net 等为后缀的域名中，可以发现许多字母少并有一定字面含义的单词或者单词组合形成的域名，如 dragon.com。也可以利用一些单词的缩写，或者在缩写字母后加上一个有意义的简单词汇，组成比较短小的域名，如 cnnews.com。2002 年中国顶级域名.cn 的开通，为我国企业申请短小精悍的域名提供了极好的机会。

③ 容易记忆　为了让别人所了解和记忆，除了字符数少之外，容易记忆也是很重要的一项因素。一般来说，通用的词汇容易记忆，如 business.com。某些有特殊效果或特殊读音的域名也容易记忆，如 amazon.com、163.com 等。

④ 不容易与其他域名混淆　造成域名混淆的原因可能有几种情况，一种是上面所说的组成一个域名的两部分使用连字符；第二种情况是后缀.com 或者.net 的域名分属不同所有人所有，例如，网易下的"163.com"与 163 电子邮局的"163.net"两个域名就很容易造成混乱，许多人都分不清两者的关系；第三种情况是国际域名和国内域名之间的混乱，例如"85818.com.cn"是上海梅林正广和的一个网上购物网站的域名，而"85818.com"则属于

---

❶ 政府机构中文域名须为中文.CN［EB/OL］.（2007-05-20）［2008-03-10］. http://web.jrj.com.cn/news/2007-05-21/000002251692.html.

另外一个网。

⑤ 与公司名称、商标或核心业务相关　人们看到"ibm.com",就会联想到这是IBM公司的域名,看到"travel.com"或"auctions.com"的域名就会想到分别是在线旅游或者拍卖网站,这无疑是一笔巨大的财富,难怪一些特殊的域名可以卖到数百万美元。也正因为如此,一些企业著名商标被别人作为域名注册之后,要花很大代价来解决。

⑥ 尽量避免文化冲突　一个正规的公司如果用"希特勒"(Hitler.com)作为域名显然不合适。2000年,最大的中文网站新浪网的域名"sina.com.cn"也受到质疑,甚至被要求改名,其原因在于"sina"在日语中和"支那"的发音相同,而"支那"是日本右翼对中国的蔑称,因此,新浪网的域名引起了一些在日本的华人的不满。此事被吵得沸沸扬扬。虽然新浪网最终没有因此改名,但是,各位都应该引以为戒,在选择域名时应该尽量避免可能引起的文化冲突。

(3) 域名申请策略

① 分散域名策略　当一个生产规模大、产品多样化的公司的某种产品具有非常独特的个性,并拥有了相对较大规模市场忠诚度的时候,必须有分散域名。产品多样化或者产品个性强的时候,公司必须为某些品牌独立注册域名,以培养、尊重和强化消费者的消费忠诚度。而且,如果公司旗下某一独立品牌商品出现信誉危机的时候,对其他品牌的信誉和知名度不会造成妨害。

分散域名也有弊端。最明显的就是网站建设强度增大,管理力度分散,从而造成网站成本增加。而且,在某一程度上影响了公司的整体形象。作为信息服务企业来说,分设分散域名必须慎重。从消费心理来看,一个品牌一开始必须不停强调,而不是淡化。只有等强化达到某个程度之后,才可以根据产品和市场的细分来分开域名管理。

② 单一域名策略　把产品以目录的形式放在同一个域名之下是目前企业采用最多的域名运用决策。

单一域名策略最大的好处是使公司有很强的整体感,容易以公司整体的信誉去推动产品的市场占有率,可以节省站点建设开支,既便于管理,也便于统一推广和宣传。

单一域名策略的缺点在于缺乏个性,难以强调某一独立品牌,难以细分不同层次的市场。而且,当公司的某一品牌商品在市场上"搞砸"了之后,此网站上的其他产品会因为这个产品的坏名誉而受到连累。

③ 三级域名策略　企业域名的一般形式为:"产品名.企业名.com",即所谓的"三级域名"。从技术层面讲,这样的域名使用成本很低。"三级域名"最适合于公司推出新产品时使用,就消费者接受心理方面而言,采用三级域名(产品名.企业名.com)对消费者的记忆要求高,既要求消费者知道公司名称,又必须知道产品名称。

(4) 域名的申请、变更与注销

① 中国域名注册　在中国注册英文域名的步骤如下:

a. 填写注册申请表并递交(由申请者完成);

b. 系统语法检查(由CNNIC完成);

c. 检查是否申请者申请的域名已经注册,递交申请材料(由CNNIC和申请者完成);

d. 注册材料的审核(由CNNIC完成);

e. 缴纳域名注册费用(由申请者完成);

f. 发出"域名注册证"(由CNNIC完成)。

在中国注册中文域名与上类似,所有申请完全可以在网上实现。用户在注册系统提示下可以同时注册带有 CN 的中文域名和纯中文域名。客户也可以同时注册简体中文域名和繁体中文域名。

在中文域名注册体制中,CNNIC 划分中文域名注册机构为域名系统管理者和域名注册服务商。CNNIC 作为中文域名注册管理者,负责维护中文域名注册数据库,以确保互联网络的稳定运作。域名注册服务商将直接面对广大用户,依靠自己的力量和自身的优势更好地为用户提供包括中文域名的注册服务以及其他与中文域名相关的各项服务。

申请域名的注意事项如下。

a. 中国互联网域名注册管理和服务的申请者必须是法人单位。

b. 严格遵守域名的命名规则。域名最好与单位的性质、单位的名称、单位的商标以及单位平时所做的宣传相一致,这样的域名容易记忆,容易查找,也能很好地反映单位的形象。

c. 域名注册其他应注意的情况。

② 变更域名步骤　变更域名的步骤实际上是域名注销再注册的步骤,但注销时不退回年度运行管理费。

a. 填写并打印注销表;

b. 重新返回进行新的域名注册,获得新域名的申请表;

c. 向 CNNIC 递交原域名证书、域名注销表、依法登记文件复印件、新域名申请材料。

③ 域名注销步骤

a. 将原注册信息打印,写明注销,加盖公章;

b. 将以上文件连同您的域名证书一起邮寄给 CNNIC。

3.5　医药电子商务网站的软硬件建设

在目前国际化、信息化市场中,企业竞争能力的提高离不开网络,医药企业网站建设与使用情况将直接影响医药企业竞争能力的实现。

3.5.1　医药电子商务网站接入方式的选择

互联网服务提供商是网民通过网站进入互联网世界的驿站和桥梁。我国提供增值业务的 ISP 大致可分为两类:一类是以接入服务为主的 IAP(Internet access provider,网络接入提供商);另一类是以提供信息内容服务的 ICP(Internet content provider,网络内容提供商)。两者的服务范围已呈现相互交叉的趋势。

随着互联网的深入发展,尤其是近年来电子商务在互联网上的迅速发展,使得互联网行业从单纯以个人为基石转向同时面对个人、企业开展业务方向的转变。在这样的背景之下,出现了 ISP 的第二次浪潮。第二次浪潮是业务对象重心的转移,也是一次从简单业务到复杂业务的跳跃。ISP 的第二次浪潮是从接入业务向 ASP(application service provider,应用服务提供商)业务转移的一次重大转变。这一转变有三个趋势:第一,业务重点从个人向企业转移;第二,服务技术含量从低往高发展;第三,从以硬件服务为主转变为软硬结合的应用服务为主。

（1）出口带宽　出口带宽是指IAP本身以多高的速率连接到互联网或其上级接入提供商，是体现IAP接入能力的关键参数。《中华人民共和国计算机信息网络国际联网管理暂行规定》规定，目前国内所有互联单位都必须使用九大骨干网的国际出口线路。这就克服了这方面的两个误区：其一是新出现的一些访问设备，宣称能使用户以若干兆的速率访问互联网，但实际是以该速率访问接入提供商的信息，当用户真正访问互联网或国内其他网站时，由于出口带宽的限制，速率马上降下来；其二是某些接入提供商宣称自己拥有若干速率的国际出口。这九大骨干网是：

① 中国公用计算机互联网（CHINANET）；
② 中国金桥信息网（CHINAGBN）；
③ 中国联通计算机互联网（UNINET）；
④ 中国网通公用互联网（CNCNET）；
⑤ 中国移动互联网（CMNET）；
⑥ 中国教育和科研计算机网（CERNET）；
⑦ 中国科技网（CSTNET）；
⑧ 中国长城网（CGWNET）；
⑨ 中国国际经济贸易互联网（CIETNET）。

如果采用拨号方式接入互联网，还要注意接入提供商所能提供的中继线的数量。电话中继线是由电信部门提供的拨号访问线路，是拨号用户访问互联网的入口，中继线的数量就是该系统支持同时访问用户的上限。例如某接入提供商有10条中继线，则至多只能支持10个用户同时上网。对于第11个用户，就会出现"占线"的提示而无法上网。所以中继线的数量是衡量一家IAP实力的重要参数。另外，如果中继线不支持连选功能，则可能要拨几个电话号码才能接入一条空闲的线路。

衡量接入提供商的接入能力有三个重要参数：
① 是否具有独立的国际出口；
② 出口带宽接入用户数；
③ 接入上级接入提供商的带宽。

在条件可能的情况下，应优先考虑具有国际出口的接入提供商。

（2）考虑IAP提供的服务种类、技术支持能力　接入互联网是大多数用户上网获取和发布信息或进行某种业务交易的手段，因此IAP提供的服务种类、技术支持能力也是一个十分重要的问题。

① 注意接入提供商提供信息的能力。获取信息是浏览互联网的基本功能。一般来说，访问所属IAP网站上的信息速度较快，访问与所属IAP在同一网络平台上的信息次之，跨网络平台访问最慢。因此，一家IAP本身及其所在网络有用信息的多少，直接关系到用户的访问速度。

② 是否具有足够的技术实力。电子商务是通过互联网进行的实时、无纸的交易业务，对时间性、安全性要求很高。提供该项服务的IAP需要具备较强的技术能力，使用专用的软硬件设备。因此，入网时一定要注意IAP是否具有足够的技术实力。

③ 是否有备用线路。备用线路是指主要连接线路发生故障时可供使用的另一线路，它反映了IAP提供服务的可靠性。若某IAP只有单线连接而无备用线路，则一旦发生线路故障，其所有用户均无法上网。

④ 是否有升级扩容能力。升级扩容能力是指随着用户数量和通信量的增长，IAP 接入能力能否随之提高，主要包括中继线、出口带宽和备用线路的增长。它是最能体现一家接入提供商整体实力和发展趋势的因素。

（3）考虑 IAP 的服务费用　接入提供商提供互联网上网服务，同时收取一定的费用，即网费。不同的 IAP 收费的标准不同，形式也有差异。网费是网站建设必须考虑的一个重要因素，要根据使用互联网的时间和时段的情况，决定向哪个 IAP 申请账户和选择何种收费服务。

用户在选择 IAP 时，不仅应着重考察以上指标，还应查询网络接入提供商的有关资质证明材料。

3.5.2　医药电子商务网站网络服务方式的选择

（1）Web 服务器　Web 服务器也称为 WWW（world wide web）服务器，其主要功能是提供网上信息浏览服务，主要包括应用层使用 HTTP 协议、HTML 文档格式和浏览器统一资源定位器（URL）。

Web 服务器可以解析 HTTP 协议。当 Web 服务器接收到一个 HTTP 请求会返回一个 HTTP 响应，例如送回一个 HTML 页面。为了处理一个请求，Web 服务器可以响应一个静态页面或图片，进行页面跳转，或者把动态响应的产生委托给一些其他程序例如 CGI 脚本、JSP 脚本、Servlets、ASP 脚本、服务器端，或者一些其他的服务器端技术。无论它们的目的如何，这些服务器端的程序通常产生一个 HTML 的响应来让浏览器可以浏览。

Web 服务器的代理模型非常简单。当一个请求被送到 Web 服务器时，它只单纯地把请求传递给可以很好地处理请求的程序。Web 服务器仅仅提供一个可以执行服务器端程序和返回响应的环境，而不会超出职能范围。服务器端程序通常具有事务处理、数据库连接和消息等功能。

网络操作系统主要驻留在服务器上。因此，网络服务器的性能直接影响到网络的性能。网络服务器可以是高性能的微型机、中小型机或大型主机。不管选用哪种设备，服务器都必须具备一定的通信处理能力、快速访问能力和安全容错能力。

现在大多数应用程序服务器也包含了 Web 服务器，这就意味着可以把 Web 服务器当作是应用程序服务器的一个子集。虽然应用程序服务器包含了 Web 服务器的功能，但是开发者很少把应用程序服务器部署成这种既有应用程序服务器的功能又有 Web 服务器的功能。相反，如果需要，他们通常会把 Web 服务器独立配置，和应用程序服务器一前一后。这种功能的分离有助于提高性能，使得简单的 Web 请求不会影响应用程序服务器，分开配置给最佳产品的选取留有余地。

（2）虚拟主机　网络站点的建设可以分为两种，一种是自己建立网站，一种是外购整体网络服务。网络站点投资选择的主要问题是资金问题。如果一个企业规模较大，资金充足，而且需要和外界交流大量信息，自己利用独立服务器建立网站接入互联网是比较理想的选择；如果企业与外界没有太多的信息交流，资金有限，则选择外购整体网络服务比较合理。外购整体网络服务又分虚拟主机与服务器托管两种形式。

虚拟主机是使用特殊的软硬件技术，把一台运行在互联网上的服务器主机分成一台台"虚拟"的主机，每一台虚拟主机都具有独立的域名或 IP 地址，具有完整的互联网服务器

（WWW、FTP、E-mail等）功能，虚拟主机之间完全独立，并可由用户自行管理，在外界看来，每一台虚拟主机和一台独立的主机完全一样。

采用虚拟主机技术的用户只需对自己的信息进行远程维护，而无须对硬件、操作系统及通信线路进行维护。因此虚拟主机技术可以为中小型医药企业或初次建立网站的医药企业节省大量人力物力及一系列繁琐的工作，是医药企业发布信息较好的方式。

采用虚拟主机方式建立电子商务网站具有投资小、建立速度快、安全可靠、无须软硬件配置及投资、无须拥有技术支持等特点。

选择虚拟主机主要考虑存储空间、电子邮件、网页制作、IP地址、文件传输、时间和速度七个方面的内容。

（3）服务器托管　　虚拟主机是由多个不同的站点共享一台服务器的所有资源，是入门级的站点解决方案。如果服务器上运行了过多的虚拟主机，系统就容易过载，从而直接影响网站浏览的效果。当企业对服务器有较高要求时，可以选择服务器托管。

服务器托管是指为了提高网站的访问速度，将您的服务器及相关设备托管到具有完善机房设施、高品质网络环境、丰富带宽资源和运营经验以及可对用户的网络和设备进行实时监控的网络数据中心内，以此使系统达到安全、可靠、稳定、高效运行的目的。托管的服务器由客户自己进行维护，或者由其他授权人进行远程维护。

互联网服务商可以为客户的关键服务器提供机柜及带宽出租服务，使服务器可维持每星期7日、全日24小时无休止服务。当医药企业有意建设自己的Web、E-mail、FTP服务器，而其网站的应用很复杂或网站的访问率很高时，可以选择自己购买服务器，进行整机托管。

服务器托管不计通信量和访问次数，也不需申请专用线路和搭建复杂的网络环境，因此也就节省了大量的初期投资及日常维护的费用。这种方式特别适用于有大量数据需要通过互联网进行传递，以及大量信息需要发布的单位。另一方面，选择服务器托管，用户可以获得一个很高的控制权限，能够决定服务质量和其他一些重要的问题，可以随时监视系统资源的使用情况。在系统资源紧张、出现瓶颈的时候，可以马上根据具体情况对服务器进行升级。服务器托管不仅能够解决足够多的访问量和数据库查询，还能为医药企业节约数目可观的维护费用。

相对于虚拟主机，服务器托管具有以下特点。

① 灵活　　当医药企业的站点需要灵活地进行组织变化的时候，虚拟主机将不再满足企业的需要。虚拟主机不仅仅被共享环境下的系统资源所限，而且也被主机提供商允许在虚拟主机上运行的软件和服务所限；用户希望连接互动化、内容动态化和个性化的要求也很难实现。而这些要求需要依靠托管独立主机才能得到较好的解决。

② 稳定　　在共享服务器的环境下，每个用户对服务器都有各自不同的权限，某些超出自己权限范围的行为，很可能影响整个服务器的正常运行。如果有的用户执行了非法程序，还可能造成整个共享服务器的瘫痪。而在独立主机的环境下，用户可以对自己的行为和程序严密把关、精密测试，保持服务器的高度稳定性。

③ 安全　　服务器被用作虚拟主机的时候是非常容易被黑客和病毒袭击的。例如，乱发电子邮件可能会受到来自外界的报复；如果服务商没有处理好虚拟主机的安全隔离问题，某些用户可能会利用程序对其他用户网站进行非法浏览、删除、修改等操作。而服务器托管极少会出现这样的问题。

④ 快捷　虚拟主机因为是共享资源，因此服务器响应速度和连接速度都比独立主机慢得多。目前，大约10%～30%的访问者因为服务器响应速度过慢而取消了他们的请求，这就意味着可能丢掉了其中的一些潜在用户，而托管独立主机将彻底改变这种状况。

选择主机托管服务时应考虑可靠性因素、安全因素和功能需求因素三个方面。

(4) 独立服务器　虚拟服务器和托管服务器都是将服务器放在互联网服务商的机房中，由互联网服务商负责互联网的接入及部分维护工作。独立服务器则是指用户的服务器从互联网接入到维护管理完全由自己操作。企业自己建立服务器主要考虑的内容有硬件、系统平台、接入方式、防火墙、数据库、人员配备等。

独立服务器需要专用的机房、空调、电源等硬件设备，也需要操作系统、防火墙、电子邮件等软件运行。这些软硬件均需要专职人员加以维护。因此，对于医药企业而言，使用独立服务器需要有较多的支出。

据2008年中国网域网市场部关于流量数据统计，华东地区1000多家中小企业被用作Web、Mail和小型OA（office automation，办公自动化）等基本应用的托管租用服务器中高达75%的服务器平均流量低于500kbps，最高峰值大多在1Mbps左右，接近30%的服务器长期低于300kbps左右流量。这个流量大概只是相当满足一个人看电影所有需要的带宽，大概也就是几十个人访问企业的网站。既然没有必要，那么这些服务器运行、数据中心运行、人力维护都是严重的社会资源浪费。

企业只需要专心做其应该专注的市场、客户、技术。越来越多的企业租用VPS（virtual private server，虚拟专用服务器）主机，首先能大幅降低首期投入，更有甚者采用月付租用，极大地降低创业型企业的成本压力，需要多少资源就租用多少，需要时随时都可以增加，同时又是完全隔离的，安全性得到了保障。硬件升级、硬件损坏这些琐碎事务都交给类似网域这样的专业IDC（Internet data center，互联网数据中心）商，同时让企业专注客户需求、专注公司运营，用更低成本解决企业的数据安全和稳定性。企业完全没有必要去关心哪个技术最新，哪个更优秀。

硬件虚拟化的进一步发展就是应用虚拟化，客户企业不需要购买硬件服务器、带宽和软件系统，只需要支付租用费，上网就可以使用指定的Web系统、邮件系统、会议视频系统、ERP系统、OA办公系统等，在这个过程中，用户并不知道这些应用系统身在何处，也可以实现关键应用系统的集中管理化，并节省资金与人力成本。虚拟化是硬件与应用是今后IT发展的必然趋势，虽然目前应用虚拟化在中国发展缓慢，但若干年后一定会大行其道，因为成本控制永远都是大家最关心的话题。

因而，75%企业网站没有必要使用独立服务器❶。

3.5.3　网络数据库的选择

(1) 网络数据库的概念与作用　企业电子商务网站是一种功能强大的网站，其功能构成包括公司信息管理系统、在线服务系统、营销管理系统、订单支付系统、客户管理系统、订单支付系统以及网站管理系统几个模块。每一个模块都要有大量的信息进行交互。数据库是

---

❶　75%企业网站没有必要使用独立服务器 [EB/OL]. (2006-09-05)[2008-03-12]. http://www.soft6.com/tech/8/88994.html.

企业电子商务网站非常重要的一个组成部分。传统的层次数据库、网状数据库、关系数据库并不能适应网络数据传输，其数据类型变化大，非固定存储结构和定长存储空间的网络数据库的特点已经不能再适应网络市场的需求。

在这样的背景之下，利用网络技术和数据库技术结合的先进数据库技术——网络数据库技术随之诞生。

网络数据库又称为 Web 数据库，是在网络上运行的数据库。网络数据库是以后台数据库为基础的，加上一定的前台程序，通过浏览器完成数据存储、查询等操作的系统。简单地说，一个网络数据库就是用户利用浏览器作为输入接口，输入所需要的数据，浏览器将这些数据传送给网站，而网站再对这些数据进行处理，例如，将数据存入数据库，或者对数据库进行查询操作等，最后网站将操作结果传回给浏览器，通过浏览器将结果告知用户。网络数据库中数据之间的关系不是一一对应的，可能存在着一对多的关系，这种关系也不是只有一种路径的涵盖关系，而可能会有多种路径或从属的关系。

一个用途广泛的动态网站必须依靠数据来支持。简单的网站中的数据只能供用户浏览，先进的网站则可以实现网站和用户之间的互动，这就需要即时对网站数据添加、删除和修改。网络数据库数据存储量大、修改方便，能够进行动态数据组合，是为电子商务网站提供交互式服务的主要手段。

（2）网络数据库的特点

① 数据的处理　数据库采用字表多维处理、变长存储以及面向对象等新的网络技术和数据库技术，使数据库应用转为全面基于以互联网为基础的应用。这方便了不同类型的数据存储，同时在满足时时响应、随时将数据存储于数据库的基础上，减少了占用服务器的硬盘空间。

② 数据的类型　复杂的数据类型一直是数据库创建和使用过程中的大难题，声音和图形数据占用空间大，调用的时间长，并且处理结构也与结构数据明显不同。Web 数据库是字表多维处理方式，支持包括结构化数据以及大量非结构化的多媒体数据等多种类型的数据，使组成用户业务的各种类型数据能够存储在同一个数据库中，使执行复杂处理的时间大大缩短。

③ 支持新的编程技术　Web 数据库支持新的编程技术，如 ActiveX、XML 等，将网络技术与数据库技术完美地结合在一起，加快了对网络数据库的数据操作。同时，还支持并能够快速开发复杂的事务处理系统应用程序，大大简化了系统开发和管理的难度，对于初级网络使用者来说很容易学习。这个特点使网络数据库的发展非常迅速。

目前，Web 和数据库互连的主要技术有 CGI（common gateway interface，通用网关接口）、API（application programming interface，应用程序编程接口）、.NET、ASP（active serve page，动态服务器界面）、PHP（PHP hypertert preprocessor，超级文本预处理语言）和 JSP。各连接技术各自有自己的优缺点。目前，国内 PHP、ASP、.NET 应用广泛。然而在国外，JSP 是比较流行的一种技术，尤其是电子商务类网站，多数采用 JSP 技术。PHP 可以用在多种类型的 Web 服务器上，JSP 和 CGI 对操作系统和 Web 服务器平台都没有限制。NSAPI 一定要在 Netseape 的服务器上才可以执行，但是可支持多种操作系统。ASP 及 ISAPI 只在 IIS（Internet information services，互联网信息服务）上才有完整的功能。在稳定性上，由于 NSAPI 和 ISAPI 是动态连接的一种方式，因此，在执行时若出现问题，会使得 Web 服务器一起瘫痪。而 ASP 在实际应用经验上，每隔一段时期就会使系统不稳定，需要重新启动操作系统。PHP、JSP 在许多站点的使用上，不但长期使用都没有问题，而且程序的稳定性也不错。性能最稳定的是 CGI 程序，因为它是由操作系统负责控制，不会因为 CGI 程序的错误而导致 Web 服务器的不稳定。在数据库设计时应根据具体的要求选择适合的技术，同时也需要考虑到设计人员的实际水平和当地技术的使用情况，这有利于数据库今后的维护和升级。

（3）网络数据库的选择　目前大多数商业应用都依赖于关系数据库（RDBMS）。关系数据库是一种功能完善、运行可靠的数据库系统。最为流行的关系数据库有 IBM 公司（www.ibm.com）的 DB2 Universal Database 9.0 版本、Microsoft 公司（www.microsoft.com）的 SQL Server 2005 版本、Oracle 公司（www.oracle.com）的 Oracle 9i 版本等。

选择数据库管理系统的原则为易用性、分布性、并发性、数据完整性、可移植性、安全性和容错性。

3.5.4　医药电子商务开发形式的选择

医药电子商务网站的开发有多种可选方案，主要包括购买、外包、租借和自建。

（1）购买　在目前市场开发的商业化软件包中可以找到电子商务应用所需要的标准模块。与自建相比，购买现成的软件包成本较低，开发时间短，需要的专业人员少。购买法的主要缺点在于所购软件可能难以与现有的医药企业运作系统整合，无法满足医药企业全部电子商务的需求，而且所购买软件的设计已经成形，修改起来非常困难。一般来说，小企业或个体户常常选用这种方法。

（2）外包　外包与购买有较多的相同之处。但外包可以在供应商开发的已有软件的基础上根据医药企业情况进行修改。开发商与医药企业的沟通，可以将开发商的技术优势与医药企业电子商务的需求密切结合，大大提高整个医药电子商务网站开发的成功率。

（3）租借　与购买和自建相比，租借更能节省时间和开支。虽然租借来的软件包并不完全满足应用系统的要求（这和购买法一样），但是大多数组织都需要的常用模块通常都包括进去了。在需要经常维护或者购买成本很高的情况下，租借比购买更有优势。对于无力大量投资于电子商务的中小型医药企业来说，租借很有吸引力。大公司也倾向于租借软件包，以便在进行大规模的电子商务投资前检验一下电子商务方案。

（4）自建　自己建立医药电子商务网站与前面几种方式相比的主要缺点是开发时间长，网站（特别是大型网站）的运行可能出现这样或那样的问题。但是这种方式通常能更好地满足组织的具体要求。那些有资源和时间去自己开发的公司或许更喜欢采用这种方法，以获得差异化的竞争优势。然而，自己开发电子商务系统是极具挑战性的，因为无论从技术方面，还是从应用方面，将会遇到大量的新问题，同时，还要考虑组织外部的使用者。

3.6　医药电子商务网站的内容建设

目前在信息化、国际化的市场中，医药企业应充分认识到一个优秀的网站能够给企业带来的巨大商机。在建设网站时，应全面规划企业网站，提高网站内容质量，并及时加以维护，让网站充分发挥其功能，使其为企业带来更多的效益，提高企业的竞争力。

3.6.1 医药电子商务网站相关资料的收集

一个好的医药电子商务站点需要大量的、有针对性的信息和资料。刊登的信息必须经常更换，网站才有生命力，其中的工作量是巨大的。因此，网站建设初期就应有明确的指导方针，对信息的收集和整理工作做出统筹规划。为 Web 准备信息的工作通常需要多人来完成。许多网站设立文本管理员、Web 管理员、内容管理员和其他职务，以流水线方式完成信息的收集、转换、发布和维护等工作。有关内容见第 4 章。

3.6.2 医药电子商务网站的栏目设计

医药电子商务的栏目主要包括医药信息、药品查询、网上购药和信息管理四大部分。

医药信息的内容主要由医药新闻、医药文化、医药法规构成，向用户提供最新的医疗和药品等各种信息，介绍医药文化，并向网络用户提供医药法规。

药品查询部分提供中成药、中草药或西药等药品的查询。只要在查询页面的表单中输入相应药品的名称或其中的关键字，并选择搜索的类别便可查询到数据库中相应的药品，从而查看其功效、用法等信息资料。

网上购药部分使得客户在购药之前，首先要填写相关的资料，注册成为会员。购药的数量、药品用法等要求遵从医药法规或药品的说明。客户下订单后，根据医药法规判断为有效购药，则在一定的区域内实行免费送药。

信息管理部分的功能主要是为方便系统管理员进行信息管理而设计的，主要包括订单管理，如对未处理的订单或已发送的订单进行管理；药品管理，如药品分类管理、新药品进库、药品相关信息的管理、每类药品的销售量和销售额等相关信息的统计；客户管理，如客户资料管理、客户留言管理、药品供应商资料管理等。

3.6.3 医药电子商务网站业务流程的设定

通过医药电子商务进行并完成网上交易是一个比较复杂的技术流程，但这一复杂的流程应当尽量做到对客户透明，使客户购物操作方便，让客户感到在网上购药与在现实世界中的购药流程没有本质的差别和困难。在很多医药电子商务网站中上网者都可以找到"购物车"、"收银台"、"会员俱乐部"这样熟悉的词汇，实际上其中每一个概念的实现背后都隐藏着复杂的技术细节。但是，一个好的医药电子商务网站必须做到：不论购药流程在网站的内部操作多么复杂，其面对用户的界面必须是简单的和操作方便的。图 3-8 是青岛百洋健康药房连锁有限公司（http：//www.baiyjk.com.cn/baiyjk/index2.jsp）的客户购药流程。

3.6.4 医药电子商务网站的资源管理

（1）账号管理　医药电子商务网站管理系统负责整个网站所有资料的管理，因此管理系统的安全性显得格外重要。系统账号管理应该限制所有使用医药电子商务网站管理系统的人员与相关的使用权限，给予每个管理账号专属的进入代码与确认密码，以确认各管理者的真实身份。此外，要有账号等级的设定，依据不同的管理需求设定不同的管理等级，让各管理者能分工管理自己分内的工作且不会改动其没有权限去改动的资料。其他如密码有效天数、账号有效期限的设定等,让管理账号的安全性更为提高。而账号进入首页则可让拥有不同的管理账号等级的人员看到不同的管理页面样式,使用不同操作界面的管理页面,让其管理工作更为方便。

(2) 网站及商品资料管理 网站及商品资料管理部分的功能应该提供网站管理者对于网站各商店与商店内商品的管理功能,让管理者可以很方便地新增、删除与修改各项资料,并可针对各商店不同的需求提供不同的商品属性与商品管理功能。除此之外,还应有对于特价商品的管理功能,使得网站内特价商品能在特别明显的位置出现,让顾客在选购时更为便利。

(3) 订单资料管理 此部分的功能应包含所有对于网站订单的相关管理功能。可以统计出目前网站中各项商品的销售情况,依据销售数量与销售金额等来排名,使得结果一目了然;也可查询网站中各订单目前的处理状态如何、有多少新订单进来、能打印出订货单、设定订单出货,以及进行线上清款与顾客退货等相关信用卡交易行为。

(4) 会员资料管理 电子商务网站对于顾客

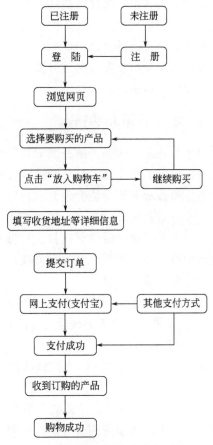

图 3-8 青岛百洋健康药房连锁
有限公司的客户购药流程

通常是采用会员制度,要求顾客注册为会员,以保留顾客的基本资料,除了可借此了解顾客并与顾客取得联系外,记录下顾客的相关资料,有需要时可直接从资料库取出,不需顾客重复输入很多繁杂的资料。管理系统也应提供相关的功能让网站管理者能够简单地管理会员资料,随时依所需查询会员资料,了解顾客的消费群等资料,以作为销售商品的参考。

(5) 留言板管理 网站留言板是为了增加网站及顾客间良好互动关系而设立的,顾客可在此留言板上留下各种要与其他顾客或网站共同分享的意见与想法。对于留言板管理部分,系统应提供多项功能以协助管理者能方便地新增、删除或修改留言板上的留言内容,并且能对部分留言内容加以回应。

(6) 最新消息管理 最新消息管理应提供对网站最新公告事项的相关管理功能,包含了新增、删除、修改等功能,使得电子商场管理者能很方便地发布要告知顾客的各项最新消息。

3.7 医药电子商务网站的常用组件

很多医药电子商务网站不需要开发者白手起家,可以利用一些成熟组件的软件来完成。所以在网站设计时,可以考虑充分利用一些成熟的组件来加速开发进度。

组件的定义可以这样来描述：它是可执行的代码单元，它对相关服务和功能提供了物理上的黑箱封装，只能通过统一的、公开的和规定了操作标准的接口对其进行访问。组件必须能被连接到其他组件上以组成一个应用。

在医药企业电子商务网站开发中，常用到的组件包括电子目录、购物车、网上聊天、网上广播和网络电话。

3.7.1 电子目录和购物车

电子目录是基于商务服务器的数据存储和数据管理系统，它包括完成一项交易所需的全部信息。电子购物车是一种订购处理技术，顾客可以将他们要购买的药品放入车中，继续采购。其中商务服务器可能会包含用户信息文件。

电子目录是传统商品目录的虚拟化。像纸张目录一样，电子目录包含产品的文字描述和图片，以及关于促销活动、折扣、支付方式和交货方式的信息。电子目录和商务服务器软件所包含的特性使人们可以方便而低成本地建立目录，对价格和产品的设定也十分简单。这类软件通常包含以下内容。

① 帮助建立商店和目录网页的模板和向导；
② 允许消费者收集感兴趣的商品直至放入最后付款的电子购物车；
③ 基于 Web 可以进行安全购物的订单；
④ 用于存储产品特性、价格和顾客订单的数据库；
⑤ 与第三方软件（税款和装运费用计算、分销处理和订单履行）的集成。

图 3-9 展示了电子目录或商务服务器系统的主要组件。如图所示，有一台单独的服务器被用来进行产品展示处理、订单处理和支付处理。另外，在系统中有一个单独的数据库被用来存储目录（例如对产品的描述）和处理客户订单。电子目录网页是根据存储在目录数据库

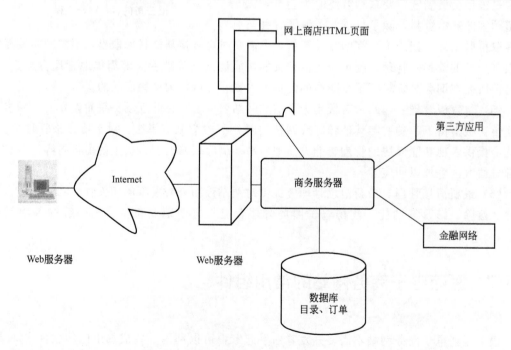

图 3-9　医药电子商务服务

中的产品描述动态生成的。对于销售产品种类有限的商家，并没有必要将各产品的描述都放在数据库中，它们完全可以预先建立Web产品目录。

3.7.2 在线论坛和网上聊天

在线论坛和网上聊天在医药电子商务应用中比较多，在线论坛类似于新闻组，而网上聊天相当于互联网中的中继聊天。

在线论坛和网上聊天可分为交流中心、客户服务、社区讨论和可视聊天四类。

（1）交流中心 交流中心是以提供虚拟会议场所为主业的企业，其收入来自于订购费用或广告收入。

（2）客户服务 现在许多顾客服务网站都提供在线支持，顾客可以在网上与服务人员和其他顾客交谈。其中的许多讨论都围绕着药品质量、药品使用和建议展开。大多数在线支持中心都采用论坛而不是聊天组的形式，但也有一些例外。

（3）社区讨论 一些医药电子商务网站从营销的目的出发，通过提供论坛和聊天服务来建立由忠诚的用户和支持者组成的社区，例如药房网的在线论坛（http：//hi.yaofang.cn/）。

（4）可视聊天 可视聊天室最适用于网吧等人员复杂的环境，并且一个可视聊天室就是一个网址。

3.7.3 网上广播

商务网站除了可以利用文本外，很多的网站开始利用语音和视频来增加服务功能。网上广播是指基于互联网的音频和视频内容的广播。网上广播和标准的Web内容传送之间区别在于它提供了一个持续的信息流，除了允许视听点播外，还可以提供播放方和观众之间的双向交流。网上广播包括了大量内容。

（1）文本流 仅包含文本文字放送和数据放送，以横幅广告和聊天窗口的形式发送到最终用户的计算机上。例如可以用文本流来发送实时新闻和股票价格。

（2）实况网上转播 用摄像头摄取图像内容，并定时（如每隔几分钟）以单张图片的形式发送。在全世界约有数千家这类的网站。

（3）音频流 这是以Web形式进行的广播。所传送的音频的质量可以是调幅广播质量、调频广播质量和CD的质量。最终用户可以得到的质量取决于它们的计算机连接到互联网的通信速度。音频流可以被用来发送任何内容，如谈话节目、体育节目、音乐视听和经典音乐等。

3.7.4 网络电话

网络电话大体可以分成电脑到电脑、电脑到电话和电话到电话三种。

（1）电脑到电脑的网络电话 要求呼叫方和接听方的计算机上都要有相应的电话软件。每台计算机都要有一块声卡、扬声器、麦克风。网络电话软件独立于浏览器运行，外观通常很像一部电话，进行通话时，语音通常被拆分成数据包并通过网络传送到接听方的计算机上，然后被还原成语音。为了成功地进行通话，双方都必须上网并使用同一种电话软件。

（2）电脑到电话通话系统 只要求呼叫方拥有网络电话软件，接听方则是用普通的电话回话。在这种情况下，提供电话软件的供应商拥有遍布全球的特殊互联网网关。当网络电话用户拨打电话时,该软件将语音压缩后拆成数据包,然后发送到离接听方最近的网关计算机上。当数据包到达网关计算机后,它被重新组合成语音信号,再通过公用电话网交换机传送给接听方。这样,该次通话就是一次本地通话而不是长途通话。

(3) 电话到电话的方式　要求呼叫方和接听方都使用普通电话。当拨打电话时,语音信号传到离呼叫方最近的一台网关计算机上,网关计算机把信号压缩后转换成数据包,数据包被传送到靠近接听方的网关计算机上。此时数据包被重新转换成语音信号,然后传送到接听方的普通电话。

第 4 章
医药电子商务信息检索

以网络为基础的电子商务逐渐被人们所认同,并将成为今后经济活动的主要发展方向之一。由于电子商务的产品多涉及多媒体信息,因而新一代的信息检索更强调检索的智能化、个性化和分布式处理。用户能否准确、快速地查询到所需信息,关系到电子商务能否健康发展,因此与此有关的信息检索问题成为医药电子商务研究的重点和热点。

4.1 医药电子商务信息检索概述

众所周知,互联网是目前世界上规模最大、用户最多、影响最大的网络互联系统,号称是世界上最大的信息超级市场,它拥有极为丰富的医药信息资源。但它不像传统印刷型信息资源经过严格的加工整序,而是一个缺乏管理与控制的网络天地,如何鉴别和剔除假信息、假网站甚至不健康的垃圾信息,减少"交通阻塞"现象,以便从网上及时高效地检索到所需医药商务信息,这是需要探讨的问题。

4.1.1 医药电子商务信息

信息是客观世界中物质和能量存在和变动的有序形式[1],是客观世界中各种事物的变化和特征的最新反映,以及经过传递后的再现。信息的概念非常广泛,从不同的角度都可以下不同的定义。商务信息一般来说,包括商务数据、商务报告、广告信息、商务情报信息等,它是对企业各种商务关系和商务活动的客观描述,是企业商务运动变化的真实反映。电子商务信息指凭借电子化和网络化进行生产、存储、传递和管理的商务信息。它包括文字、数据表格、图形、影像、声音等具体形态。数字化是它们的唯一表现形式,计算机网络是它们进行传输的重要途径[2]。也就是存在于网络中被卖家或买家所发布的,可以被人们利用为商务活动服务的信息。如网络中买卖产品的信息、提供服务的信息、客户信息以及交易信息等都属于电子商务信息[3]。

4.1.2 电子商务信息检索

电子商务信息检索是指在网络上寻找和筛选商务信息的工作,以提供网络营销所必需的

---
[1] 陈一壮. 关于信息概念的哲学定义和信息功能的历史演变 [EB/OL]. (2005-10-28) [2008-01-24]. http://swallowcxy.blogdriver.com/swallowcxy/1029211.html.
[2] 彭妍. 网络商务信息交流研究 [J]. 图书馆学研究, 2005 (9): 95-97.
[3] 冯晓玉, 高颖. 网络商务信息传播主体复杂性研究 [J]. 图书馆学研究, 2007 (4): 94-96.

决策信息。因而对于电子商务信息的检索有及时、准确、适度和经济四项基本要求。

（1）及时　及时就是要求被检信息迅速、灵敏地反映销售市场发展各方面的最新动态，尽可能地减少信息流与物流之间的时滞。

（2）准确　准确就是要求被检信息应真实地反映客观现实，失真度小，保证为买卖双方不直接见面的网络营销提供正确的市场决策。

（3）适度　适度就是要求被检信息有针对性和目的性，适合于不同的管理层次的需求，目标明确，方法恰当，信息的范围和数量适中。

（4）经济　经济就是要求被检的有效信息必须以最低的费用获取，它是电子商务信息的及时、准确和适度的基础，同时还要求被检的信息发挥最大的效用。

4.2　医药电子商务市场信息的收集

当今社会是高度信息化的社会，信息爆炸的气浪扑面而来，市场信息的收集与运用便成了各医药企业空前重视的关键一课，一些比较上规模的企业甚至还设立了专门的信息收集与分析部门。收集到市场信息说明企业迈出了把握先机、走近成功的第一步。

4.2.1　医药电子商务市场需求信息的收集

（1）专题讨论　专题讨论的形式有新闻组（newsgroup 或 usenet）、邮件列表（mailing lists）和网上论坛（或称电子公告牌，BBS）三种形式

① 新闻组　新闻组简单地说就是一个基于网络的计算机组合，这些计算机被称为新闻服务器，不同的用户通过一些软件可链接到新闻服务器上，阅读其他人的消息并可以参与讨论。新闻组是一个完全交互式的超级电子论坛，是任何一个网络用户都能进行相互交流的工具。

国际新闻组在命名、分类上有其约定俗成的规则。新闻组由许多特定的集中区域构成，组与组之间成树状结构，这些集中区域就被称之为类别。目前，在新闻组中主要有以下几种类别。

comp：关于计算机专业及业余爱好者的主题，包括计算机科学、软件资源、硬件资源和软件信息等。

sci：关于科学研究、应用或相关的主题，一般情况下不包括计算机。

soc：关于社会科学的主题。

talk：一些辩论或人们长期争论的主题。

news：关于新闻组本身的主题，如新闻网络、新闻组维护等。

rec：关于休闲、娱乐的主题。

alt：比较杂乱，无规定的主题，任何言论在这里都可以发表。

biz：关于商业或与之相关的主题。

misc：其余的主题。在新闻组里，所有无法明确分类的东西都称之为 misc。

新闻组在命名时以句点间隔，通过上面的主题命名，可以一眼看出新闻组的主要内容。

互联网的新闻组和"新闻"几乎无关，它是一种从用户的本地主机向全世界范围的其他

主机传播消息的机制。例如药学新闻组集中了对有关医药主题,如心脏病治疗、药品营销、药学教育甚至到任何具体药物等有共同兴趣的人发表的文章,人们在这里可以详细阅读组内的所有文章,也可以发表自己的意见。每一个新闻组都用一个名字来代表所讨论的内容主题。所有的新闻组就构成了国际新闻组网络。药学新闻组是一种很好的药学交流方式,参与交流的人大都是所讨论领域的行家,以新闻组形式参与交流在国外很盛行,而在国内Usenet 的使用还不普及❶。

要参加新闻组,离不开使用新闻组客户端软件,访问新闻组的客户端软件有中文版的Outlook Express 和 Netscape Navigator 的 News 以及第三方软件 Free Agent、Xnews、Gravity 等。尽管最优秀的工具都在第三方软件之列,但是中文版 Outlook Express 集成在Windows 中,同时支持 E-mail 与新闻组收发,使用方便,功能齐全,而且是免费的,比较适合于国内学者使用。

② 邮件列表　邮件列表是互联网上的一种重要工具,用于各种群体之间的信息交流和信息发布。

邮件列表具有传播范围广的特点,可以向互联网上数十万个用户迅速传递消息,传递的方式可以是主持人发言、自由讨论和授权发言人发言等方式。邮件列表具有使用简单方便的特点,只要能够使用 E-mail,就可以使用邮件列表。邮件列表的使用范围很广,包括电子杂志、企业应用、Web 站点、组织和俱乐部、同学和亲友技术讨论、邮购业务、股票信息和新闻的发布。同时还可以订阅其他人建立的邮件列表,取得你感兴趣的信息,同时可以参与讨论。

邮件列表的类型分为公开、封闭和管制三种。

公开——任何人可以在列表里发表信件,如公开的讨论组、论坛。

封闭——只有邮件列表里的成员才能发表信件,如同学通讯、技术讨论。

管制——只有经过邮件列表管理者批准的信件才能发表,如产品信息发布、电子杂志等。

邮件列表的类型可以在创建邮件列表的时候设置,也可以在任何时候通过管理中心修改邮件列表的属性来设置。

希网网络(http://www.cn99.com)邮件列表系统创建于1999年11月,凭借快速的发信速度和稳定的系统很快赢得了用户,迄今为止,目前已拥有邮件列表38000多份,其中优秀的电子杂志5000多份,订户数960多万,每天新增订户2万多。

(2) 问卷调查　在市场营销中,市场调查是市场运作中必不可少的一个环节,而问卷调查又是市场调查中最常用的一种方法。在问卷调查中,问卷设计是非常重要的一个环节,往往决定着市场调查的成败。

① 问卷调查的原则

a. 明确调查目的和内容。在问卷设计中,必须明确调查目的和内容,这不仅是问卷设计的前提,也是它的基础,为什么要做调查,而调查需要了解什么?市场调查的总体目的是为决策部门提供参考依据,目的可能是为了制定长远性的战略性规划,也可能是为制定某阶段或针对某问题的具体政策或策略,无论是哪种情况,在进行问卷设计的时候都必须对调查目的有一个清楚的认知,并且在调查计划书中进行具体的细化和文本化,以作为问卷设计的

---

❶ 邓小茹. 利用邮件列表获取药学信息资源[J]. 医学情报工作, 2005 (4): 266-267, 275.

指导。

　　b. 语言措辞要选择得当。问卷题目设计必须有针对性，对于不同层次的人群，应该在题目的选择上有的放矢，必须充分考虑受调人群的文化水平、年龄层次和协调合作可能性，除了在题目的难度和题目性质的选择上应该考虑上述因素，在语言措辞上同样需要注意这点，因为在面对不同的受调人群的时候，由于他们的各方面的综合素质和水平的差异，措辞上也应该进行相应的调整，例如面对家庭主妇调查其对特定商品的需求，在语言上就必须尽量通俗。

　　c. 问题数量合理化、逻辑化、规范化。问题的形式和内容固然重要，但是问题的数量同样是保证一份问卷调查是否成功的关键因素，由于时间和配合度的关系，人们往往不愿意接受一份繁杂冗长的问卷，即使勉强地接受，也不可能认真地完成，这样就不能保证问卷答案的真实性，同时在问题设计的时候也要注意逻辑性的问题，不能产生矛盾的现象，并且应该尽量避免假设性问题，保证调查的真实性，为了使受调人员能够更容易地回答问题，可以对相关类别的题目进行列框，使受调人员一目了然，在填写的时候自然就会比较愉快地配合。

　　d. 数据统计和分析易于操作。为了更好地进行调查工作，除了在正确的目的指导下进行严格规范的操作，还必须在问卷设计时就充分考虑后续的数据统计和分析工作。具体来说，包括题目的设计必须是容易录入并且可以进行具体的数据分析的，即使是主观性的题目在进行文本规范的时候也要具有很强的总结性，这样才能使各个环节更好地衔接起来。

　　网上问卷是在互联网上制作，并通过互联网来进行调查的问卷类型。此种问卷不受时间、空间限制，便于获得大量信息，特别是对于一些敏感性问题，相对而言更容易获得满意的答案。

　　② 问卷的基本结构　　问卷的基本结构一般包括说明信、调查内容、编码和结束语四个部分。其中调查内容是问卷的核心部分，是每一份问卷都必不可少的内容，其他部分则根据设计者需要取舍。

　　问卷的调查内容主要包括各类问题、问题的回答方式及其指导语。这是调查问卷的主体，也是问卷设计的主要内容。问卷中的问答题从形式上看，可分为开放式、封闭式和混合型三大类。

　　a. 开放式问答题。开放式问答题只提问题，不给具体答案，要求被调查者根据自己的实际情况自由作答。

　　b. 封闭式问答题。封闭式问答题既提问题，又给出若干答案，被调查中只需在选中的答案中打"√"即可。

　　c. 混合型问答题。混合型问答题又称半封闭型问答题，是在采用封闭型问答题的同时，最后再附上一项开放式问题。调查的内容主要为消费需求，包括产品、价格、促销等。

　　(3) 综合性搜索引擎　　综合性搜索引擎使用自动搜索帮助用户在网络的海洋里迅速发现和收集所需信息。目前常用的市场需求信息综合引擎有 Google（www.google.com）、百度（www.baidu.com）、慧聪（www.hc360.com/）、新浪（www.sina.com）、搜狐（www.sohu.com）、网易（www.163.com）、天网（e.pku.edu.cn/）等。

　　(4) 网站

　　① 宏观市场信息的网站　　企业在网络营销中需要了解本国、贸易伙伴国及有关国际组织的贸易政策、金融政策、自然条件、社会风俗以及相关的法律和法规。这类信息一般可在各类政府网站或国家主办的为促进贸易而设的网站上查询，这类网站一般提供了比较详尽的

宏观信息。如中华人民共和国国家发展和改革委员会（以下简称国家发改委）网站（www.ndrc.gov.cn）和商务部网站（www.mofcom.gov.cn）。

为了促进国内与国外的贸易合作，商务部还有针对性地开通了中俄经贸合作网（www.crc.mofcom.gov.cn）、中国-新加坡经贸合作网（www.csc.mofcom-mti.gov.cn）、上海合作组织经济合作网（www.sco-ec.gov.cn）等双边或多边贸易网站。利用这些网站，可以及时了解有关国家和地区的贸易动向，提高贸易的成功率。

② 调研服务的网站 国内一些网站上也提供市场信息的调研服务，如北京世研网（www.comrc.com.cn）提供市场调查、企业调查、传媒调查和舆论调查；零点调查网（www.horizon-china.com）的调查业务主要涉及耐用消费品、媒体娱乐、快速消费品、政府研究、IT电信、金融保险等30多个行业。艾瑞公司（http://www.iresearch.com.cn/html/Default.html）的中国网络用户在线调研主要从事互联网的各项调研。易观国际网（www.analysys.com.cn）是中国信息化、互联网和新媒体以及电信运营行业规模最大的中国科技市场研究和咨询机构，为来自于TMT（technology, media, telecom, 科技、媒体和通信，或称数字新媒体）产业的技术厂商、行业用户、投资机构、政府部门的高级主管等，提供包括连续性的技术市场追踪、技术及行业应用热点分析报告的多用户服务。在国际上，比较著名的调研网站有国际营销和市场研究协会的网站（www.imriresearch.com），它提供了世界各国的主要市场调研协会的联系方式。

4.2.2　医药电子商务市场供应信息的收集

企业的生产活动需要采购大量的原材料，利用互联网可以收集大量原材料供应信息，诸如原材料的产地、价格、交货方式和支付方式等。通过分析比较，可以大大降低采购成本。

（1）生产商的站点　这类站点提供的原材料的价格常常是最低的。营销人员应根据本企业长期积累的购销关系，并通过网络搜索，发现供应商的站点，寻找适合自己的产品。通常这类网页上是不报价的，采购人员必须通过网页上的联系方式前去询价和砍价，以得到最终的价格购进原材料。

（2）生产商协会的站点　这类站点也可通过搜索引擎进行检索而查询到。通常，这些网站上都列出了该生产商协会所有会员单位的名称及联系办法，但是一般都没有列出这些会员单位自己的网站。主要原因是这类协会的网站在建立时，绝大部分的协会会员还没有建立网站。此时，可以向这些机构发出请求帮助的电子邮件，一般都会得到满意的结果。查出生产商的网站之后，一般都会发现具体的产品报价。如果厂方站点中没有标明价格，可以查出其负责销售或者提供信息的 E-mail 地址，如 Sales@×××或 Info@×××（一般都出现在比较突出的位置），然后向其发电子邮件进行查询，如中国医药化工网（http://www.yyhg.com.cn/price.asp）。

（3）讨论组　讨论组中的报价也大都是原材料生产企业的直接报价。从国外采购原材料的企业一般可加入 Business 中的 Import-Export（进出口）组，在这个专业的讨论组中可以发现大量关于进出口贸易的信息，然后输入关键字进行查询，以寻找所需要产品的报价。讨论组中的生产商一般是规模较小、知名度也较低的企业，它们往往借助专业的 Import-Export 组来宣传它们的产品，并希望以其低价格来打动进口商。

（4）Trade-Lead　在对外贸易中 Trade-Lead 是供求信息的俗称。在 Google 中输入这个关键词，可以找到更多的 B2B 网站。再加上产品的名称一起搜索，可以缩小范围，提高准确性。在 B2B 网站上发布 Trade-Lead，首先要选准行业范围，否则将"丽珠得乐"产品广告发布在珠宝首饰类中显然驴唇马嘴，白费工夫。写 Trade-Lead 的时候，要简洁、鲜明，突出产品的优势，强调产品的特点，比如质量特别好，或者价格特别低，或款式特别新等，争取在一大堆同类产品的广告中脱颖而出，"吸引眼球"。此外，绝大多数的 B2B 网站不允许在 Trade-Lead 中的信息栏公布自己的联系方式，联系方式有专门的栏目填写，由网站保密，仅提供给付费会员查阅。注意不要违规，否则会被删除。

许多免费的 Trade-Lead 和专业的进出口网站专门提供进行国际贸易的机会和投资信息，类似国内的供求信息。常用的站点有 www.iebb.com、www.digilead.com、www.commerce2000.net、www.importers-exporters.com/alcohol_tobacco.htm、www.asiatrade.com、www.tradingfloor.net、www.tradezone.com、www.ch-non-food.com、www.golden-trade.com 等。

4.3 新药开发信息的收集

在信息大爆炸年代，新药信息日新月异，药物治疗在医院占据着重要位置，新药信息的收集是十分必要的。

4.3.1 收集客户新构思

新构思的来源有很多，最重要的一种是用户的提问。这种方法要求用户提出他们使用某一特定的商品或商品系列时所遇到的问题和要求，并对这些问题和要求的重要性、影响程度加以评估，据此选定值得开发的构思，如圣和药业集团的客户反馈（图 4-1）。

4.3.2 新药专利信息的收集

新药的开发不可避免地要涉及专利问题。目前大多数国家专利局的站点上均建立了专利数据库，并且免费使用。一般来说，为了快捷地检索新产品的专利信息，首选国内的专利数据库（www.sipo.gov.cn/sipo/zljs/default.htm）和欧洲专利数据库（ep.espacenet.com/）

失效专利信息资源是专利信息资源中的特殊而又具有非常高的开发利用值的一部分，它是待开发的"金山"。利用好失效专利，可以使科学研究少走弯路，避免走重复道路。随着知识经济时代的到来，经济竞争的核心演变为技术竞争，企业要想在知识经济时代获得竞争优势，就必须善于运用专利战略。失效专利策略是专利战略的重要组成部分，合理运用失效专利将有效增强企业的技术竞争力，特别是对技术力量薄弱的中小型企业更是一条促进企业发展的战略捷径。

就医药企业界而言，在过去 20 年内，"重磅炸弹"级药物一直是医药产业的主要盈利点。比如整个行业最为推崇的辉瑞公司开发的"超级重磅炸弹"级药物——立普妥，是历史上第一个销售额过百亿美元的药物，其成功引发了调脂药物市场的数年繁荣。可以说，一个药物能够让一家药企盈利，甚至可以带动一个产业的发展。但是，越来越多的"重磅炸弹"级药物面临着专利到期的局面。Nature Reviews Drug Discovery（《自然-药物发现》杂志）将专利药物到期比喻做"The patent cliff steepens（日益陡峭的专利悬崖）"[1]。辉瑞的阿托

---

[1] The patent cliff steepens [J]. Nature Reviews Drug Discovery, 2011, 10: 12-13.

图 4-1　圣和药业网站客户中心页面

伐他汀钙（立普妥，atorvastatin calcium/Lipitor）、赛诺菲-安万特和百时美施贵宝氯吡格雷（clopidogrel/Plvix）以及礼来的奥氮平（olanzapine/Zyprexa）这些重量级的拳头产品都将在近两年内专利到期。随着品牌专利药的专利到期，其仿制药上市后，必将拉低品牌药的药价。预计 2010～2014 年之间因为专利到期，全球医药产业的产值将缩水 780 亿美元，占整个行业产值的 1/10。这对于一直建立在仿制基础之上的我国制药行业来说可谓是千载难逢的良机。同时，过去几十年中，我国医药企业形成了一套完整的以仿制为主的科研开发体系，我国在非专利药方面已经具备了较为先进的仿制能力，并且完全有可能开发出生产技术更先进、更成熟的失效专利药❶。

4.3.3　新药研究信息的收集

新产品的研究信息大都来自于高校和科研院所，一般来说，较大的企业都有自己的研发部门，如辉瑞（Pfizer）、葛兰素史克（GlaxoSmithKline）在中国的子公司设立了自己的研究开发中心或研究所，独立从事新产品的研制与开发。而对中小企业来说，在研究性人才比较集中的高校和科研院所中寻找开发新产品的合作伙伴不失为一条出路。各高校都有自己研究的重点和强项，在互联网上很容易找到全面而详细的信息。

---

❶　冯国忠，张有朋. 非专利药仿制策略综论［J］. 首都医药，2006（7）28-29

中国高校科技成果转化网（www.cutt.edu.cn）是连接高校和企业的综合性网站，企业可以按高校校名和行业检索相关的高校科研成果并进一步查找发明人或设计人，从而确定希望开发的新产品。

国家科技成果网（http://www.nast.org.cn/）是由国家科技部创建的国家级科技成果创新服务平台。旨在促进科研单位、科研人员、技术需求方的交流、沟通，加快全国科技成果进入市场的步伐，促进科技成果的应用与转化，避免低水平的重复研究，提高科学研究的起点和技术创新能力。其所拥有的全国科技成果数据库内容丰富、权威性高，已收录全国各地区、各行业经省、市、部委认定的科技成果20余万项，库容量以每年3万～5万项的数量增加，充分保证了成果的时效性。同时提供方便、快捷的免费上网查询，还可进行全国科研单位查询、发布科技成果供求信息等。自1999年6月向社会开放以来，在国内外产生了较大影响，在全国各省市建有几十个科技成果信息服务中心，直接用户达数万人。

国家科技成果网开设的主要栏目如下。

科技成果：以网站拥有的内容丰富、权威的国家科技成果库为核心，配合先进、强大的搜索引擎功能，为用户提供科技成果、技术项目等方面的信息。现已收录全国各地区、各行业经省、市、部委认定的权威性科技成果20万余项。

科研机构：提供国内各科研院所、高校、企业等所完成的科技成果的查询，基本体现各科研单位近几年的研发工作重点与能力，便于全面了解科研单位研发工作的规模、领域、水平，有针对性地选择科研单位解决技术难题。

科研人才：提供国内科研人才的查询，体现科研人员的研发重点领域。

科技资讯：第一时间向用户报道及时、详尽的国内外科技产业发展动态、研究热点、行业科技进展等，并发布科技部等权威机构提供的科技要闻、政策导向等。

科技政策：收录我国政府、行政管理部门公布的科技法规、管理办法、通知、细则及其他相关重要法规。

会展：报道近期以科技创新、科技成果推广转化为主题的综合性、行业性会议及展览信息，宣传会展成果，为成果转化服务。

统计与分析：提供全国科技成果的年度统计报告及其他专题分析报告。

创新博客：科技方面的专业博客，欢迎广大科研工作者在此建立博客，发布个人科研思路、见解；分享行业内知识、资料；提供最新的分析；讨论行业内现象、热点、发展前景等。

同时各个地区的科技成果转化中心建立的科技成果转化网也为科研新产品的知识转移、产业实施牵线搭桥，如上海科技成果转化网（http://www.hitec.net.cn/structure/index.htm）等旨在自主创新与知识转化为生产力的主打战略，为社会各界搭建科技信息资源的公共服务平台，促进科技、经济、教育的互动发展，促进科技成果的转化，促进行业间、城市间和国际间的合作与交流。这些网站拥有目前国内信息量最大的科技成果数据库、科技专利数据库、资金需求数据库、技术难题数据库、中外专家数据库，并设有科技成果与咨询等主题栏目和诸多子栏目。

在此，其中值得一提的是南京中医药大学科技处建立的南京中医药大学科技信息网（http://kjc.njutcm.edu.cn/），该网站搭建了校内科研成果与校外各行各业对接的平台。其他高校在自己网站中科学技术处的子站点中均有类似的链接。

4.4 医药电子商务统计信息的收集

在互联网上通过各个渠道收集的信息是分散的、无序的，而企业的市场运作常常需要了解整体的情况。这时，统计数据就显得非常重要了。

收集统计数据，首选的网站是政府网站。例如，要了解互联网宽带接入用户的发展情况，可以直接登录中华人民共和国工业和信息化部网站 www.miit.gov.cn，查询统计信息栏目即可。

需要了解美国电子商务发展的统计数据，可以到美国人口普查局网站 www.census.gov。该网站有专门的"E-Stats"栏目公布有关电子商务的统计资料。

在收集统计资料时，应注意专业网站的调研报告。Scottish Enterprise 公司 (www.scottish-enterprise.com) 是专门调查欧盟国家电子商务网站的公司。中国行业研究网 (www.chinairn.com) 每年都发表多个行业研究咨询报告，艾瑞市场咨询网 (www.iresearch.com.cn) 每年也发布多个市场研究报告。

在国家发改委的大力支持下，上海医药工业研究院信息中心开办了"中国医药统计网" (www.yytj.org.cn) 这一医药统计专业网站，承担了国家发改委经济运行局委托的全国医药行业统计网络服务职能，负责采集并发布全国 31 个省、市、区所属 5000 余家医药工业企业的主要经济指标及产品生产和销售指标以及 10000 余家医药商业企业购销存总值及主要财务指标等排序及汇总信息。按国家发改委经济运行局的要求，该网站在全国范围内逐步推广，以此为平台，完成地区行业统计数据的采集、汇总、分析。

"中国医药统计网"采用最新的网络技术开发平台，在强大的数据库支持下，实现实时动态的数据采集、汇总、分析以及报表导出、保存和打印等功能，既能够做到统计数据的可靠性、准确性和权威性，又可以提高用户的工作效率，减少工作负担，极大地方便了各级用户的使用。今后随着网络系统功能的逐步完善，用户将能更好地使用。

"中国医药统计网"面向全国医药工业、商业企业及各级管理机构，力求为医药信息的传递搭建服务平台。作为中国医药经济发展数据的窗口，本系统可为各级行业管理部门宏观调控提供决策依据，为企业生产、经营提供相关信息，为医药企业与市场之间架起一座信息桥梁。

4.5 医药电子商务关税及政策信息的收集

关税及相关政策信息在国际电子商务营销活动中占有举足轻重的地位。进口关税的高低影响着最终的消费价格，决定了进口产品的竞争力；有关进口配额和许可证的相关政策关系到向这个国家出口的难易程度；海关提供的进出口贸易数据能够说明这个国家每年的进口量，即进口市场空间的大小；人均消费量及其他相关数据则说明了某个国家总的市场容量。从世界 160 多个国家中，选择重点的销售地区、确定重点的突破目标，就必须依靠这些信息[1]。

---

[1] 杨坚争. 电子商务基础与应用 [M]. 西安：西安电子科技大学出版社，2006.

4.5.1 向建立联系的各国进口商询问

这是一种实用、高效的事情，不但考察了进口商的业务水平、确认其身份，而且可以收集到最有效的信息。查询者可以发 E-mail 给对方，请对方给予答复。但这种询问的前提是双方已经彼此了解，建立起了相互信任的关系。如果没有这种关系，国外的进口商一般是不愿回答的，因为这种方式有产业间谍之嫌。

4.5.2 查询各国相关政府机构的站点

随着互联网的高速发展，很多政府机构都已经上网，建立了独立的网站。用户可以针对不同的问题去访问不同机构的站点，许多问题都可以得到非常详尽的解答。对于没有查询到的内容，还可以发 E-mail 请求相关的部门或咨询部门给予答复。

4.5.3 通过新闻机构的站点查询

世界各大新闻机构（如 BBC、CNN、Reuter 等）的站点是宝贵的信息库，国际著名的几家新闻机构，其站点中每天 10 万字以上的新闻是掌握实时新闻和最新信息的捷径，而且有的站点还提供过去 1 年或 2 年的信息，及支持关键词的检索。另外，一些关键的贸易数据、关税或人均的消费量在某些新闻稿中也可以查到。

我国的人民网（http：//www.people.com.cn）是世界十大报纸之一——《人民日报》建设的以新闻为主的大型网上信息发布平台，也是互联网上最大的中文和多语种新闻网站之一。作为国家重点新闻网站的排头兵，人民网以报道全球、传播中国为己任，在保持《人民日报》权威性的同时，充分发挥互联网特性，有很强的吸引力、可读性、亲和力。

人民网的资料数量极其巨大，为了便于广大用户查询，按照"人民日报"栏目、"其他报纸"栏目、"杂志"栏目、"网站群检索"栏目、"资料"栏目等 7 个栏目组织信息资源。

"人民日报"栏目汇集从 1995 年 1 月 1 日以来发表在《人民日报》上的所有文章，该数据库提供的信息全面、准确、及时，是《人民日报》的权威数据库。

"其他报纸"栏目汇集从 1999 年 1 月 1 日以来发表在《人民日报》社所办的各类报纸上的所有文章。这些报纸包括《人民日报》、《人民日报海外版》、《环球时报》、《江南时报》、《讽刺与幽默》、《健康时报》、《华东新闻》、《华南新闻》、《国际金融报》、《市场报》。

"杂志"栏目汇集发表在由《人民日报》社主办的六种杂志上的 2000 年 4 月以后的所有文章。这六类杂志包括《大地》、《中国质量万里行》、《新闻战线》、《时代潮》、《人民论坛》、《上市公司》。

"网站群检索"栏目汇集由人民网主办的多个网站群的所有内容。这些网站包括人民网、人民网地方网、中国人大新闻、中国奥运网、体育在线、人民书城、中国校园网、人民健康网、人民网日本版等。

"资料"栏目汇集了"专题库"、"部委信息"、"人大政协资料汇编"三个子栏目。"专题库"收集发表在人民网上的各种新闻专题。"部委信息"主要发布中共中央、国务院各机构的政策性权威信息，内容来自《人民日报》、《海外版》、《市场报》、《经济参考报》、《国际商报》、《金融时报》、《中国信息报》、《中国改革报》等权威媒体及行业报纸，每日更新。"人大政协资料汇编"专门收集发表在人民网上的有关人大、政协历次会议的文章。

"法律法规"栏目收集了国家和地方颁布的大部分法律法规。

"邓小平文选"栏目收集了邓小平文选1~3卷上的所有文章。

人民网的各个栏目均支持布尔逻辑检索和位置算符检索[1]。

中华人民共和国卫生部主管的最具影响的全国性卫生行业报——《健康报·网络版》(http：//www.jkb.com.cn/index.htm) 于2000年正式开通，该网站坚持"立足卫生界，面向全社会"的办报方针，始终把为人民健康服务视为己任。她积极宣传党和国家的卫生方针政策，及时报道国内外医药卫生重大科技成果，准确传播有关卫生保健的信息和知识，大力提倡文明、健康、科学的生活方式。该网站不仅向读者提供当日报纸的全部内容，还专门建立"往日检索"，访问者只需输入日期、版次，即可查阅相应版面的内容。此外，"健康报数据库"还有"日期"、"标题"、"作者"、"正文"等交叉检索方式。《健康报·网络版》陆续推出了卫生政策法规、医院纵览、药厂总汇、器械中心等新版块，并将与兄弟站点进行友情链接。

---

[1] 检索帮助 [EB/OL]. [2008-01-30] http：//search.people.com.cn/was40/people/help.htm.

第 5 章
医药品网络营销

作为医药电子商务的一个分支,网络营销的平台即众所周知的互联网,它是网络营销的主体和受体。

5.1 医药品网络营销概述

传统意义上的市场营销是指个人和群体通过创造并同他人交换产品和价值以满足需求和欲望的一种社会和管理过程。网络营销则是医药企业利用网络媒体来开展的各类市场营销活动,是传统市场营销在网络时代的延伸和发展。简单地说,网络营销是用互联网在更大程度上更有利润地满足顾客需求的过程。其更严格的定义为:网络营销是依托网络工具和网上资源开展的市场营销活动,是将传统的营销原理和互联网特有的互动能力相结合的营销方式,它既包括在网上针对网络虚拟市场开展的营销活动,也包括在网上开展的服务于传统有形市场的营销活动,还包括在网下以传统手段开展的服务于网络虚拟市场的营销活动。

5.1.1 医药品网络营销的产生与发展

在互联网迅猛发展和普及的今天,电子商务得到了空前的应用,电子商务条件下的市场营销——网络营销越来越为人们所重视,但网络营销理念与传统营销相比有其独有的特点。如果医药企业要在新型营销环境下立于不败之地,并得到长久发展,那么有必要了解网络营销和传统营销,并研究医药企业在电子商务条件下市场营销的变革。

(1) 网络虚拟市场的高速成长 虚拟市场是网络营销的一个重要阵地。与传统有形市场相比,虚拟市场在撮合买卖上有更高的效率,可大幅降低交易成本。企业可以随时随地销售或订购,买卖双方可以突破距离的限制在网上直接完成交易的全过程,交易更加方便。

(2) 依托互联网的资源和技术优势 互联网是覆盖全球网络的公共网络,具有超容量的信息空间。在其丰富的信息资源中,有相当一部分是免费向公众开放的。利用数据搜索等技术,医药企业可以在互联网上快速找出有商业价值的信息,方便地与潜在客户联系,从中发现新的市场机会。除了信息资源,互联网还有着大量的人力和计算机资源,医药企业可将这些资源化为己用,建立自己的竞争优势。借助互联网的资源和技术优势,网络营销可以创造许多新的营销方式,兼顾渠道、促销、互换信息及网上交易等一系列功能,使得真正的一对一营销成为可能。

(3) 吸收了相关理论的最新成果 网络经济学的出现证明了网络经济已渐成主流经济的

大趋势。在电子商务时代，信息已成为最重要的生产要素。网络驱动着传统经济的发展，与电子商务紧密相连，从根本上改变着从事商业活动的途径和经济结构，使得原本超前的一些营销理论切实可行。全球营销理论为网络营销者考虑商业网站在全球范围内可达到的效果提供了框架，关系营销理论则全面渗透到网络营销中，支持其顾客关系管理的技术和理念。

（4）营销成本的节省　互联网可以实现其用户之间的高效沟通，其通信费用较传统的通信方式大大降低，这在远距离通信时表现得更为突出。网络营销以一种新的方式与消费者直接交流，业务开展起来会花更少的时间和金钱。传统的邮寄广告在材料、人工和邮费上花费巨大，而且周期冗长。使用电子邮件、新闻列表等形式只需几天或几周即可完成。根据美国软件技术支持专家协会的调查，公司客服部给用户打一个电话的平均费用是 53 美元，而用电子邮件回答一个同样的问题仅需 3 美元❶。

（5）政策的支持　为规范新兴的药品电子商务和互联网上药品信息服务业，国家食品药品监督管理局制定了《互联网药品信息服务管理办法》、《互联网药品信息服务管理暂行规定》等规章和规范性文件。国家食品药品监督管理局颁布的法规使得我国医药电子商务 B2B 模式的发展过程分为了四个阶段。

① 2000 年 6 月 26 日，原国家药品监督管理局为了加强药品监督管理，规范药品电子商务试点工作，制定了《药品电子商务试点监督管理办法》，此办法的出台标志着我国对医药电子商务 B2B 模式的有序发展做出了尝试。

② 2002 年 11 月 25 日，原国家药品监管局取消了药品电子商务试点审批。届时，凡是有实力的医药企业或相关行业都可开展并从事医药电子商务。此举意味着我国医药电子商务 B2B 模式的"第一次开闸"❷。

③ 2004 年 7 月 12 日，在国家食品药品监督管理局发布的"关于贯彻执行《互联网药品信息服务管理办法》有关问题的通知"中规定，提供互联网药品信息服务的网站，除已取得药品招标代理机构资格的单位所开办的网站外，一律不得提供药品交易服务。此管理办法的出台标志着对我国医药电子商务的大规模"暂停"，这其中包括医药电子商务 B2B 模式的交易。

④ 2005 年 9 月 29 日，国家食品药品监督管理局发布了《互联网药品交易服务审批暂行规定》。文中的第六、第七以及第九条做出了如下规定，从事互联网药品交易的企业均需具备《互联网药品信息服务资格证书》。这就对于从事 B2B 医药电子商务的企业行为分别从《互联网药品信息服务管理办法》以及《互联网药品交易服务审批暂行规定》上进行了双重约束。此规定的出台标志着国家对医药电子商务的"第二次开闸"。

2005 年 4 月 1 日起实施的电子签名法，以及信息化基础设施建设的推进、数字认证和网上支付技术的改善、诚信体系的逐步建立等，都为我国电子商务的持续发展提供了有力支撑。我国国家经贸委早在 1999 年 9 月就下发了《关于开展医药电子商务试点的意见》，并选定了规模大、计算机管理基础较好的上海医药股份有限公司和中国金药信息网络公司武汉分公司为医药电子商务试点企业。同时在政策的鼓励下，国内的医药电子商务市场也日渐红火，各医药厂商、经销商纷纷设立自己的网站，在宣传介绍自己产品的同时传播各种医药知

---

❶ 章悦. 电子商务时代医药企业的网络营销 [J]. 医药产业资讯，2006，3（13）：84-87.
❷ 耿凡. 医药电子商务 B2B 模式的发展及我国医药产业电子商务发展的策略研究 [J]. 商场现代化，2006（35）：174-176.

识,做了不少有益的尝试。到目前为止,北京市拥有独立域名的健康、医药类网站共有120余家,而在全国范围内,此类网站已达到600多家。上海则在构建国内最大的药业立体电子商务平台,目标直指传统的中医药领域,希望通过与全国所有中药材交易市场联手运作,建立一个辐射全国乃至亚洲的中医药网络。

2000年,国家工业和信息化部选择了医药卫生电子商务作为全国行业类电子商务示范工程,原国家经济贸易委员会医药司也已经批准在部分城市开展医药电子商务及医药电子交易的试点工作,电子商务在医药行业有了一个不错的开端。同年10月,国家药品监督管理局还批准了8家医药电子商务试点单位。因此,我国医药电子商务B2B模式是在国家政策的鼓励下于2000年正式启动的。2002年,电子商务试点审批被取消,各企业在办理了相关网站申报和审批后,可以自主开展医药电子商务B2B业务。但是由于大多数医药企业盲目地跟风,再加上企业整体的信息化水平滞后,尤其是一些中小企业,导致大多数电子商务网站一度陷入了入不敷出的尴尬境地。届时,一些企业为了挽回成本,出售假药及违禁药品。因此在2004年,国家叫停了"除已取得药品招标代理机构资格的单位所开办的网站外"的一切互联网药品交易活动。进入2005年,随着新规定的出台,我国医药电子商务B2B市场被纳入了国家法规管理正轨。

5.1.2 医药品网络营销与医药品传统营销的整合

营销是企业管理的重要部分。20世纪50年代开始重视营销环境和市场的研究。营销管理必须适应不断变化的市场环境,"市场细分"的概念逐渐浮出水面。

20世纪70年代末,兴起服务营销。80年代,顾客满意度测评开始流行。企业的绩效源于整体顾客价值(产品价值+服务价值+人员价值+形象价值)与整体顾客成本(货币成本+时间成本+体力成本+精神成本)之差异,它与顾客对品牌或公司的忠诚度密切相关。80年代的另一流行概念是品牌资产。其构成的五大元素为品牌忠诚、品牌知名度、心目中的品质、品牌联想、其他独有资产,作为医药企业的无形资产,品牌资产往往又构成医药企业最有价值的资产。此外,还有全球营销、整合营销及关系营销等理念。

广义地讲,网络营销是以互联网为主要手段进行的、为达到一定营销目标的营销活动。网络营销是建立在互联网基础之上,借助于互联网特性来实现一定营销目标的手段,是现代企业整体营销战略的一个组成部分。网络营销作为一种全新的营销方式,与传统营销方式相比,具有传播范围广、速度快、无时间地域限制、内容详尽、形象生动、双向交流、反馈迅速、无店面租金成本等特点。网络营销的最大特点在于医药企业以消费者为导向,以消费者的个性特点来重新思考营销战略。网络环境使双向互动成为现实,使企业营销决策有的放矢,从而提高了消费者满意度。网络营销不仅可以吸引和留住顾客,还能减少交易成本,更为企业架起了一座通向国际市场的绿色通道。因任何医药企业在网上都不受自身规模的限制,都能平等地获取世界各地的信息及平等地展示自己,故而网络营销为中小企业创造了一个良好的发展空间。网络营销同时能使消费者获得比传统营销更大的选择自由,有利于节省消费者交易时间与交易成本。在网络经济条件下,传统市场营销管理的理念受到前所未有的冲击。

信息技术的迅速发展,使得企业与顾客"一对一沟通"成为可能,出现的数据库营销能使医药企业更好地了解顾客,加强与顾客的忠诚关系。

20世纪90年代,医药企业营销理念发生深刻变革。医药企业开始反思传统的营销活动，意识到营销不仅要考虑消费者的需要，更要考虑消费者与社会的长远利益，如环境保护与人体健康因素等。医药企业组织管理不应完全以利润最大化为目标，而应兼顾消费者的满意与长期利益。

21世纪信息社会的到来，将改变传统市场营销的运作模式。以互联网技术为基础的电子商务不仅会取代旧有的贸易方式，而且将市场营销竞争从一个真实的空间转到一个虚拟的空间，形成新的市场营销模式——营销虚拟化。传统市场营销管理理念最核心的原则是用户满意原则，即是为了满足用户当前的需求，这样的营销理念只考虑将当前服务提供给用户，忽略了用户这一营销的战略资源在未来医药企业增长中的重要性。网络营销管理理念则重视用户的未来需求、增长源和未来成功。

(1) 网络营销与传统营销的比较　网络营销与传统营销的比较见表5-1。

表 5-1　网络营销与传统营销的比较

项　　目		网络营销	传统营销
相同点		企业的经营活动；以满足客户需求为中心开展营销活动；需要通过组合发挥功能	
相异点	消费主体	个性化、知识型的消费者	普通消费者
	营销要素　购买力	平均收入水平较高	平均收入水平较低
	购买欲望	购物的方便性与优越性	传统的购买动机
	营销过程	在Web的站点上通过电子化处理货物	批发商到零售商再到消费者
	选择媒体	单一媒体(互联网)	多种媒体(电视等)
	营销对象	以消费者为导向，强调个性化	共性化消费，大群体营销
	营销理念	4C,4R	4P
	营销环境	网络	商店
	市场性质	网络市场是虚拟市场	传统市场是实物市场

(2) 网络营销是一种"点对点营销"　网络营销者必须正视消费者的长期价值。这种新观念建立在两个经济学论据基础上，其一是保持一个老顾客的费用远远低于争取一个新顾客的费用；其二是信息服务业是网络经济时代价值增值的核心产业。医药企业与顾客关系越持久，越能给医药企业创造价值。另外，由于网络营销是个性化的营销方式，而且往往是点对点销售，这也为医药企业与顾客建立长期的伙伴关系，级及医药企业了解顾客的长期价值提供了可能。

(3) 网络营销是一种"整合营销"　代表传统营销管理的营销策略是4P（product, price, place, promotion）组合，这种组合的经济学基础是厂商理论，即企业利润最大化。实际的决策过程是市场调研—营销战略—营销策略—反向营销控制这样一个单向链，没有把顾客整合到整个营销决策过程中去，其实质是将厂商利润凌驾于满足顾客需求之上。

营销学理论的最新发展，是以舒尔兹教授为首的一批营销学者从顾客的需求出发提出的4C组合，即Customer（顾客的需求与期望）、Cost（顾客的费用）、Convenience（顾客购买的方便性）和Communieation（顾客与企业的沟通）。

唐·舒尔茨在4C营销理论的基础上提出了4R营销理论：关联（relevancy），反映（respond），关系（relation），回报（return）。

关联（relevancy），即认为企业与顾客是一个命运共同体。建立并发展与顾客之间的长期关系是企业经营的核心理念和最重要的内容。

反映（respond），在相互影响的市场中，对经营者来说最现实的问题不在于如何控制、制订和实施计划，而在于如何站在顾客的角度及时地倾听和从推测性商业模式转移成为高度回应需求的商业模式。

关系（relation），在企业与客户的关系发生了本质性变化的市场环境中，抢占市场的关键已转变为与顾客建立长期而稳固的关系。与此相适应产生了5个转向：从一次性交易转向强调建立长期友好合作关系；从着眼于短期利益转向重视长期利益；从顾客被动适应企业单一销售转向顾客主动参与到生产过程中来；从相互的利益冲突转向共同的和谐发展；从管理营销组合转向管理企业与顾客的互动关系。

回报（return），任何交易与合作关系的巩固和发展，都是经济利益问题。因此，一定的合理回报既是正确处理营销活动中各种矛盾的出发点，也是营销的落脚点。

（4）网络营销是一种"软营销" 在网络经济环境下，顾客不再像传统营销方式下被动地接受强势广告的信息，对于那些不遵循"网络礼仪"、不请自到的信息非常反感。与强势营销不同，"软营销"的主动者是顾客，个性化消费需求的回归使顾客在心理上要求自己成为主动方。而互联网的互动性、实时性又使其实现主动方地位成为可能。顾客会在某种个性化需求的驱动下，自己到网上寻找相关的信息。从这一点出发，医药企业应该和顾客建立长期合作的伙伴关系，即所谓的"伙伴营销"方式。重视顾客的长期价值，以适应"软营销"方式的要求。

（5）网络营销是一种"直复营销" 在网络经济环境下，产业调整使得产业结构进一步分化和融合。传统营销方式下的"大营销"不再适应网络营销的要求。取而代之的是以顾客为核心、以互联网为手段的"直复营销"。其具体形式包括"直销"、"E-mail 营销"等。在这种"直复营销"方式下，医药企业和消费者可以直接交流，不再通过第三方，医药企业可以及时地对营销效果进行评价，并及时改进营销策略，以获得更满意的结果。

5.2 医药品网络消费者分析

随着电子商务的发展，越来越多的人开始接触网上购物。了解网络消费者的特征、心理需求、购物动机和行为及其影响因素，是医药企业赢得市场的关键。

（1）个性化 个性化需求是一种体现自我、突出自我的心理需求，传统商业的"标准化"、"大众化"产品难以满足这种需求，网络的互动性为满足这种需求创造了条件。这是网络吸引消费者的一个重要原因，金象网呼叫中心[1]的成功是一个很好的例证。个性化需求包括个性化的服务和个性化的产品，企业怎样为消费者提供个性化产品和服务是企业开展网上营销不可忽视的问题。

（2）消费主动性 现在的市场是一个买方市场，消费者的消费主动性增强，不再被动地接受商家推销的产品，而是主动去寻求和选择自己所需要的产品以满足自己的需求。据调查，有越来越多的人在做购买决策时，习惯于到网上寻求帮助，有一半的受调查者表示他们很信任网上搜索到的信息，并会据此对欲购商品做出评定。他们常去品牌或零售商的网站上了解信息，大部分消费者更看重私人化建议以及那些价格比较网站上的信息。他们认为这些

---

[1] 贾媛媛. 呼叫中心在医药零售行业的新应用［EB/OL］.［2011-03-21］. http：//www.ctiforum.com/expo/2011/ccec2011/pdf/t235.pdf.

资源比厂家的宣传更加"公平与诚实"。国外的网络售药已经成为了老百姓购药的一种最为普遍的渠道，药品的第三方信息发布平台在国外的模式也非常成熟。尽管国内尚处于起步阶段，还需要各个环节的努力，但网络毕竟代表了一种高品质生活的需求。

（3）购物方便性　一部分消费者厌烦逛街购物带来时间浪费和疲倦，网络满足消费者对购物方便性的需求。在网上，一切都是那么简单迅速。网络药店一天 24 小时开业，随时接待客人，没有任何时间的限制，为人们上班前和下班后购物提供了极大的方便。坐在家中即可逛虚拟的药店；购买后，如果在使用过程中发生的问题，消费者可以随时通过网络与厂家联系，得到来自卖方及时的技术支持和服务。这个过程非常方便、快捷，并且花费很少。

（4）价格因素　现代消费者更加理性和开明，质量和价值将成为他们主要的考虑因素即在公平价格上的高质量，尤其是品牌，他们想用最可能低的价格买到质量最好的产品，因此，价格仍然是影响消费心理的重要因素，网络更能帮助他们获得价格信息，实现最低价的购买。

近年来的实践证明，网上售药给医药行业的经营带来新发展模式的同时，也使药品的流通渠道更加畅通。对老百姓来说，由于网络售药减少了流通环节和销售成本，其产品价格也随之下降，因此，规范化的网络售药也给人们带来更多的实惠而颇有前景。

（5）消费心理稳定性　现代社会发展和变化速度极快，新生事物不断涌现，消费心理受这种趋势带动，稳定性降低，在心理转换速度上趋向与社会同步，在消费行为上则表现为产品生命周期不断缩短，产品生命周期的缩短反过来又会促使消费者的心理转换速度进一步加快，而网络售药的消费者相对比较理性，需要对同类的品牌产品进行冷静的分析思考后做出自己的正确判断，传统购药方式已不能满足这种心理需求❶。

（6）追求躲避干扰的消费心理　现代消费者更加注重精神的愉悦、个性的实现、情感的满足等高层次的需要满足，希望在购物中能随便看、随便选，保持心理状态的轻松、自由，最大程度地得到自尊心理的满足。但店铺式购物中商家提供的销售服务却常常对消费者构成干扰和妨碍，有时过于热情的服务甚至吓跑了消费者。

因此，网络营销者应根据消费者的心理特点，充分利用电子商务的优势，制定适合自己的网络营销策略。提供与消费者勾通的渠道，增强与消费者的互动性，充分利用网络资源，让消费者能够多渠道、多角度了解企业及产品，以从中获取心理上的平衡并减轻风险感，增强对产品的信任和心理满意度。为网络购药者创造一个轻松愉悦的购物环境，让消费者能够得到一个愉悦的购物体验❷。

5.3　医药品网络营销品牌策略

互联网的应用和快速发展，不仅改变了人们的日常生活方式，而且还以空前的速度改变企业的经营模式，包括企业的竞争环境与运作模式，改变着全球经济结构与产业发展模式，网络已成为目前企业进行业务推广和产品营销的最有力的助推器。医药行业也不例外，随着互联网商业化进程的加快，众多的医药企业把网络作为一种全新的业务模式加快推广，并发展成为一种新的品牌存在形式——网络品牌。

---

❶ 郭海英. 上网买药，一搜畅通[J]. 中国药店，2006（9）：22.
❷ 左国平. 网络消费者的心理与行为分析[J]. 中国西部科技，2007（12）：57-58.

5.3.1 网络品牌的概念和特征

品牌,是企业或企业产品的标志,品牌是一个名称、名词、符号、象征、设计或其组合,用以识别一个或一群出售者之产品或劳务,使之与其他竞争者相区别。当人们一看到"同仁堂"、"胡庆余堂"等自然会想起祖国的医药瑰宝,见到"华东医药"、"上海医药"、"辉瑞"等就会联想大型的现代医药企业。网络品牌作为传统品牌理念的延伸,它理所当然地具有传统品牌理念的一些基本特征。网络品牌,从内涵上讲,它代表了企业(包括网络企业和传统企业)和企业产品或服务;从外延上看,网络品牌不仅是一个标志、一种符号,它不仅标志着企业或产品本身,更象征着一种风格、精神,甚至是一种生活方式。顾客一接触到网络品牌,不仅想到了企业或其提供的服务,更联想到网络虚拟环境提供给顾客的心理满足。众多医药企业都在网上建立了网站,它们各自的设计特色和所提供的众多服务给了人们深刻的印象。一般认为网络领域中,网络品牌由品牌名称、品牌图案和品牌附属内容三部分构成。

(1) 品牌名称 品牌名称是指品牌中可用语言表述的部分。网络品牌的名称就是网络的域名或者域名的主要部分,一般企业会将企业的名称或商标名或者缩写作为域名或域名的一部分,如胡庆余堂的域名为 huqingyutang.com,辉瑞公司为 pfizer.com。域名原是一种网络定址技术,是互联网上一个"门牌号码",它表示的是网络地址,且有特定的分级命名规则,不同级别用英文句点分开,如上述两个域名中.com 为顶级域名,句点前面称二级域名。顶级域名有两类,分为国际通用顶级域名(gTLD)和国家/地区顶级域名(ccTLD),并分别由具体的机构进行注册和管理。gTLD 一般指以.com、.net、.org、.biz、.info 等为顶级域名,而 ccTLD 则指每一国家或地区的缩写为顶级域名,如我国为.cn,英国为.uk,香港为.hk 等。在我国的顶级域名.cn 下,又进一步划分出了两类次一级的域名层次,即类别域名和行政区划域名。类别域名是依照申请机构的性质划分出来的域名,包括 ac、com、edu、gov、net、org。行政区划域名是按照中国的各个行政区划划分而成的"行政区域名"34 个,适用于我国的各省、自治区、直辖市,例如北京是.bj.cn、浙江是.zj.cn 等。由于互联网是全球性网络,并且在同一顶级域名下不可能存在完全相同的域名地址,说明了域名是一种稀缺的和有限的资源,从域名注册实施来看,世界各国普遍实行的都是"先申请,先注册"原则。域名注册机构仅对域名注册申请人申请材料进行真实性审查,而不负责对域名是否侵犯他人在先商标专用权等在先权益进行实质审查。由于域名的唯一性、绝对排他性、稀缺性和注册相对随意性等特点,一方面使它已经从一个单纯的技术名词转变成为一个蕴藏巨大商机的标识,被众多网络营销专家誉为企业的"网上商标"。如果将企业名称、商标和域名进行三位一体的有机结合,即将企业原有的商业标识体系,如商标、企业名称等网下企业无形资产,通过企业域名在网上顺延,将使企业的业务渠道在时间和空间上得到无限拓展。同时,不可避免的是域名所蕴涵的巨大商业价值导致了商家企业对相关域名的抢注和争夺。

(2) 品牌图案 品牌图案是一种可以被识别但不能直接用语言表达的特定标志,包括专门设计的符号、图案、色彩、文字等,最直观的就是网上的网页。品牌图案一般给人鲜明的印象或强烈的视觉效果,如同仁堂网站的商标等(图 5-1)。

(3) 品牌附属内容 品牌附属内容是指附属于品牌名称表达形式和品牌图案表达形式之上的其他表达形式,如声音、三维动画等。

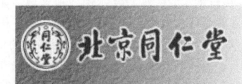

图 5-1　北京同仁堂的商标

5.3.2　网络品牌的保护

品牌的保护是一个永久的概念。自从品牌被提出以来，一直是企业倾心呵护的对象，各国对品牌的保护也制定了许多比较系统的法律法规。而网络品牌随着网络发展而产生，目前对于网络品牌是否属于知识产权还在争论之中，所以对其保护的法律体系还不够完善。尽管如此，各国对它的保护还是十分重视。1997 年通过多方努力，被境外组织非法注册的域名 tongrentang.com 回到了同仁堂主人的怀抱，从而也拉开了医药网络品牌保护的序幕。根据网络品牌的不同构成要素，有域名的保护、网络品牌图案的保护和品牌附属内容的保护策略。

（1）域名的保护　域名的保护一般可分为被动保护和主动保护两个层面。

① 被动保护　被动保护是指当网络品牌受到其他人侵害或者域名被恶意抢注后，应该通过协商调解、仲裁、诉讼等办法来解决，以保护自己应有的权利。

a. 协商解决。协商解决域名争议就是争议双方当事人通过磋商，以有价或无价的方式转让域名。在非恶意抢注的情况下，协商解决是常见的方式，也应当是受到鼓励的方式。当然也有在争议仲裁以后再通过协商赎买的方式进行。

b. 仲裁。仲裁具有体现当事人意愿、自治原则、一裁终局、有跨国执行效力等诸多优点。在域名争议的仲裁过程中，全球目前都是利用由美国互联网络名称和代码分配公司（ICANN）制定的"统一域名争议解决政策"（uniform domain name dispute resolution policy and rules，UDRP）。利用 UDRP 解决域名争议的目的不是要替代诉讼，它的目的是先行快速低成本地解决网络注册和使用中大量的"恶意抢注"问题。它并不是一种高水平的保护机制，而仅仅是一种基本水平保护机制，它无意解决复杂的知识产权问题，而是将这些问题留给法院和传统仲裁。因此在依据 UDRP 提起投诉后是否能得到仲裁员裁决支持的条件非常简单，胜败如何主要取决于是否同时满足以下三个条件。

第一，被投诉的域名与投诉人享有民事权益的名称或者标志相同，或者具有足以导致混淆的近似性。

第二，被投诉的域名持有人对域名品牌名称是指品牌中可用语言表述的部分或者其主要部分不享有合法权益。

第三，被投诉的域名持有人对域名的注册或者使用具有恶意。

目前大部分的域名争议都是通过这个方法进行的。由于顶级域名分为 gTLD 和 ccTLD 两大类，所以域名争议裁定机构也分为以下两大类。

第一类为 gTLD 争议的解决机构。经 ICANN 授权的 gTLD 争议的解决机构有世界知识产权组织仲裁调解中心（瑞士，成立于 1999 年 12 月 1 日）、国家仲裁论坛（美国，成立于 1999 年 12 月 23 日）、eResolution（加拿大，成立于 2000 年 1 月 1 日）、CPR Institute 争议解决中心（美国，成立于 2000 年 5 月 22 日）、亚洲域名争议解决中心（北京和香港，成立于 2001 年 12 月 3 日）等五个。

第二类为 ccTLD 争议的解决机构。它一般设在本国或地区内，如我国的顶级域名.cn 的争议解决机构为中国国际经济贸易仲裁委员会域名争议解决中心，作为中国互联网络信息中心（CNNIC）授权的争议解决机构，在解决.cn 域名争议时最新的依据是 CNNIC 颁布的于 2006 年 3 月 17 日起实施的《中国互联网络信息中心域名争议解决办法》、《中国互联网信息中心域名争议解决程序规则》及相关的补充规则。.cn 域名的迅速发展，一方面显示了它的潜在价值，从另一方面看，对于.cn 域名的争议将会越来越多。

c. 诉讼。诉讼是当事人最终的诉求手段，但是法院的管辖问题或法律适用问题常带来困扰，尤其是在跨地区跨国界争议的情况下。人们可以到域名注册地法院或域名注册人住所地法院提起诉讼，但是在许多情况下这是不现实或不方便的。除此外，较长的程序时间和费用问题也值得考虑。

② 主动保护　由于域名注册采取"先申请先注册"的原则，所以人们应该要有超前意识，将自己企业的企业名、商标名包括商品名等以及相似的名称加以注册，以构建起周密、全面的网络域名保护圈。随着我国经济的持续快速发展，另一方面 CNNIN 推出了中文域名，更使得.cn 的价值得到了肯定和提升，许多跨国公司纷纷抢滩.cn 域名的注册，如阿斯利康公司于 1999 年注册了 astrazeneca.com.cn 后，2003 年分别注册了 astrazeneca.cn 和中文域名（阿斯利康.cn 和阿斯利康.中国），在 2004 年又注册了 astrazeneca.net.cn. 和 astrazeneca.org.cn，而 2005 年他们又进一步，注册了我国 34 个行政区划域名如 astrazeneca.bj.cn、astrazeneca.zj.cn 等。有些跨国公司在这方面可以说是已经到了"疯狂"的地步，所注域名涉及企业名、产品名称以及数字组合、比较容易混淆的名称组合等，甚至企业总裁的姓名和敌对性用词也注册为域名，如 leekunhee.cn（leekunhee 是三星公司董事长李健熙的名字）、nosamsung.cn、stopsamsung.cn（敌对性词汇）都被三星公司注册，这样就形成了他们企业的域名保护体系，形成拒绝被抢注的保护壁垒。当然像三星公司等这样的做法似乎有些极端，也不一定要去直接效仿他们，但是他们这种保护品牌的意识和思路是十分值得人们借鉴的。

(2) 网络图案的保护　相对于域名的保护来说，网络图案的侵权相对较少。但是为了防止类同图案特别是类同网页的出现，可以通过保护知识产权的方法来进行保护。有些国家允许网页作为专利来申请，以达到保护的目的。网页也可以作为著作权来保护。

(3) 品牌附属内容的保护　由于网络品牌往往是一个整体，对其任何要素的侵害，都有可能影响企业和公司在虚拟和现实世界中的形象，应该防微杜渐。总之，网络品牌随着互联网的发展而发展，但反过来，它也极大地影响着互联网的发展趋势和经济趋向。在当今还没有很完善的法律体系来规范的条件下，对于网络品牌的保护要做到事先介入，建立起相关的域名保护体系，做到未雨绸缪，防患于未然；一旦发现有侵权行为可以通过调解、仲裁甚至法律途径来保护自己的权利，即使是亡羊补牢，也可以从中吸取教训，提高保护意识，更好地保护网络品牌❶。

5.4　比较电子商务

5.4.1　比较电子商务的兴起

1995 年，美国出现了 Bargain Finder、CD ShopBot 等以比较搜索程序为核心技术的智

---

❶　王仁云，胡小姜. 医药行业网络品牌的保护 [J]. 中国医药技术与市场，2006，6（4）：34-37.

能购物代理，这类智能代理主要用于在互联网上帮助用户自动搜索相关产品或服务等信息，进行加工整理再输出。智能比较代理的出现催生了比较购物这一新的服务模式，使得消费者在进行网上购物时不需要再逐一访问各个网络零售商的网站进行反复比较挑选，而只需要登录比较购物类网站就可以轻松地在众多提供相同产品或服务的网络零售商甚至是线下零售商之间进行选择，真正实现"一次登录，货比万家"。这样一来，大大降低了消费者的搜寻成本，节约了时间，缓解了网络购物无从选择带来的心理压力。随着在线消费人群的增加，越来越多的人开始将这种比较搜索类网站作为网购的入口，比较电子商务的概念也逐渐为人们所接受[1]。

比较电子商务，是指以直接为用户提供产品或服务的第一层电子商务网站为基础，建立的第二层次的电子商务运作模式，主要通过建立专业的比较搜索引擎，对网上某类特定信息资源进行采集整合，为用户提供精准、详细的选购比较资讯，帮助用户优化决策，为互联网经济提供了一种专业比较机制。

5.4.2 比较购物

随着 Internet 的不断发展，电子商务这一全新概念急速兴起，传统直效营销的许多渠道已被网上购物所取代。然而，为了获得最实惠的商品，网上购物消费者必定会登录不同的网上购物网站，对同一商品进行比较，这种行为会消耗客户太多的时间，"比较购物"为解决这一问题打下了坚实的基础。

比较购物是指为网上购物消费者提供多个购物网站中同一商品的比较信息，包括商品价格、支付方式、配送方式、商家信誉度等的比较资料。目前比较购物可以使网上购物消费者足不出户即可"货比三家"，使消费者在短暂的时间内获得所需商品的详细信息，从而做出购买决策，当然，由于电子商务的整体环境需进一步完善，比较购物也存在着一定的风险。

随着加入比较购物网站的服务商数量和商品数量的迅速增加，比较购物网站已经与搜索引擎具有类似的特征，即作为用户查询商品信息的工具，为制定购买决策提供支持，购物搜索引擎可以理解为搜索引擎的一种细分，即在网上购物领域的专业搜索引擎。购物搜索引擎是从比较购物网站发展起来的，比较购物最初的设想，是为消费者提供从多种在线零售网站中进行商品价格、网站信誉、购物方便性等方面的比较资料，随着比较购物网站的发展，其作用不仅表现在为在线消费者提供方便，也为在在线销售上推广产品提供了机会。实际上也就是类似于一个搜索引擎的作用了，并且处于网上购物的需要，从比较购物网站获得的搜索结果比通过搜索引擎获得的信息更加集中，信息也更全面（如有些比较购物网站除了产品价值信息之外，还包含了对在线销售商的评价等），于是比较购物网站也就逐渐演变为购物搜索引擎。因此一些网站开始逐渐放弃"比较购物"一词，而改称为"比较购物搜索引擎"。

5.4.3 比较购物搜索引擎

比较购物搜索引擎以满足消费者的实际需求为出发点，帮助消费者从无数的在线销售网站中找到自己所需要的商品与服务。比较购物搜索引擎将从网上商店抽取的商品信息存储到数据库中，当消费者查看商品信息时，系统将根据用户的请求从数据库中提取数据，显示给消费者。

---

[1] 孙珊，余肖生．购物搜索引擎的比较研究 [J]．现代商贸工业，2010（19）：330-331．

比较购物搜索引擎区别于一般网页搜索引擎的功能在于，除了搜索商品、了解商品说明等基本信息外，还可以进行商品价格比较，并对商品和在线商家进行评级。这些评比结果对于消费者购买决策有一定的影响，尤其对于知名度不是很高的在线商家，通过比较购物搜索引擎，不仅增加了被用户发现的机会，若在评比上有较好的排名，也有助于增加消费者的信任。因此，当消费者进入比较购物网站进行商品信息检索时，就可以获得比较丰富的信息，使消费者可以做出对自己最好的决定[1]。

5.5 网上药店

网上药店（interne pharmacics，或者 online pharmacics），又称为电子药房（E-pharmacics，或者 Cyber-pharmacics），主要通过互联网向消费者提供药品和其他医药产品，是医药电子商务中企业与消费者间（B2C）交易的一方主体。自20世纪90年代后期出现后，网上药店以其价格便宜、选择自由、私密、方便、信息丰富等优势受到了消费者的认可，并随着信息技术的进步得到迅猛发展。

5.5.1 国外网上药店的发展

网上药店是随着计算机技术的广泛应用及互联网的不断发展而出现的，其实质为电子商务的B2C模式。药品电子商务开展得较早的国家当数美国，这与其政府积极支持药品电子商务发展有关。首批网上药店出现在1999年，主要有三种类型：第一类为传统药店所开，这类药店将传统业务拓展到网络，如美国第二大药店CVS开设的CVS.com等；第二类是仅通过网络售药的纯网上药店，如PlanetRx.com等；第三类则是由传统合伙人开设的网上药店，如由美国网上图书馆销售商Amazon.com支持创建的Drugstore.com，其后与美国连锁药店RiteAid合作，扩大了网上药店配送药品的优势，使得网上购药者当天即可就近到RiteAid提取。

资料显示，美国最大的三家网上药店是默克公司旗下的Merck-Medco、CVS旗下的Caremark及Express Script，他们以每年20%左右的速度增长，美国的网上药店已经分得整体市场份额的23%，而且这个比例还在增加，美国的实体药房日益感到威胁。

2007年，美国有1000多家网上药店，市场规模将近1700亿美元；在欧洲，药剂师协会下属90%的药店都开展网上预订服务；在瑞士，每销售5个药品，就有1个是通过网上售出的。

2010年3月刚度过10岁生日的澳大利亚网上药店ePharmacy，是该国领先的网上药店之一，在澳大利亚和全球各地，拥有20万的网上顾客，2009年其访问量在三个国家排同类网站首位。过去10年，该网站"在努力提供最大范围的产品最有竞争力的价格"，以低价、节省为卖点，在执业药师每周7天、一个固定咨询热线的健康咨询指导下，通过互联网为消费者提供网上购药及药品配送服务，让网站获得了稳定的成长。

在网络安全上，ePharmacy通过了McAfee Secure网上支付认证，悬挂该认证标志的网站，McAfee每日都将进行安全扫描，测试超过10万个潜在的漏洞，包括各种危险链接、

---

[1] 罗龙艳. 浅析我国比较电子商务发展现状[J]. 情报杂志，2009（9）：35-38.

病毒、间谍软件、网络钓鱼等，以此减少消费者在购物过程中的风险。

英国诺布尔药店（Nobledrugstore）已拥有超过 25 年保健药品销售经验和仿制药生产经验，其网上药店的药品直接从制药商那里采购，减少了中间环节，因而能以同类药店商品价格的 80% 进行网络销售。诺布尔药店向消费者强调四点，包括"直接从制造商采购"、"最低价格保证"、"严格的保密"和"100% 的安全"。该药店主要通过网站下单、邮寄药品的方式进行销售。

位于美国新泽西州的 Drugstore.com 是美国知名的网上药店之一，该药店主要面向全球销售美国畅销的美容、保健和药品，可用 50 多个国家的货币进行结算。从该网上药店的导航上可以看出，其销售的商品中口腔护理、皮肤护理、护发、化妆品、健身用品、食品、宠物用品、儿童玩具、运动营养品、母婴用品、性用品、眼镜等是它主要的销售品类，药品只占其中很小的一部分。当夏天来临，有关"太阳防护"这样的商品则被推荐到了最显著的位置。

加拿大 Canadian Heathcare 网上药店虽然销售治疗高血压、糖尿病的药品，以及有关骨骼健康、牙齿美白、草药、失眠、宠物、护肤、戒烟等的商品，但在首页推荐及"最畅销"栏目中，超过 80% 都是男性勃起障碍和"女性增强"类商品，包括"伟哥、犀利士、艾力达"等，明显构成了网店的主要营收来源。

美国 CVS 网上药店，每天有 400 万名顾客访问，截止 2010 年 3 月 31 日，共有门店 7063 家，遍布美国从东海岸到西海岸的任何地方，拥有 20 万名员工，CVS 自主品牌在 2007 年的利润贡献率达到了 14%，而 CVS 的目标是达到 18%～20%，年销售达到 870 亿美元，2009 年位列财富 500 强的第 19 位，其网上药店运营十分成功。

5.5.2 中国网上药店的发展

（1）中国网上药店发展业绩　巨大的电子商务浪潮及"三网融合"背景下，中国药品零售电子商务在历经数年时间的徘徊之后，终于也迎来了光明的发展前景。根据国家食品药品监督管理局统计，截至 2011 年 8 月，经食品药品监管部门批准、可向个人消费者提供互联网药品交易服务的网站共有 86 家。

在颁发的牌照中，北京、上海各 5 张，广东、重庆各 3 张，辽宁、云南各 2 张，基本占了一半，其他的包括云南、辽宁各 2 张，浙江、天津、湖南、河北、江西、福建、山东各 1 张。按上述"白皮书"信息显示，截至 2009 年底，东部地区互联网普及率为 40.0%，西部地区为 21.5%。笔者认为，东部医药大省江苏、山东、浙江等区域，以及中西部的河南、湖北、湖南、四川等医药大省将是网上药店最具有发展潜力的区域。

作为中国网上药店技术服务商之一，搜药网此前为开心人大药房、北京嘉事堂医药连锁、北京医保中洋大药房、重庆和平医药连锁搭建的网上药店均已获得牌照。该公司目前还在为 10 多家药店提供网上药店建设服务，包括湖南益丰大药房、河北一笑堂医药连锁、南通普泽医药连锁等，部分药店的 B2C 平台已经通过测评。加上其他技术服务商，中国目前已经通过测评的网上药店数量超过 20 家，而更多的药店正在推进测评工作，中国网上药店已然迈向井喷时代，这必将逐步改变传统的药品零售格局。

相关数据显示，中国 2009 年医院之外的医药、药妆、成人用品、保健品市场在 5000 亿元左右。美国的网上药店占美国整个医药流通近 30% 的市场份额，在中国，如果网上药店流通保守估计只占 3% 的市场，就有 150 亿元的市场规模。而目前所有获得牌照的网上药店年销售总额加起来还不到 5 亿元,因此其市场前景非常广阔。

中国所有网上药店 2007 年销售总额为 3000 万元,2008 年达到了 8000 万元。2010 年,金象员工将近 100 人,月均销售额超过 300 万元,月毛利超过 60 万元;广东健客月均销售超过 200 万元;另有 5 家月均销售超过 100 万元。

药房网 2007 年销售额是 500 万元,2008 年的销售收入 1900 万元,2009 年则达到了惊人的 1.8 亿元,这其中除一个年销售达到 1.5 亿元的特殊商品外,其他普通商品的销售总额也达到了 3000 万元,目前该网站每天浏览量已超过 30 万人次。

药房网现有会员大约 100 万,活跃会员 20 多万,每天订单大约在 1000 份左右,平均客单价 200 多元,做促销活动可增长到 400 元左右。每个月不含税的销售量在 500 万元。依靠非药品以及服务的拓展,到 2011 年底药房网的月销售额将达到 1000 万元,年销售额过亿元❶。

百洋药房网 2009 年的销售比 2008 年增长近 4 倍之多,网页浏览量更是增长了 10 倍。

(2) 中国网上药店发展特点　就目前整体情况而言,我国的网上药店发展呈现以下特点。

① 架构基本完备,产业尚需培育　经过 10 多年电子商务的发展,网上药店的架构已经基本完备。通过对药房网、上海药房网、金象大药房等网站的实际体验,电子商务所应有的基本架构搭建完善、流程顺畅,原来困扰网店发展的即时通信响应、电子支付平台等均已完备,物流体系也基本可以延伸到全国范围内。但是,网上药店与其他同类商品相比,均有着很大的差距,目前仅有药房网、金象大药房网两家 B2C 网上药店年销售额上千万元,但其网上销售额占实体总公司销售额的比重很小,相比于截止到 2011 年 6 月,中国电子商务市场交易额达 2.95 万亿元,不值一提;而美国网上药店 Drugstore 2008 年的单月销售额就接近 2 亿元人民币。就目前情况来看,整体仍处于市场培养阶段。

② 消费者多持观望态度,活跃消费者数量少　在我国 1.73 亿的网络购物用户中,只有极少部分尝试使用互联网进行医药产品网上交易。在流量方面,国内较早的几家 B2C 网上药店,一般注册会员都在 100 万左右,与此形成对比的是,其他网站动辄上亿注册用户的情况。重庆首家 B2C 网上药店同生药房网在成立近 1 年后,日 IP 流量才冲破 20 万大关。我国目前允许开设的 B2C 网上药店,都有其早已存在且影响力巨大的实体连锁药店的辅助,即便如此,在这仅有的百万左右注册用户中,活跃数量只有 20 万左右,形成了"买药的人不上网,上网的人不买药"这样一种尴尬的境地。

③ 不能与医保对接是影响 B2C 网上药店发展的又一大主要限制　我国医保覆盖人群已经越来越广泛,而且消费者在医院和实体药房可以采用医保卡刷卡消费的方式,节省资金。网上药店的一大缺陷就是目前仍未能与医保体系进行无缝对接,这是我国目前与欧美国家网上药店的较大区别之一。在欧美国家,通过互联网线上购买药品,仍可享受医疗保险付款。我国目前仍只能自费,这样就限制了很大一部分消费者的购买行为,当然,这需要政府层面出面解决。

④ 药品销售结构尚需调整　某著名 B2C 网上药店,其单周、单月销售量前 10 名产品中,保健养生类产品占了 8 种,网上药店在一定程度上变成了保健品专营店。这一方面说明

---

❶　药房网秦国良:医药类 B2C 的门槛与出路 [EB/OL]. [2011-07-19]. http://www.chinaz.com/biz/2011/0719/200666.shtml.

了我国消费者的特性，另一方面保健品产品也面临着淘宝等综合电子商务网站的强势竞争，这对 B2C 网上药店的经营者提出了更高的要求，即如何更好地调整产品结构，开拓更广阔的市场空间。另一方面，我国网上药店均有相应的实体药店，受整个环境影响较大，其线上药品的价格折扣一般在 10% 左右，再加上物流费用，优势并不明显，对消费者的吸引程度有限。

⑤ 管理仍存在种种漏洞，市场行为需要规范　欧美国家 B2C 网上药店在会员注册时，均要求填写详细的客户资料，包括药物过敏史、既往病史、目前身体情况、用药情况及保险项目等，在会员购物时会有相应的提醒和预警；而我国对这些关乎消费者健康的重要信息则没有足够认识，成为会员或者购物时"非常简单"。在处方药的销售方面，欧美有着严格的规定，必须要有医生处方方可购买，我国相关部门虽然也有此方面的规定，但是网上药店在销售过程中，打擦边球甚至明目张胆违反规定的情况屡见不鲜。同时，网站对消费者个人信息也存在管理漏洞，私人信息泄露情况时有发生，对消费者信心和忠诚度造成极大影响。有消费者投诉在某知名 B2C 网上药店购买减肥药的几天后，就有美容美体中心打来电话向其推销瘦身服务卡。这些"杀鸡取卵"的急功近利行为，严重地损害了消费者对 B2C 网上药店的信心[1]。

5.5.3　网上药店的特点

网上药店一般具有以下特点。

（1）成本低廉　在网络空间开发一家网上药店，其成本主要涉及自设网站的成本、软硬件费用、网络使用费以及以后的维持费用。这些比起普通店铺经常性的支出如昂贵的店面租金、装潢费用、水电费、营业税及人事费用等要低廉得多。如果直接向网络服务提供者 (ISP) 租赁店面，则成本更为低廉。

（2）无存货商店　网上药店可以在接到客户订单后，向制造厂家订货，而无须把医药产品陈列出来，只需在网页上打出商店出售货物的目录，也可在网页上展示商品，以供网民选择。这样，店家不会因为存货而增加其经营成本，在价格上增加网上药店的竞争力。

（3）营销成本低　网上药店同时兼备了销售、广告促销等多种功能，其"货架"上的医药产品同时又是广告宣传的样品，经营者不需要再负担促销广告的费用。

（4）经营规模不受有形店面的限制　网上药店的经营者，在"店铺"中摆放多少医药产品几乎不受任何限制，只要经营者有足够的开发能力，服务器都能予以满足，经营方式灵活，经营者既可以将自己当成零售商，也可以将自己当成批发商。

（5）方便收集顾客信息　服务器在收到客户订单后，可自动将客户信息汇集到用户信息数据库中，以便将来用于产品的营销活动和与客户建立长期的业务联系。

（6）全天候经营　由于网上药店节约人手和时间，不需要站柜台，也不需要雇请营业员，只需抽空上网看看订单就行。可不受《中华人民共和国劳动法》的限制，也可摆脱店员因疲倦或缺乏训练而引起客户反感带来的麻烦，网上药店是全年昼夜的持续营业。

（7）展现自我　网上药店经营者可以无拘无束地在网上展示其敏锐创意和聪明才智。拥有网上药店，就拥有整个药界。

---

[1] 王国妮．我国 B2C 医药电子商务的发展状况及策略分析［J］．太原师范学院学报：社会科学版，2010，9（2）：60-61．

5.5.4 网上药店对消费者的利弊分析

（1）网上药店对消费者的有利面　自1999年以来，由于互联网的飞速发展，网上交易成本低、利润高，使得网上药店如雨后春笋般蓬勃发展。网上药店之所以备受消费者青睐，主要是因其具有传统药店所不具备的优势：患者和远离药店者足不出户便可得到所需要的药物，特别方便老年人及残疾人购药；在许多网站中进行比较，能方便找到最合理的价格和产品；可得到更多的便利性和更丰富的产品；相对于传统药店方式，更容易获得产品的书面说明书和参考资料；可在家中更加隐蔽地购买药品和向医师进行咨询。

（2）网上药店对消费者的有弊面　网上药店在带给消费者便利、实惠的同时，由于缺乏相关法律、法规约束，消费者也会承担相当大的风险。患者往往因无法识别网上药店是否合法，故在网上药店购买的药物与其服用的其他药物相冲突而引起严重副作用的情况时有发生；由于存在交流问题，在网上药店购药可能不便于患者询问一些疑难问题；由于不是直接面对药师，得不到足够的专业指导服务；网上药店所售药品存在问题的可能性较传统药店大；通过网络购买药品，一旦发生纠纷，患者的权益很难得到根本的保障❶。

5.5.5 网上药店的政府监管

我国网上药店经历了从无序到部分试点，到全面禁止，到如今有限放开的历程。1998年，上海第一医药商店开办了中国第一家网上药店，开设仅4个多月，网上访问者即达1.8万多人次。而当时对网上药店这个新生事物没有相关的法律规范。

此后的相关规范主要体现在国家食品药品监督管理局不同阶段的规范性文件中。例如，1999年的《处方药与非处方药流通管理暂行规定》禁止药品网上销售方式；2000年的《药品电子商务试点监督管理办法》允许在部分省份进行网上售药的试点；2001年的《互联网药品信息服务管理暂行规定》与2004年的《互联网药品信息服务管理办法》只规定了网上药品信息发布，未明确规定药品交易；2005年的《互联网药品交易服务审批暂行规定》（以下简称为"《暂行规定》"）有限制地认可了网上药店的存在。《暂行规定》要求：通过互联网提供药品、医疗器械交易服务的企业必须经过审查验收并取得《互联网药品交易服务机构资格证书》；向个人消费者提供互联网药品交易服务的企业应当是药品连锁零售企业，必须有执业药师负责网上实时咨询，并具有保存完整咨询内容的设施、设备及相关管理制度，只能在网上销售本企业经营的非处方药，不得向其他企业或者医疗机构销售药品。然而，网上药店要获得《互联网药品交易服务机构资格证书》，必须经过省级药品监督管理局组织专家组进行现场验收，验收标准涉及多方面，包括业务管理要求、部门职能设置要求、客户法律关系要求、产品信息和产品资质文件数据库、数据管理人员要求、系统技术方案、交易服务信息系统监管子系统等。根据《暂行规定》对取得证书的严格标准，使得网上药店面临一场重新洗牌的过程。一些有实力的药品零售连锁企业纷纷率先在当地取得网上药店经营资格，如北京京卫大药房、广东一德堂医药连锁、上海药房连锁有限公司；而一些非法的网上药店面临被淘汰的命运。

5.5.6 网上购药消费者教育

（1）网上购药消费者教育主体　国家食品药品监督管理局（SFDA）负责互联网信息服

---

❶　陈永法．美国的网络药店监管及启示［J］．中国药房，2005，16（20）：1597-1599．

务和互联网交易服务的监督管理。SFDA颁布了《互联网药品信息服务管理办法》和《互联网药品交易服务审批暂行规定》，并在其官方网站设有"网上购药安全警示"链接网页，该网页具有"网上购药安全知识"和"互联网购药安全警示公告"两个栏目（http://www.sfda.gov.cn/WS01/CL0441/），对消费者网上购药进行教育。SFDA告诫消费者通过互联网购买药品存在风险，有部分互联网站伪造或假冒开办单位，发布虚假药品信息，以邮寄的方式销售假劣药品；还有部分综合性门户网站在页面上为"发布虚假药品信息和广告、向消费者邮寄假药"的网站提供链接服务。SFDA建议消费者网上购药须谨慎，养成正确购买和使用药品的习惯，到正规医疗机构对疾病做出明确诊断，并在医师或药师的指导下使用和购买药品；不要轻易从综合性门户网站链接的销售"药品"的网站以及通过搜索引擎搜索到的可以销售"药品"的网站上购买药品❶。

美国国会针对网上药房，修正了《管制药品法案》，通过了《2008年瑞安海特网上药房消费者保护法案》，约束网上药房销售管制药品的行为，保护消费者权益。美国食品与药品管理局（FDA）非常重视网上购药的消费者教育，并长期致力于采取措施尽可能减少网上药品销售对公众健康的危险。1999年7月，FDA通过并开始实施一个互联网药品销售行动计划，包括5个关键领域的活动。

① 致力于消费者宣传和教育；
② 与专业机构建立伙伴关系；
③ 与州和其他联邦机构协调行动；
④ 开展国际间合作；
⑤ 加强法制以适应互联网环境。

FDA消费者教育手段包括FDA Talk Papers、FDA消费者杂志以及FDA网站的信息。FDA在其官方网站开展了"在线购买处方药"教育计划（http://www.fda.gov/Drugs/ResourcesForYou/Consumers/BuyingUsingMedicineSafely/BuyingMedicinesOvertheInternet/default.htm），专设了一个网页，该网页的消费者教育信息包括提示和警告如何识别涉及消费者健康方面的欺诈网站行为、常见问题、如何报告怀疑的欺诈网站以及大量违法事件的新闻报道。该网页是FDA网站访问频率最高的网页之一，邮箱每个月普遍能收到接近60000个投诉。FDA还开展"网上购买处方药：消费者安全指南"的小册子宣传，这个小册子由CybeRx Smart Safety Coalition（互联网公司、同业公会、健康和消费者组织及其他政府机构的一个合作伙伴）制作，通过这个小册子的发行，FDA收到消费者投诉的数量稳定地增长。

美国国家药事管理委员会协会（The National Association of Boards of Pharmacy，简称NABP）成立于1904年，旨在支持州药房委员会建立统一的标准以保护公众健康，对获得所在州许可和药品销售服务覆盖州许可的合法网上药房进行"网上药房开业认证网站"（VIPPS）认证（http://www.nabp.net/programs/consumer-protection/buying-medicine-online/）。美国NABP在其网站开展了消费者网上购药教育，专设了一个"网上购药"网页，该网页的消费者教育信息包括从欺诈网站购买药品的风险、保护自己远离欺诈网站、推荐的网上药房名单、列为不推荐网站的5个原因、假药、报告网址、常见问题解答和有关标准。

---

❶ 宿凌. 我国与美国网上购药消费者教育方面的比较及启示［J］. 中国药房，2011（13）：14-16.

(2) 合法与非法网上药房辨别教育

① 我国 SFDA 的辨别教育　我国 SFDA 在官方网站公布了批准的可以向个人消费者提供互联网药品交易服务的网站名单，以及 2008~2010 年违法销售药品的网站名单和网址，共计 247 个。

SFDA 提醒消费者，在网上购买药品，应判断网站是否具有向个人消费者提供药品的资格，可登录 SFDA 官方网站查询。SFDA 告知消费者，任何医疗单位开办的网站没有资格从事任何形式的互联网药品交易服务活动，已批准的可以向个人消费者销售药品的网站具有的特征包括：

网站开办单位为依法设立的药品零售连锁企业，经食品药品监督管理部门批准，获得了《互联网药品交易服务机构资格证书》（服务范围：向个人消费者提供药品）；在网站的显著位置标示出《互联网药品交易服务机构资格证书》的编号；网站只能向消费者销售非处方药，且网站具备网上查询、网上咨询（执业药师网上实时咨询）、生成订单、电子合同等交易功能。

SFDA 介绍了发布虚假药品信息、销售假劣药品网站的特征，包括：假冒或伪造疾病康复中心、科研机构、医疗单位，只销售治疗某种疾病的一种或系列"药品"；标示的网站开办单位和地址是虚假的，电话非固定座机号码，拒绝上门购药；网站销售的"药品"，声称可以治愈某些慢性疾病、疑难杂症或网站性病等；伪造政府部门或组织机构的名义推荐"药品"；非法链接了"SFDA 政府网站"，并恶意篡改页面内容；以"政府官员"、"权威专家"、"患者"的名义对"药品"疗效进行虚假宣传。

② 美国 FDA 的辨别教育　美国 FDA 告知消费者值得信赖网站的特征包括：位于美国；取得网站运营所在州药房委员会的认证；配有执业药师解答问题；需要提供医师或其他授权开具处方的健康护理专家的处方；提供联系信息，允许在有问题或疑问时与网站人员交谈。

FDA 还建议消费者只从位于美国的经过认证的网上药房购买药品，并告知消费者 NABP（有网址链接 NABP 官方网站）有更多关于许可和认证网上药房的信息。

FDA 还指出不安全网站的特征包括：发送质量和来源不明的药品；供给错误的药品或者对疾病有危险的另一种产品；不提供网站联系电话；提供的价格大大低于竞争者；不需要处方销售处方药；可能无法保护个人信息。

FDA 告诫消费者不要提供诸如信用卡号码等个人信息，除非确认该网站可以保护个人信息。

③ 美国 NABP 的辨别教育　美国 NABP 创建了两个分类来帮助消费者在网上购买药品时做出公正的选择。

一个分类是推荐的网上药房，NABP 推荐消费者从具有 VIPPS 标识以及"网上药房兽药开业认证网站"（veterinary-verified internet pharmacy practice sites，Vet-VIPPS）标识的网站购买药品。拥有 VIPPS 标识和 Vet-VIPPS 标识的网站经历过并成功地通过 NABP 的认证过程，包括所有政策和程序评估，以及网站用来接收、评价和调剂药品的所有设施的现场检查。目前，NABP 推荐的拥有 VIPPS 标识的网上药房有 20 家，拥有 Vet-VIPPS 标识的网站有 4 家，NABP 在其网站列出了具体的名单和网址。

另一个分类是不推荐的网站，其违反了州和联邦法律或者 NABP 有关患者安全和药房执业标准，对公众健康造成严重危害，具有以下 1 种或多种行为：药房注册地不在美国；药房在没有收到有效处方的情况下调剂或试图调剂处方药；药房没有遵守联邦和州的规定，调剂或试图调剂未取得美国 FDA 批准的药物；网站透明度不够；附属或控制的网站违反上述标准。

NABP 在其网站列出了不推荐网站的名单及网址，截止到 2010 年 6 月共计 6525 个，按网站名称首位字母顺序排列和提供查询。NABP 还教育消费者如何保护自己远离欺诈网站，列出了 8 个可能是欺诈网站的判断指标：没有处方要求；处方的依据仅为在线问卷调查；没有电话号码或街道地址；没有药师咨询；免责申明；有限的药物；国际性网站；垃圾邮件。

（3）非法销售药品网站投诉与报告途径教育

① 我国 SFDA　我国 SFDA 告知消费者，发现违法销售药品的网站后，可直接向 SFDA 官方网站"信访之窗"举报，也可以向网站开办地的省级食品药品监督管理部门举报。

② 美国 FDA　美国 FDA 在非法互联网药品销售报告的网页上，告知消费者如果发现一个网站通过互联网非法销售人用药品、兽药、医疗器械、生物制品、食品、食物补充剂或化妆品，可选择以下三种情况中的其中一种报告 FDA：

a. 从网站上购买的 FDA 监管的产品，涉及生命危险的情形，立即致电 301-443-1240（同时联系健康专业人士获取医疗建议）；

b. 购买的 FDA 监管的产品，涉及严重的不良反应或问题，填写 FDA 的 MedWatch 报告表（同时联系健康专业人士获取医疗建议）；

c. 网站问题不涉及生命危险或其他严重反应，填写表格（有链接）并在线提交。如果认为推广医疗产品的电子邮件可能是非法的，可通过转发电子邮件至 webcomplaints@ora.fda.gov 的形式报告。

FDA 在网页上还留有联系方式，包括电话、传真、MedWatchOnline 报告网址链接、邮资已付的 FDA Form 3500（点击可下载）及邮寄地址。

③ 美国 NABP　美国 NABP 告知公众，一旦发现任何网站具有欺诈的特征，应及时通过报告网页发送该网站的信息给 NABP。消费者如果怀疑网上购买的一种药品是假药，可以采取下列几种措施：联系消费者所在州药房委员会和网页所属州药房委员会网站；通过邮箱 custserv@nabp.net 或在线报告网页联系 NABP；链接 FDA 的 MedWatch 在线报告或通过 FDA 指定的电话号码报告；联系药品生产商；联系销售药品的药师。

5.6　医药品网络促销

在进行网络营销时，对网上营销活动的整体策划中，网上促销是其中极为重要的一项内容。

5.6.1　医药品网络促销的概念与特点

网络促销是指利用现代化的网络技术向虚拟市场传递有关药品和服务的信息，以启发需要，引起消费者购买欲望和购买行为的各种活动。它突出表现了以下三个明显的特点。

（1）医药品网络促销以网络技术为基础　网络促销是通过网络技术传递医药产品和服务的存在、性能、功效及特征等信息。它是建立在现代计算机与通信技术基础之上并且随着计算机和网络技术的不断改进而改进。

多媒体信息处理技术提供了近似于现实交易过程中的医药产品表现形式；双向的、快捷的、互不见面的信息传播模式,将买卖双方的意愿表达得淋漓尽致,也留给对方充分思考的时间。

(2) 网络促销在虚拟市场上进行　这个虚拟市场就是互联网。互联网是一个媒体,是一个连接世界各国的大网络,它在虚拟的网络社会中聚集了广泛的人口,融合了多种文化成分。同时也形成了一个巨大的商品销售网络和促销网络。

(3) 网络促销是全球性、全天候活动　互联网虚拟市场的出现,将所有的企业,不论是大企业还是中小企业,都推向了一个世界统一的市场。传统的区域性市场正在被一步步打破,全球性的竞争迫使每个企业都必须学会在全球统一的大市场上做生意,否则这个企业就站不住脚跟。

5.6.2　基于网络的医药品促销模式

网络营销是一种新兴的电子商务营销模式,网上药店是 B2C 电子商务模式在药品零售领域的应用,通过互联网与个人消费者进行医药商品交易的电子虚拟药店。由于药品是一种特殊的商品,药品的网络营销受到了药品本身以及政策法规的约束。我国网上药店发展较为缓慢,2005 年年底,第一家网上药房诞生,目前通过审批的合法网上药房共有 27 家。网上药店具有广泛性、主动性、交互性、低耗性、方便性等优势,市场前景广阔,必将对传统医药市场带来不可抵挡的冲击❶。

(1) 网上药店的产品促销　网上药店的产品策略,关键在于网上销售产品种类的选择。《互联网药品交易服务审批暂行规定》规定,向个人消费者提供互联网药品交易服务的企业,只能是已获得从事互联网药品信息服务资格和互联网药品交易服务资格的药品零售连锁企业,并且只能在网上销售本企业经营的非处方药。药品零售连锁企业的经营范围广泛,虽然不能在网上药店销售处方药,但是可以销售非处方药、保健食品、医疗器械等商品。网上药店应遵循法律的规定,根据药品零售连锁企业的特点和经营范围,结合体现销售健康的理念进行产品设计,具体可以考虑以下几个大类。

① 药品　网上药店药品种类的设计,可以按照法律上对于药品概念的规定进行分类设计,如中药饮片、中成药(非处方药)、西药(非处方药);可以按照医学上疾病的类别进行分类设计,如呼吸系统、消化系统、泌尿系统、生殖系统、免疫系统等;也可以按照医院常设的科别进行分类设计,如妇产科、儿科、口腔科、皮肤科、传染科等。网上药店的产品设计还可以体现品牌营销的理念,设计品牌专区、新特药专区等,进行品牌药品的销售。

② 保健食品　网上药店保健食品的种类设计,可以从保健功能上进行分类,如免疫调节、延缓衰老、抵抗疲劳、改善睡眠、调节胃肠道功能、调节血糖血脂等。

③ 医疗器械　网上药店医疗器械的设计,可以是消费者常用的设备和材料,如温度计、物理降温用品、助听用器、血压计、针灸火罐、煎药器、眼科护理用品、轮椅拐杖等。

④ 食品　网上药店食品的设计,如药食同源的食品,以及对质量要求高的婴幼儿和孕妇食品。

(2) 网上药店的价格促销　网上药店产品促销必须遵守法律法规的规定,不同产品可以采取不同的促销手段。网上药店可以使用的促销方式包括赠送促销、降价促销、会员制促销、优惠券促销、E-mail 促销和人员促销等。无论任何一种手段都直接地或间接地拉开了

---

❶ 宿凌,黄文龙. 网上药店的营销组合策略 [J]. 中国药房, 2009, (7): 83-85.

网上药店的价格战。

① 赠送促销　网上药店赠送促销可以采取以下两种方法：第一，乙类非处方药、保健食品、化妆品、医疗器械的买赠促销；第二，买药品赠送保健食品、化妆品、医疗器械等其他小礼品。

② 降价促销　降价促销可以采取以下几种方法：第一，保健食品、化妆品以优惠价进行节日礼品促销；第二，买够一定数量或金额的产品可以享受一定的折扣；第三，买满一定数量或金额的产品返还一定比例的现金；第四，买满一定数量或金额的产品赠送购物券或优惠券；第五，买满一定数量或金额免运费。

③ 会员制促销　会员制是药品零售连锁企业普遍采用的促销方法。网上药店的产品销售都是针对注册的会员开展的，会员拥有自己的独立账户和购物车。网上药店可以开展会员优惠价和会员消费积分的方法，促进会员的购买，培养忠诚顾客。消费积分应具有实际的价值，如兑换礼品或享受更多的优惠，消费积分应是 VIP 会员升级的依据。

④ 优惠券促销　网上药店可以通过向新注册的会员和老会员赠送优惠券的方法促进销售。注意优惠券应规定使用的时限，可以在规定时间内刺激收到优惠券的会员登录网站使用优惠券购物，从而带动商品的销售。

⑤ 电子邮件促销　网上药店还应该充分利用电子邮件的作用，建立注册会员的数据库，定期向注册会员发布新闻邮件、医药商品信息、活动信息、促销信息、赠送电子促销券、免费礼品券等。电子邮件中最好能展示网上药店想要传达信息的网页或者网页链接，使收到邮件的会员能方便地登录网页了解详情，从而促进销售达成。网上药店还应及时回复会员的电子邮件，详细解答会员的疑问，有效处理会员的投诉，提高会员的忠诚度。

⑥ 人员促销　网上药店应设计互动，开展在线咨询服务，咨询窗口的相关链接最好能采用悬浮式的，以吸引用户的注意。咨询服务应配备客服人员在线解答网上注册、购物流程、支付、配送等问题。

5.6.3　医药品网络广告

随着互联网的推广与普及，网络广告应运而生，作为一种用户广泛、费用低廉的媒介，网络广告越来越受到人们的重视，成为企业争相竞争的抢手货。

(1) 医药品网络广告的概念　根据 2001 年 4 月 10 日颁布的《北京市网络广告管理暂行办法》第二条规定，网络广告，是指互联网信息服务提供者通过互联网在网站或网页上以旗帜、按钮、文字链接、电子邮件等形式发布的广告。互联网信息服务提供者包括经营性和非经营性互联网信息服务提供者。网络广告是一种新兴的广告形式，它依托互联网而产生。所谓网络广告，是指以互联网为载体，通过图文或多媒体方式发布的盈利性商业广告。

根据 2007 年 3 月 13 日中华人民共和国药品监督局颁布的《药品广告审查办法》第二条规定，凡利用各种媒介或者形式发布的广告含有药品名称、药品适应证（功能主治）或者与药品有关的其他内容的，为药品广告。

本书将医药品网络广告定义为互联网信息服务提供者或医药机构利用互联网在网站或网页上以旗帜、按钮、文字链接、电子邮件等形式发布的用于预防、治疗、诊断人的疾病，有目的地调节人的生理机能并规定有适应证、用法和用量的物质，包括中药材、中药饮片、中成药、化学原料药以及其制剂、抗生素、生化药品、放射性药品、血清疫苗、血液制品和诊断药品等的广告。

（2）医药品网络窄告的概念 医药品网络窄告是相对于网络广告的一个概念。它是通过运用高端网络技术和特有的窄告发布系统，使广告主的广告内容与网络媒体上的文章内容、浏览者偏好、使用习性、浏览者地理位置、访问历史等信息自动进行匹配，并最终发布到与之相关的文章周围的广告发布模式。

（3）医药品网络窄告的表现形式 通过相关分析技术，窄告发布系统将窄告发布在各大媒体与之相关的文章周围，从而使得用户在阅读网络文章的同时，可以浏览到与正文相关的重要信息。目前窄告的表现形式主要是文字链接与文字描述相结合的方式，用户可以通过窄告简洁的文字描述对窄告发布者有整体认识，也可以点击文字链接，进入相应网站或页面进一步了解相关内容。窄告可以发布在正文的两侧、上下方，也可以在正文中间，如图5-2所示。

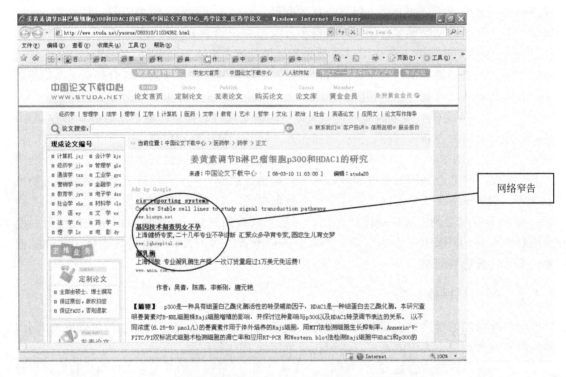

图 5-2 中国论文下载中心放在文章页面上的医药品网络窄告

5.7 基于数据库的网络营销

5.7.1 直复营销

（1）直复营销的定义 美国直复营销协会对"直复营销"下的定义是，一种为了在任何地方产生可度量的反应和（或）达成交易而使用一种或多种广告媒体互相作用的市场营销体系。直复营销的内涵是整体供应链的优化：其一是建立与客户的联盟，通过各种媒体与客户随时保持互动，了解客户订单的最新需求，争取在第一时间满足客户的各种个性化的要求；其二是建立一套客户联系的渠道，由客户直接向公司发订单，公司按订单生产；其三是实现各环节的零库存,以信息代替存货,保证低成本运作。直复营销的核心优势是基于现代信息技术条件下从采集客户信息并迅速反应、快速传递客户信息、产品设计、备件采购、产品装配、减少材料库存到物流配送的系统优化。

(2) 直复营销的表现形式 网络作为一种交互式的可以双向沟通的渠道和媒体,它可以很方便地为企业与顾客之间架起桥梁,顾客可以直接通过网络订货和付款,企业可以通过网络接收订单、安排生产,直接将产品送给顾客。基于互联网的直复营销将更加吻合直复营销的理念。这表现在以下四个方面。

① 直复营销作为一种相互作用的体系,特别强调直复营销者与目标顾客之间的"双向信息交流",以克服传统市场营销中的"单向信息交流"方式的营销者与顾客之间无法沟通的致命弱点。互联网作为开放、自由的双向式的信息沟通网络,企业与顾客之间可以实现直接的一对一的信息交流和直接沟通,企业可以根据目标顾客的需求进行生产和营销决策,在最大限度满足顾客需求的同时,提高营销决策的效率和效用。

② 直复营销活动的关键是为每个目标顾客提供直接向营销人员反应的渠道,企业可以凭借顾客反应找出不足,为下一次做好准备。互联网的方便、快捷性使得顾客可以方便地通过互联网直接向企业提出建议和购买需求,也可以直接通过互联网获取售后服务。企业也可以从顾客的建议、需求和要求的服务中,找出企业的不足,按照顾客的需求进行经营管理,减少营销费用。

③ 直复营销活动,强调在任何时间、任何地点都可以实现企业与顾客的"信息双向交流"。互联网的全球性和持续性的特性,使得顾客可以在任何时间、任何地点直接向企业提出要求和反应问题,企业也可以利用互联网实现低成本的实现跨越空间和突破时间限制与顾客的双向交流,这是因为利用互联网可以自动地全天候提供网上信息沟通交流工具,顾客可以根据自己的时间安排上网获取信息。

④ 直复营销活动最重要的特性是直复营销活动的效果是可测定的。互联网作为最直接的简单沟通工具,可以很方便地为企业与顾客进行交易提供沟通支持和交易实现平台,通过数据库技术和网络控制技术,企业可以很方便地处理每一个顾客的订单和需求,而不用管顾客的规模大小、购买量的多少,这是因为互联网的沟通费用和信息处理成本非常低廉。因此,通过互联网可以实现以最低成本最大限度地满足顾客的需求,同时了解顾客的需求,细分目标市场,提高营销效率和效用。

(3) 直复营销的特征 直复营销的特征可以概括为互联性、目标化、控制和连续性。

① 互联性 (interaction),是指营销人员和消费者之间的相互联系,它包括两层含义:第一,营销人员怎样在目标市场上提供旨在引起消费者反应的刺激物;第二,消费者怎样对此做出反应。

② 目标化 (targeting),是指营销人员选择产品或服务信息的接收人的过程,信息的接收人可以是已购买过产品或服务的消费者,或极有可能成为主顾的潜在消费者,或广大的潜在消费者。营销人员可以定期检查上次营销活动的结果,以期获得更准确的进行目标化的信息。

③ 控制 (control),是指对营销活动的管理,包括制定目标和计划,做出预算和评估结果。它是一个循环的过程,营销人员一般根据过去控制过程的结果来制订未来的计划。

④ 连续性 (continuity),是指保留现有的顾客群,向他们销售其他产品和更高级的产

品。在企业中，很多利润来源于已有的顾客群，因此连续性显得很重要。与顾客的相互联系中获得的重要数据，能使营销人员更好地与顾客进行沟通，及时获得他们的兴趣和偏好，了解他们对过去营销活动的看法。虽然现在很多企业并未认识到连续性的重要性，但已有研究表明，向已购买过产品的消费者再次销售的成本只占吸引新客户的一小部分❶。

网络数据库营销在欧美地区已经很发达，为各大行业的各大企业创造了价值。但在国内的发展尚处于起步阶段，近几年国内虽然出现了一些提供网络数据库营销解决方案的企业，但大部分企业对网络数据库的营销缺乏了解。国内企业并不是不需要网络数据库营销，而是大多数企业的信息化程度偏低而无法实施。随着企业电子商务和网络营销的蓬勃发展，网络数据库能够自动记录下营销过程中丰富的交易信息和与顾客相关的数据，如何利用这些数据资源来为企业的经营决策服务的有效解决办法，是建立企业数据仓库，有效地存储和分析企业大量珍贵的数据，从中发现市场变化的趋势、客户的需求等有用的信息。网络数据库营销将把企业中现有的数据转化为知识，是帮助企业进行明智的业务经营决策的工具❷。

5.7.2 数据库营销

医药品网络数据库营销是一种医药企业与顾客之间交互式的营销处理方法，通过计算机和网络将医药企业的目标顾客、潜在顾客的资料、市场信息以及进行的交流沟通和商业往来等数据搜集、存储在医药品网络数据库中，经过数据的挖掘、筛选、处理等一系列数据库技术分析后，可以精确地了解消费者的需求、购买欲望及购买能力等信息，并且通过网络将这些信息在医药企业、顾客、供应商以及医药企业员工内部之间进行沟通和共享，在此基础上制定出更加理性化、个性化的营销方法和营销策略，为顾客提供个性化的产品与服务，达到满足顾客需求与医药企业盈利的双赢目的。

(1) 医药品网络数据库营销的技术基础

① 医药品网络数据库营销信息系统 该系统应包括以下几个组成部分：计算机及互联网络（内联网、外联网）、医药品网络数据库系统软件、大型数据库（数据仓库）、营销信息数据统计、分析等处理软件包、用户（包括专业信息处理员、医药企业内部员工、医药企业的顾客以及医药企业的供应商等）。

② 医药品网络营销数据库 医药品网络营销数据库一般有八个基本要求。

a. 每个现在或潜在顾客都要作为一个单独记录存储起来。了解每个个体的信息是细分市场的重要依据，并通过总体数据的挖掘可以发现市场总体特征。

b. 除了顾客一般的信息，如姓名、地址、电话等，还要包含一定范围的市场营销信息，即顾客需求和需求特点、有关的人口统计和心理测试统计信息，以及顾客与医药企业或竞争对手的交易信息。

c. 顾客能够接触到针对特定市场开展的营销活动信息。

d. 医药品网络数据库中应包含顾客对医药企业所采取的营销沟通或销售活动做出反应的信息。

e. 存储的信息是针对营销策略制定者制定营销政策的，如针对目标市场或细分市场提供何种合适的产品或服务，针对每个产品在目标市场中采用何种营销策略组合。

---

❶ 陈堡. 网络通讯技术下直复营销发展探究 [J]. 华章, 2010, (28): 8-9.
❷ 乐斌辉. 论网络数据库营销 [J]. 湘潭师范学院学报：社会科学版, 2006, 28 (6): 59-62.

f. 在对顾客推销产品时，医药品网络数据库可以用来发展与顾客协调一致的业务关系。

g. 医药品网络数据库建设好后可以代替市场调研，即无须通过专门的市场调研来测试顾客对所进行的营销活动的响应程度。

h. 随着医药品网络数据库可以自动记录顾客信息和自动控制与顾客的交易，自动营销管理也成为可能，但这要求有处理大批量数据的能力，并且能发现市场机会并对市场威胁提出分析和警告，为进行市场决策和合理有效分配资源提供高质量的信息服务。

（2）医药品网络数据库营销的作用　医药品网络数据库营销在促进医药企业产品开发研制方面、巩固与发展医药企业与顾客关系方面、对供应商的选择方面以及开拓市场和保护市场等方面都可帮助医药企业确立竞争优势，从而巩固和提高医药企业的核心竞争力。

① 提高新产品开发和服务能力　最成功的新产品开发往往是由那些与企业相联系的潜在顾客提出的，而医药品网络数据库营销容易直接与顾客进行交互式沟通，更容易产生新产品概念，克服了传统市场调研中的滞后性、被动性和片面性，以及很难有效识别市场需求而且成本也高等缺陷。对于现有产品，通过网络容易获取顾客对产品的评价和意见，并将这些评价与意见数据收集在营销数据库中，通过分类、归纳、整理和分析来决定对产品的改进方面和确定换代产品的主要特征。某家制药企业，主打产品是胃药，通过几年的销售，拥有了30万的用户数据库，而且其中大部分是他们的忠实用户。这时候他们开始对数据库进行分析与挖掘，最后发现这些用户中，其中60%患有肠道疾病，那公司下一步就可以考虑开发这方面的产品。

② 改善顾客关系　医药品网络数据库营销以顾客为中心，数据库中存储了大量现有消费者和潜在消费者的相关数据资料，医药企业可以根据顾客需求提供特定的产品和服务，具有很强的针对性和时效性，可极大满足顾客需求。在互联网上，顾客希望得到更多个性化的产品与服务，而根据顾客个人需求提供针对性的产品与服务是医药品网络数据库营销的基本职能。同时，借助医药品网络数据库，可以对目前销售的产品的满意度和购买情况做出分析调查，及时发现问题、解决问题，确保顾客满意，建立顾客的忠诚度。因此，医药品网络数据库营销是改善顾客关系最有效的工具。

③ 预测营销结果　传统营销方式的营销效果很难直接测定。在医药品网络数据库营销中，顾客可通过网络、回复卡、电话等方式进行查询、订货或付款。这样，营销人员就可以得知顾客的反馈信息，每次营销的效果就很容易测定。而测定的上次营销活动的效果可为下次营销提供参考，从这个意义上说，医药品网络数据库营销是最科学的营销方式。

④ 提高营销效益　著名的80：20公式指出，医药企业80%的利润来自于占20%的顾客。只有能够识别客户价值才能知道在哪些客户身上需要多投资，无论是时间还是资源；另外一部分可能去忽略它。评估与区分高价值的客户和低价值的客户，源于采集到的客户消费行为信息。

⑤ 了解客户特征，发现潜在顾客　在医药品网络数据库营销中，通过数据挖掘，医药企业可以了解客户的区域分布、浏览行为，直到客户的兴趣和需求所在，并根据需求的不同有区别地向客户进行推荐，比如调整网站页面，提供特有的一些商品信息和广告，使客户方便地获得他们想要的信息。

⑥ 提供个性化的产品与服务　顾客数据库是在顾客个体层次上建立起来的，因而营销者可以通过互联网很精确地确定目标顾客的需求而实行"大规模定制"，即实现个性化定制产品和服务的大规模生产。这样一方面可以取得大量生产或订货所带来的规模效益，降低成

本；另一方面又可以满足顾客个性化的需求，从而突破了常规的大规模生产与满足顾客个性化需求"鱼与熊掌"不可兼得的束缚。

⑦ 抵御入侵者　虽然信息技术的使用成本日渐下降，但设计和建立一个有效和完善的营销医药品网络数据库是一项长期的系统性工程，需要投入大量人力、物力和财力，信息收集和信息开发使用需要长期积累和改进，医药品网络数据库营销渠道建立起来后，就成为医药企业难以模仿的核心竞争能力和可以获取收益的无形资产。而其他的竞争者要进入同样的市场则需要花费高得多的成本，自然在市场竞争中就没有优势可言了。因此，医药品网络数据库营销是对抗竞争对手的有效壁垒。

⑧ 隐蔽竞争　医药品网络数据库营销使医药企业之间的竞争更加隐蔽，避免公开的对抗。在传统营销中，运用大众传媒进行大规模促销活动，容易引起竞争者的对抗行为，削弱促销的效果。运用网络数据库营销，无需借助大众传媒，比较隐蔽，不易引起竞争者的注意，容易达到预期的促销效果。

⑨ 识别交易中的欺诈行为　由于网络的虚拟性和某些网络系统的安全保护及保密措施的不完善，使得在电子商务中的一些欺诈行为屡屡得逞。目前，对付电子商务欺诈行为的有效手段之一就是运用数据挖掘技术对用户的交易数据进行分析。实际上，电子商务过程中的一些欺诈行为常常是带有规律性的，通过对客户交易模式和交易特点的分析，对其中的一些异常数据和一些难以解释的数据关系进行预警，可以发现很多的交易欺诈行为。对于出现不正常的数据就可以发出预警信号。

5.7.3　营销数据库管理

(1) 保证数据库的整洁　整洁的数据库确保了有着最高相关性的正确信息能够准确到达接收方。它意味着低错误率，而这反映在印刷和电子邮件上，就是减少资源的浪费。虽然提供完整、正确、整洁的营销数据是客户的责任，但向客户提供数据清洁服务将有利于拓展服务领域，获得更多利润。清理数据库时，最好避免工作重复，每次尽可能做到全面彻底。比如清理有关地址和电话号码的相关数据时，顺便检查一下其他数据是否也符合标准，比如检查在正文区域中是否有多余的间距，或者正文中是否有异常的字符。虽然一次性处理所有可能出现的问题会花费较长的时间，但从长期角度看，这些工作将会卓有成效。

由熟知客户、项目及其相关信息的同事来复查数据也是非常有必要的。当对相似的信息反复进行审查时，经常会忽略一些很明显的错误。最后，一旦数据库清理完毕，就必须制订计划来保证清理后的数据库不会因现有数据的改变或新数据的添加而失效。在数据被正常维护的情况下，可以保证营销活动的部署更快捷、更简单。

在计划一个即将实施的数据清理时需要注意一个要点，就是向数据库回写的应用程序。比如有些跨媒体解决方案带有嵌入式规则引擎，它不仅能读取数据库并应用业务规则，还可以对将写入数据库的数据应用业务规则或逻辑。这种能力提供了设定一系列规则的方法，以自动保证新数据符合已有的规则。

(2) 使用专业的数据库应用程序　许多使用者将数据存储在并不是为数据库开发的应用程序中。例如，Excel 经常被用作和称作数据库，但实际上它是为执行计算而开发的应用程序。这也就是为什么使用 Excel 表格来进行可变数据印刷或跨媒体营销时会出现很多问题的原因。相信很多人都碰到过用 Excel 处理邮件地址时，邮政编码首位的"0"被自动省略掉的情况。为了防止潜在的数据错误,应使用 Access、SQL、Oracle 或其他的专业数据库应用程序。如果客户提供的是 Excel 表格,可以简单地将其转化成 CSV 格式,在转换的过程中处理所有的潜在问题,例如邮编首位缺失的"0"。另一个选择是使用可变数据印刷或跨媒体应用程序,这些应用程序允许用户编写业务规则解决类似于普遍出现的邮政编码的问题,以保证数据随时都以正确的形式出现。

(3) 限制自由性文本域　在很多情况下,数据库中包含自由文本域是十分必要的,例如当输入产品名称或服务级别时。但是这些人工输入的信息会增加数据出现错误的可能性。比如,一家保健品公司为用户设置了金、银、铜三个级别的服务。数据库中代表铜的数据可能是 BRONZE、Bronze、bronse、b 或者其他的变量。如果将编程语句应用于此区域时,"if Service Level='Bronze'"("当服务等级为'铜'时")只能对上述例子中的一种情况起作用,从而导致筛选出的信息不全面。一个避免数据库中出现自由性文本域的简单办法,就是为通用的自由性信息设定一个数值。在上述的例子中,可以用数值代表服务级别,例如 1 代表铜,2 代表银,3 代表金。这样在输出业务规则引擎中,就可以写出很简单的业务规则,如"if Service Level=1…"("当服务等级为 1 时……"),同时避免出现错误。

(4) 使用合适的字符类型　数据库应用程序提供了很多字符类型,包括文本、数值和布尔类型等。好的数据库通过对不同的数据使用合适的字符类型来实行命令。仍以保健品公司为例,当一个字段为服务类型而创建时,它应该被定义为整型。这样做可以让此后的业务规则的写入变得更为简便,同时也能防止其他错误的产生。同样的道理也适用于布尔类型或与非类型。所有可以描述为数据输入侧打对勾的事件,最好都存储为布尔类型,这样业务规则就可以简化为"if Additional Coverage Purchased then…"("当购买了附加险时……")。对于存储时间的数据来说还有一个必须考虑的问题。虽然可以很简单地将所有接收者的年龄用一个整型字符"年龄"来保存,但这个数据只对当前有效。到了明年,所有的数值都需要加 1。可取而代之的是,将个体的出生日期保存下来,让规则引擎来进行运算。例如,"年龄=年差(出生日期,现在时间)"。

(5) 将业务规则保存在业务规则引擎中　数据库不是一个储存业务规则的地方。这对于用户在营销活动中引进更先进的个性化特征尤为重要,例如将客户的奖励级别与折扣联系在一起。如同保健品公司向其金级客户提供 30% 的折扣,银级将得到 20%,而铜级的则为 10%。如果公司想要在特定的限时促销中将百分比改为 40%、30% 和 20%,就必须将数据库中的规则进行手工修改,而在促销结束后再将其改回来。如果这些规则是在数据库外设置的,那么则只需在一个地方对规则进行修改。虽然许多数据库应用程序允许用户在数据库内部实现此类的逻辑运算,但这样做会带来很多限制。还是以保健品公司为例,用于可变数据印刷的数据可能来源于不同的分店,每个分店都有着一个数据备份。为了将数据存入数据库,每家分店都需要对其本地数据库进行更新。与此相反,如果将规则存入规则引擎,就不会对特定的数据源产生限制,所有的数据源都可以用来生成印刷品、电子邮件、网页或者移动终端。

(6) 利用网络完善数据库　客户没有完整的用户数据库,并不代表他们不能从直复营销活动中获利。一个极好的补充完善数据库的方式就是借助网络。只需要有可用的通信方式或电子邮件地址,就可以部署基于印刷或电子邮件的包含 PRULs(persistent uniform resource locators,持久性的统一资源定位器)的营销活动。

PRULs 可以包含关于营销活动的相关信息,而配合某些支付营销软件,就可以收集新的客户信息，以得到一个更为全面的数据库。使用 PRULs 也可以允许用户确认或修改已有信息，在清理内部数据时节省下来极可观的时间和资源❶。

5.8 网络团购

  网络团购，是指一定数量的消费者通过互联网渠道组织成团，以折扣购买同一种商品。这种电子商务模式可以称为 C2B，和传统的 B2C、C2C 电子商务模式有所不同，需要将消费者聚合才能形成交易。

  网络团购这种新兴商业模式很快得到消费者和商家的青睐，消费者通过团购可以低价购买到相应商品，而商家一方面能通过规模销售获得可观利润，另一方面也以低成本推广其品牌。然后这种看似交易双方双赢的局面，背后却隐藏不少危机，商品质量差、支付无保障、售后无保障、维权无依据等问题困扰网络团购的进一步发展。

5.8.1 网络团购的优势

  （1）价格优势　团购实质相当于批发，团购价格相当于产品在团购数量时的批发价格。通过网络团购，可以将被动的分散购买变成主动的大宗购买，所以购买同样质量的产品，能够享受更低的价格和更优质的服务。

  （2）品牌优势　网络团购中大宗购买的商品往往都是由网络推荐的具有一定知名度的产品或服务，而消费者也基于商品的知名度才愿意购买。商家通过规模销售方式扩大商品的知名度，也是低成本推广品牌的手段。在网络团购行为中，消费者依据品牌来购买相应商品，而商家又因为消费者的规模购买而进一步扩大了商品的品牌知名度。

5.8.2 网络团购的劣势

  （1）网络团购商品品种数量少　相对于淘宝网、当当网等 B2C 网站琳琅满目的商品，团购网站采用"每天一团"的模式，即每天只卖出数件价格相对较低的商品。销售商品品种数量过少，品牌过于单一，难以覆盖广大的消费群体，难以满足广大消费者的购买欲望。消费者更愿意登录淘宝网等相关网站浏览数量更多、品种更丰富的商品以供挑选。久而久之，网络团购的地位将逐渐边缘化。

  （2）交易时间长且成功率低　相对于传统网络购物，网络团购往往交易时间较长。一方面，网络团购往往要聚集一定数量消费者才能以低价购买相应产品；另一方面，有些团购商品或者服务往往需要在指定时间段收到商品或享受相应服务。基于上述原因，很多消费者很容易改变购买初衷，退出团购活动，导致交易时间延长，团购活动失败。

  （3）商品质量差且支付无保障　自从网络购物面世以来，网络购物便呈现良好的发展势头。然而这种新兴的商业模式也存在不容忽视的不足之处。根据新泰研究咨询机构的调查报告，不愉快网络团购的主要原因是货品与图片不对应或者质量差。很多商品或服务价格优惠了，质量和服务也随之下降。

  在网络团购中，另外一种值得关注的问题是支付无保障。现行的网络团购网站往往准入

---

  ❶ 李人勍．如何成功管理直复营销数据库［J］．数码印刷，2010（6）：24-25．

门槛较低，出现鱼龙混杂的现象。很多网站没有采取第三方支付方式，网站往往既是团购的组织者，又是商品销售者，还兼带收费职能。消费者在团购过程中完全处于信息劣势。支付的资金完全没有保障，网站组织者随时有可能携款潜逃，给消费者带来损失。比之淘宝网完善的第三方支付保障机制，网络团购网站的支付毫无保障，消费者在交易信息不对称中处于完全劣势。

(4) 售后无保障且维权无依据　大多数网络团购网站采取"每天一团"的模式，每天只在网站组织团购一个或几个商品。相应商品团购结束后，组织者或商家便撤下相关商品信息。由于商品购买款项已经支付给卖家，卖家的团卖行为往往具有一次性的特征，亦无信用评定等相关约束机制。消费者在收到相应商品发现质量问题时，售后服务和维权难度极大[1]。

---

[1] 单聪，丁雅丽，孙细明. 网络团购的 SWOT 分析 [J]. 商业时代，2011 (21)：49-50.

第 6 章 电子支付

电子支付是电子商务中一个极为重要的、关键性的组成部分。

6.1 电子支付概述

电子支付是一种通信频次大、数据量较小、实时性要求较高、分布面很广的电子通信行为。

6.1.1 电子支付与电子货币的概念

(1) 电子支付 电子支付是指单位或个人通过电子终端，直接或间接向银行业金融机构发出支付指令，实现货币支付与资金转移的行为。电子支付作为新兴的支付方式，对经济和金融发展产生重要影响：提高经济和金融运行效率、节约成本，促进经济发展；有利于解决电子商务中的支付瓶颈问题；突破时空限制，丰富了支付手段；方便用户日常生活支付需求；对货币政策产生一定影响；促进消费信贷发展。

(2) 电子货币 电子货币的本质是一种使用电子数据信息表达、通过计算机及通信网络进行金融交易的货币。它包括银行卡、电子现金和电子支票。

(3) 电子货币的主要特征 从形态看，电子货币是以现代高科技手段的电子数据形式储存，且其存在形式随处理的媒体而不断变化。从技术看，电子货币发行、流通、回收等均采用现代科技的电子化手段。从结算方式看，电子货币最终持有者要向电子货币发行者提出对等资金的兑换要求。从安全性看，电子货币是利用现代信息技术，如信息加密、数字签名、防火墙技术等。从当事人看，电子货币包括电子货币发行者、使用者以及中介机构。

(4) 电子货币与传统货币的区别 电子货币是在传统货币基础上发展起来的，与传统货币在本质、职能及作用等方面存在着许多共同之处，如电子货币与传统货币的本质都是固定充当一般等价物的特殊商品，这种特殊商品体现在一定的社会生产关系。二者的产生背景不同，如社会背景、经济条件和科技水平等；其表现形式不同，电子货币是用电子脉冲代替纸张传输和显示资金的，通过微机处理和存储，没有传统货币的大小、重量和印记；电子货币只能在转账领域内流通，且流通速度远远快于传统货币的流通速度；传统货币可以在任何地区流通使用，而电子货币只能在信用卡市场上流通使用；传统货币是国家发行并强制流通的，而电子货币是由银行发行的，其使用只能宣传引导，不能强迫命令，并且在使用中，要借助法定货币去反映和实现商品的价值，结清商品生产者之间的债权和债务关系；电子货币对社会的影响范围更广、程度更深。两者所占有的空间不同，电子货币所占空间小；传递渠道不同，电子货币可以在短时间内进行远距离传递；计算所需的时间不同，电子货币的计算在较短时间内即可完成，交易速度大大提高；匿名程度不同，电子货币的匿名性强。

6.1.2 电子支付的工具

（1）银行卡　在所有传统的支付方式中，银行卡（主要是信用卡和借记卡）最早适应了电子支付的形式。支付者可以使用申请了在线转账功能的银行卡转移小额资金到另外的银行账户中，完成支付。一般来说，在线转账功能需要到银行申请，并获得用于身份识别的证书及电子钱包软件（E-wallet）才能够使用。在线转账使用方便，付款人只需使用电子钱包软件登录其银行账户，输入汇入账号和金额即可完成支付。而此后的事务由清算中心、付款人银行、收款人银行等各方通过金融网络系统来完成。银行卡电子支付的参与者包括付款人、收款人、认证中心以及发卡行和收单行。

（2）电子现金与电子钱包

① 电子现金　所谓电子现金，是一种以电子数据形式流通的，能被客户和商家普遍接受的，通过互联网购买商品或服务时可以使用的货币。电子现金是现实货币的电子化或数字模拟，它把现金数值转换成为一系列的加密序列数，通过这些序列数来表示现实中各种金额的币值。电子现金以数字信息形式存在，存储于电子现金发行者的服务器和用户计算机终端上，通过互联网流通。

② 电子钱包　电子钱包是电子商务活动中顾客购物常用的一种支付工具，是一种客户端的小数据库，用于存放电子现金和电子信用卡，同时包含诸如信用卡账号、数字签名以及身份验证等信息。

（3）电子票据　电子票据支付模拟传统纸质票据的使用方式，可以说是传统票据支付在网络中的延伸。电子票据包括电子支票、电子本票和电子汇票。

6.1.3 电子支付的业务类型

电子支付的业务类型按电子支付指令发起方式分为网上支付、电话支付、移动支付、销售点终端交易、自动柜员机交易和其他电子支付❶。

（1）网上支付　网上支付是电子支付的一种形式。广义地讲，网上支付是以互联网为基础，利用银行所支持的某种数字金融工具，发生在购买者和销售者之间的金融交换，而实现从买者到金融机构、商家之间的在线货币支付、现金流转、资金清算、查询统计等过程，由此为电子商务服务和其他服务提供金融支持。在典型的网上支付模式中，银行建立支付网关和网上支付系统，为客户提供网上支付服务。网上支付指令在银行后台进行处理，并通过传统支付系统完成跨行交易的清算和结算。在传统的支付系统中，银行是系统的参与者，客户很少主动地参与到系统中；而对于网上支付系统来说，客户成为系统的主动参与者，这从根本上改变了支付系统的结构。常见的网上支付模式有网银模式、银行支付网关模式、共建支付网关模式和IT公司支付模式。

---

❶ iResearch. 2007-2008 年中国电子支付行业发展报告［EB/OL］.（2008-02-20）［2008-03-19］. http：//www.iresearch.com.cn/html/Consulting/online_payment/Free_classid_31_id_1117.html.

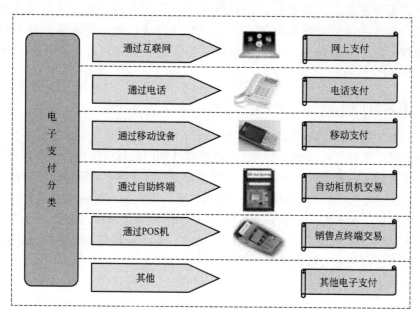

图 6-1 电子支付的业务类型

(2) 电话支付　电话支付是电子支付的一种线下实现形式，是指消费者使用电话（固定电话、手机、小灵通）或其他类似电话的终端设备，通过银行系统就能从个人银行账户里直接完成付款的方式。

(3) 移动支付　移动支付是使用移动设备通过无线方式完成支付行为的一种新型的支付方式。移动支付所使用的移动终端可以是手机、PDA、移动 PC 等。移动支付主要涉及三方：消费者、商家及无线运营商，所以手机支付系统大致可分三个部分，即消费者前端消费系统、商家管理系统和无线运营商综合管理系统。

消费者前端消费系统：保证消费者顺利地购买到所需的产品和服务，并可随时观察消费明细账、余额等信息。

商家管理系统：可以随时查看销售数据以及系统利润分成情况。

无线运营商综合管理系统是手机支付系统中最复杂的部分，包括两个重要子系统：鉴权系统和计费系统。它既要对消费者的权限、账户进行审核，又要对商家提供的服务和产品进行监督，看是否符合所在国家的法律规定，此外最重要的是，它为利润分成的最终实现提供了技术保证。随着信息技术的飞速发展，电子支付工具具有广阔的发展前景。

(4) 销售点终端　销售点终端的英文缩写是 POS (point of sales)，销售点终端通过网络与银行主机系统连接，工作时，将信用卡在 POS 机上"刷卡"并输入有关业务信息（交易种类、交易金额、密码等），由 POS 机将获得的信息通过网络送给银行主机进行相应处理后，向 POS 机返回处理结果，从而完成一笔交易。

(5) 自动柜员机　自动柜员机即 ATM (automatic teller machine)，是指银行在不同地点设置的一种小型自助机器，利用一张信用卡大小的胶卡上的磁带记录客户的基本户口资料（通常就是银行卡），让客户可以通过机器进行提款、存款、转账等银行柜台服务，因此大多数客户都把这种自助机器称为提款机。

6.2 电子支付的安全

如何通过电子支付安全地完成整个交易过程,又是人们在选择网上交易时所必须面对的而且是首先要考虑的问题。就目前而言,虽然电子支付安全问题还没有形成一个公认的成熟的解决办法,但人们还是不断通过各种途径进行大量探索,SSL 安全协议和 SET 安全协议就是这种探索的两个重要结果,它们已经广泛地在国际间的电子支付中使用。

6.2.1 SSL 安全协议

SSL 安全协议最初是由 Netscape Communication 公司设计开发的,又称安全套接层(secure sockets layer)协议,主要用于提高应用程序之间数据的安全系数。SSL 协议的整个概念可以被总结为:一个保证任何安装了安全套接的客户和服务器间事务安全的协议,它涉及了所有 TCP/IP 应用程序。

(1) SSL 安全协议的服务　SSL 安全协议主要提供三方面的服务。

① 认证用户和服务器,使得它们能够确信数据将被发送到正确的客户机和服务器上。

② 加密数据以隐藏被传送的数据。

③ 维护数据的完整性,确保数据在传输过程中不被改变。

(2) SSL 安全协议的运行步骤　SSL 安全协议的运行步骤包括六步。

① 接通阶段:客户通过网络向服务商打招呼,服务商回应。

② 密码交换阶段:客户与服务商之间交换双方认可的密码。一般选用 RSA 密码算法,也有的选用 Diffie-Hellman 和 Fortezza-KEA 密码算法。

③ 会谈密码阶段:客户与服务商间产生彼此交谈的会谈密码。

④ 检验阶段:检验服务商取得的密码。

⑤ 客户认证阶段:验证客户的可信度。

⑥ 结束阶段:客户与服务之间相互交换结束的信息。

当上述动作完成之后,两者间的资料传送就会加以密码,等到另外一端收到资料后,再将编码后的资料还原。即使盗窃者在网络上取得编码后的资料,如果没有原先编制的密码算法,也不能获得可读的有用资料。

在电子商务交易过程中,由于有银行参与,按照 SSL 协议,客户购买的信息首先发往商家,商家再将信息转发银行,银行验证客户信息的合法性后,通知商家付款成功,商家再通知客户购买成功,将商品寄送客户。

(3) SSL 安全协议的应用　SSL 安全协议也是国际上最早应用于电子商务的一种网络安全协议,至今仍能有许多网上商店在使用。然而,在使用时,SSL 协议根据邮购的原理进行了部分改进。在传统的邮购活动中,客户首先寻找商品信息,然后汇款给商家,商家再把商品寄给客户。这里,商家是可以信赖的,所以,客户须先付款给商家。在电子商务的开始阶段,商家也是担心客户购买后不付款,或使用过期的废信用卡,因而希望银行给予认证。SSL 安全协议正是在这种背景下应用于电子商务的。

SSL 协议运行的基点是商家对客户信息保密的承诺。如美国著名的亚马逊(Anazon)网上书店在它的购买说明中明确表示:"当你在亚马逊公司购书时,受到'亚马逊公司安全购买保证'保护,所以,你永远不用为你的信息卡安全担心"。但在上述流程中也可以注意到,SSL 协议有利于商家而不利于客户。客户的信息首先是必要的,但整个过程中缺少了客户对商家的认证。在电子商务的开始阶段,由于参与电子商务的公司大都是一些大公司,信誉较高,这个问题没有引起人们的重视。随着电子商务参与的厂商迅速增加,对厂商的认证问题越来越突出,SSL 协议的缺点就完全暴露出来。SSL 协议逐渐被新的 SSL 协议所取代。

目前我国开发的电子支付系统,无论是中国银行的长城卡电子支付系统,还是上海长途电信局的网上支付系统,均没有采用 SSL 协议。主要原因就是无法保证客户资金的安全性。

6.2.2　SET 安全协议

在开放的互联网上处理电子商务,如何保证买卖双方传输数据的安全成为电子商务能否普及的最重要的问题。为了克服 SSL 安全协议的缺点,两大信用卡组织,Visa 和 MasterCard,联合开发了 SET 电子商务交易安全协议。这是一个为了在互联网上进行在线交易而设立的一个开放的以电子货币为基础的电子付款系统规范。SET 在保留对客户信用卡认证的前提下,又增加了对商家身份的认证,这对于需要支付货币的交易来讲是至关重要的。由于设计合理,SET 协议得到了 IBM、HP、Microsoft、Netscape、VeriFone、GTE、VeriSign 等许多大公司的支持,已成为事实上的工业标准。目前,它已获得 IETF（Internet Engineering Task Force,互联网工程任务组）标准的认可。

安全电子交易是基于互联网的卡基支付,是授权业务信息传输的安全标准,它采用 RSA 公开密钥体系对通信双方进行认证,利用 DES、RC4 或任何标准对称加密方法进行信息的加密传输,并用 HASH 算法来鉴别消息的真伪、有无涂改。在 SET 体系中有一个关键的认证中心（CA）,CA 根据 X.509 标准发布和管理证书。

（1）SET 安全协议运行的目标　SET 安全协议要达到的目标主要有以下五个。

① 保证信息在互联网上安全传输,防止数据被黑客或被内部人员窃取。

② 保证电子商务参与者信息的相互隔离。客户的资料加密或打包后通过商家到达银行,但是商家不能看到客户的账户和密码信息。

③ 解决多方认证问题。不仅要对消息者的信用卡认证,而且要对在线商店的信誉程度认证,同时还有消费者、在线商店与银行间的认证。

④ 保证网上交易的实时性,使所有的支付过程都是在线的。

⑤ 效仿 EDI 贸易的形式,规范协议和消息格式,促使不同厂家开发的软件具有兼容性和互操作功能,并且可以运行在不同的硬件和操作系统平台上。

（2）SET 安全协议涉及的范围　SET 协议规范所涉及的对象有以下几种。

① 消费者　包括个人消费者和团体消费者,按照在线商店的要求填写订货单,通过发卡银行发选择信用卡进行付款。

② 在线商店　提供商品或服务,具备相应电子货币使用的条件。

③ 收单银行　通过支付网关处理消费者和在线商店之间的交易付款问题。

④ 电子货币（如智能卡、电子现金、电子钱包）发行公司,以及某些兼有电子货币发行的银行　负责处理智能卡的审核和支付工作。

⑤ 认证中心　负责对交易对方的身份确认,对厂商信誉度和消费者的支付手段进行认证。

SET 协议规范的技术范围包括：加密算法的应用（例如 RSA 和 DES）、证书信息和对象格式、购买信息和对象格式、认可信息和对象格式、划账信息和对象格式，以及对话实体之间消息的传输协议。

（3）SET 安全协议的工作原理　根据 SET 协议的工作流程图，可将整个工作程序分为下面七个步骤。

① 消费者利用自己的 PC 机通过互联网选定所要购买的物品，并在计算机上输入订货单。订货单上需包括在线商店、购买物品名称及数量、交货时间及地点等相关信息。

② 通过电子商务服务器与有关在线商店联系，在线商店做出应答，告诉消费者所填订货单的货物单价、应付款数、交货方式等信息是否准确，是否有变化。

③ 消费者选择付款方式，确认订单，签发付款指令。此时 SET 开始介入。

④ 在 SET 中，消费者必须对订单和付款指令进行数字签名，同时利用双重签名技术保证商家看不到消费者的账号信息。

⑤ 在线商店接受订单后，向消费者所在银行请求支付许可。信息通过支付网关到收单银行，再到电子货币发行公司确认。批准交易后，返回确认信息给在线商店。

⑥ 在线商店发送订单信息给消费者。消费者端软件可记录交易日志，以备将来查询。

⑦ 在线商店发送货物或提供服务，并通知收单银行将钱从消费者的账号转移到商店账号，或通知发卡银行请求支付。

在认证操作和支付操作中间一般会有一个时间间隔，例如，在每天的下班前请求银行结一天的账。前两步与 SET 无关，从第三步开始 SET 起作用，一直到第七步。在处理过程中，通信协议、请求信息格式、数据类型的定义等，SET 都有明确的规定。在操作的每一步，消费者、在线商店、支付网关都通过 CA 来验证通信主体的身份，以确保通信和对方不是冒名顶替。所以，也可以简单地认为，SET 规范充分发挥了认证中心的作用，以维护在任何开放网络上的电子商务参与者提供信息的真实性和保密性。

（4）SET 安全协议的缺陷　从 1996 年 4 月 SET 安全协议 1.0 版面市以来，大量的现场实验和实施效果获得了商业界的支持，促进 SET 良好的发展趋势。但也发现了一些问题，这些问题包括以下内容。

① 协议没有说明收单银行给在线商店付款前，是否必须收到消费者的货物接受证书。否则的话，在线商品提供的货物不符合质量标准，消费者提出异议，责任由谁承担。

② 在线商店没有办法证明订购是不是由签署证书的消费者发出的。

③ 协议提供了多层次的安全保障，但明显增加了复杂程度，因而变得昂贵、互操作性差，实施起来有一定难度。

④ SET 技术规范没有提及在事务处理完成后，如何安全地保存或销毁此类数据，是否应当将数据保存在消费者、在线商店或收单银行的计算机里。这种漏洞可能使这些数据以后受到潜在的攻击。

SET 存在的缺陷促使人们设法改进它。中国商品交易中心、中国银行和上海长途电信局都提出了自己的设计方案❶。

（5）SET 协议的最新扩展

---

❶ 国际上通行的两种电子支付安全协议：SSL 与 SET 协议［EB/OL］.（2004-01-13）［2008-03-17］. http://www.jswto.com/news_list.asp?ID=148.

① 商家初始授权扩展。
② 在线个人识别号扩展。
③ 芯片卡扩展。

6.2.3　SSL 和 SET 两种协议的比较

　　SET 是一个多方的消息报文协议，它定义了银行、商家、持卡人之间必需的报文规范，而 SSL 只是简单地在两方之间建立了一条安全连接。SSL 是面向连接的，而 SET 允许各方之间的报文交换不是实时的。SET 报文能够在银行内部网络或者其他网络上传输，而基于 SSL 协议之上的支付卡系统只能与 Web 浏览器捆绑在一起。两者间的差别主要表现在以下几个方面。

　　(1) 用户接口不同　在应用中，SSL 协议已被浏览器与 Web 服务器内置，无须安装专门软件，用户通过网络就可直接应用；而 SET 协议中客户端须安装专门的电子钱包类软件，并且在商家服务器和银行网络上也须安装相应的软件，不同银行间系统间的兼容性尚不够完善。

　　(2) 处理速度不同　SET 协议非常复杂、庞大，处理速度慢。一个典型的 SET 交易过程须验证电子证书 9 次，验证数字签名 6 次，传递证书 7 次，进行 5 次签名，4 次对称加密和 4 次非对称加密，整个交易过程可能需花费 1.5~2min；而 SSL 协议则简单得多，处理速度比 SET 协议快。

　　(3) 认证要求各异　早期的 SSL 协议并没有提供身份认证机制，虽然在 SSL 3.0 中可以通过数字签名和数字证书实现浏览器和 Web 服务器之间的身份验证，但仍不能实现多方认证，而且在 SSL 协议中商家服务器的认证是必须的，客户端的认证则是可选的。相比之下，SET 协议的认证要求较高，所有参与 SET 交易的成员都必须申请数字证书。SET 协议还解决了客户与银行、客户与商家、商家与银行之间多方认证的问题。

　　(4) 安全性能差别大　安全性是网上交易最关键的问题。SET 协议由于采用了公钥加密、信息摘要和数字签名，可以确保信息的保密性、可鉴别性、完整性和不可否认性，且 SET 协议采用了双重签名来保证各参与方信息的相互隔离，使商家只能看到持卡人的订购数据，而银行只能取得持卡人的信用卡信息。

　　SSL 协议虽也采用了公钥加密、信息摘要和 MAC 检测，可以提供保密性、完整性和一定程度的身份鉴别功能，但缺乏一套完整的认证体系，不能提供完备的防抵赖功能。因此，SET 的安全性远比 SSL 高。

　　(5) 协议层次和功能各异　SSL 属于传输层的安全技术规范，不具备电子商务的商务性、协调性和集成性功能。而 SET 协议位于应用层，不仅规范了整个商务活动的流程，而且制定了严格的加密和认证标准，具备商务性、协调性和集成性功能。

　　相比之下，SET 协议从技术上和流程上都要相对优于 SSL 协议，功能上也更强，但这并不代表 SET 协议就会超过 SSL 协议的应用。

　　因为虽然 SET 通过制定标准和采用各种技术手段，解决了一直困扰电子商务发展的安全问题，但是 SET 协议要求在银行网络、商家服务器、顾客的 PC 机上安装相应的软件；SET 协议要求必须向各方发放证书，使得应用 SET 协议要比 SSL 协议昂贵得多。这些都成了大面积推广使用 SET 协议的障碍。

　　在未来的一段时间内，可能会出现商家需要支持 SET 和 SSL 两种支付方式的局面。但由于 SET 实现起来非常复杂，商家和银行都需要改造原有系统以实现互操作❶。

6.3 电子银行

当今世界正经历着一场以因特网和无线互联网为核心的信息技术革命。电子银行的出现，就是这场革命的产物，将来的银行将不再局限于以单一的分支机构作为服务渠道，银行可以通过因特网和无线互联网为不同的客户提供各种不同的服务，银行采用信息技术扩大服务渠道的成本将变得十分低廉，客户可以在任何可以上互联网的地方很方便地处理银行金融业务和开展服务。

6.3.1 电子银行概述

电子银行是基于电子商务平台和银行支付系统的网上金融服务系统，用户使用电子银行可以在网上实现银行账户资金查询、银企对账、银企转账、银行账号挂失、公共信息查询等（包括存贷款利率、外汇牌价、银行各项业务介绍……）；可以通过网上银行实现网上购物、网上缴费等应用。网上安全认证服务，可保证网上交易的安全性和不可抵赖性，将极大地方便生活和工作，提高工作效率。电子银行包含网上银行、电话银行、手机银行和多媒体终端等，网上银行只是电子银行的一种。目前电话银行和网上银行被广大客户使用。个人或企业客户可以足不出户地通过网上银行或电话银行办理从查询、转账、汇款、缴费到证券、外汇、基金等一系列业务，享受更贴身、更值得信赖的金融服务。

中国银行业监督管理委员会 2006 年 1 月 26 日颁布的《电子银行业务管理办法》规定，电子银行业务，是指商业银行等银行业金融机构利用面向社会公众开放的通信通道或开放型公众网络，以及银行为特定自助服务设施或客户建立的专用网络，向客户提供的银行服务。电子银行业务包括利用计算机和互联网开展的银行业务，简称网上银行业务；利用电话等声讯设备和电信网络开展的银行业务，简称电话银行业务；利用移动电话和无线网络开展的银行业务，简称手机银行业务；以及其他利用电子服务设备和网络，由客户通过自助服务方式完成金融交易的银行业务。

6.3.2 支付网关

（1）支付网关的定义　支付网关是连接银行专用网络与互联网的一组服务器，是金融专用网与公用网之间的接口，也是金融网的安全屏障与关口，是电子支付的重要工具，也是面向收单银行的电子支付服务工具。同时，支付网关也是银行内部网与企业内部网之间的网关。

SET 协议规定，支付网关必须由商家收单银行或收单银行联合组织（如银行卡组织）来担当。它关系着网上支付结算安排、金融系统的风险防范和银行的安全。在 SET 中采用了双重签名技术，支付信息和订单信息是分别签署的，这样保证商家只能看到订单信息而看不到支付信息。支付指令中包括 ID、交易金额、卡数据等涉及与银行业务相关的保密数据，

---

❶ 安全电子支付协议有待改进（2）[EB/OL].（2006-02-22）[2008-03-17]. http://active.zgjrw.com/News/2006222/Net/214661769801.html.

只对支付网关是透明的，因此，支付网关必须由收单银行或其委托的卡组织来担当。

（2）支付网关的作用　支付网关是隔离银行系统与互联网公用网的网关，起着安全屏障的作用，如图 6-2 所示。其主要作用是完成两者之间的通信、协议转换，并进行数据加、解密，以保护银行内部网络的安全。它能保证互联网与商家的主机之间进行安全、无缝隙的信息专递，支持各种支付协议和特定的安全协议、交易交换、协议转换以及本地授权和结算处理。

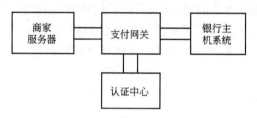

图 6-2　支付网关的作用

（3）支付网关的功能　利用支付网关，可以很容易地实现支付协议信息的转换，并可以同时对大量的互联网商家服务器的交易进行管理。支付网关的功能主要有：将互联网传来的数据包解密，并按照银行系统内部的通信协议将数据重新打包；接收银行系统内部反馈的响应消息，将数据转换为互联网传送的数据格式，并对其进行加密。

具体地说，支付网关具有以下基本功能：出入信息的智能化路由器；保护用于解密的私有密钥的安全库房；对商家认证的管理和分配中心；验证持卡人和商家的认证证书。

有了上述功能，收单银行使用支付网关可以实现以下功能：配置和安装互联网网络支付能力；保护现有主机系统，无须做任何修改，因此保护了收单银行的投资效益；采用直观的用户图形接口进行系统管理；可以利用各种电子货币，如信用卡、电子支票和电子现金等；通过采用安全电子交易协议 SET，可以确保网络交易的安全性；提供完整的商家电子支付处理功能，包括授权、数据捕获、结算等；通过对互联网网络交易的支付处理过程与当前支付处理商的业务处理模式相符，确保商家信息管理上的一致性，并为支付处理商进入互联网交易处理这一不断增长的新市场提供机会。

6.4　第三方支付

6.4.1　第三方支付简介

第三方支付，实际上就是买卖双方交易过程中的"中间件"，也可以说是一种"技术插件"，是在银行的监管下保障交易双方利益的独立机构。第三方支付是一种新的支付模式，它是一种居于网上消费者和商家之间的公正的中间人。它的主要目的就是通过一定手段对交易双方的信用提供担保从而化解网上交易风险的不确定性，增加网上交易成交的可能性，并为后续可能出现的问题提供相应的其他服务[1]。

第三方支付在实现支付结算服务的整个交易过程中的地位，主要体现在：具有交易过程

---

[1] 陈氢，程慧平．第三方支付运营模式及其发展研究［J］．现代商贸工业，2008，20（2）：46-47．

的中介服务作用;具有资金转移安排的信用担保地位;具有资金和货物安全的风险防范保证机制;具有提供方便、快捷的通道服务的性质。

第三方支付平台服务的推出至少有以下几点优势。

① 第三方支付平台采用了与众多银行合作的方式,可同时提供多种银行卡的网关接口,从而大大地方便了网上交易的进行。

② 第三方支付平台作为中介方,可以促成商家和银行的合作。

③ 第三方支付平台可以对交易双方的交易进行详细的记录,从而防止交易双方对交易行为可能的抵赖以及为在后续交易中可能出现的纠纷问题提供相应的证据,并能通过一定的手段对交易双方的行为进行一定的评价约束,成为网上交易信用查询的窗口。

6.4.2 第三方支付流程

第三方支付是为网上交易而特别推出的安全付款服务,其运作的实质是,在买家确认收到商品前,由中介机构替买卖双方暂时保管货款的一种增值服务,其支付流程类似于银行的信用证业务,中介机构是承担银行的中介角色,为买家提供信用支持。

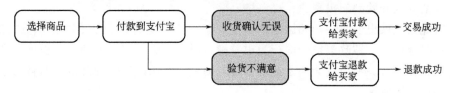

图 6-3 淘宝网支付宝的交易流程

以淘宝网支付宝的支付模式(图 6-3)为例可以总结出运用第三方中介支付的典型流程❶。

① 客户向商家发出购物请求,并将相应数额的货款存入开设在第三方中介机构的账户中。

② 第三方中介机构将收到货款的消息发送给商家,并要求商家发货给客户。

③ 商家发货给客户,并通知第三方中介机构已经发货。

④ 客户收到货物后若满意,通知第三方中介机构把货款给商家;如果不满意,将货物返回给商家,从第三方中介机构的账户中撤出货款。

⑤ 第三方中介机构收到客户付款指示时将货款从客户账户转到商家账户,完成交易。

6.4.3 《非金融机构服务管理办法》

随着中国经济的快速发展和网络应用的不断成熟,电子商务产业已进入高速发展阶段,第三方支付业务更是快速发展。据中国电子商务研究中心发布的《2010 年上半年中国电子商务市场监测报告》数据显示,截止到 2010 年 6 月底,中国网上支付市场交易规模达到 4500 亿元,同比增长 71.1%,保持高速发展态势。

2007~2012 年中国第三方支付交易规模增长如图 6-4 所示。

目前第三方支付业务已经涵盖除专为网络交易平台及网络交易服务平台提供支付服务之外,还包括了如水电费、宽带、移动手机代缴服务等众多公共事业缴费领域、房产交易领域

---

❶ 孙艳斌. 论新型在线支付方式——第三方支付 [J]. 科技经济市场, 2007 (10): 95-96.

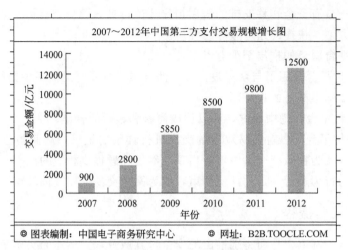

图6-4 2007~2012年中国第三方支付交易规模增长图

等。而随着合作领域的不断拓宽,通过第三方支付来进行信用卡套现、洗钱,参与境外赌博等违法犯罪活动也开始频频出现。

无数行业的发展史表明,初期国家为了支持某行业的发展,总是给其提供宽松的环境,甚至对一些打擦边球、钻政策空子的行为也是睁只眼闭只眼,但发展到一定程度特别是高速发展的时期,国家有关部门就会插手进行管理,提供必要的、有效的规范、监督与管理,以保证行业继续健康发展。

为此,第三方支付"牌照"问题最终明朗化。为规范非金融机构的支付服务、防范市场风险,中国人民银行发布了《非金融机构支付服务管理办法》(下简称《办法》),《办法》从2010年9月1日起正式实施。

当前我国国内的第三方网络支付产品主要自PayPal(易趣公司产品)、支付宝(阿里巴巴旗下)、财付通(腾讯公司,腾讯拍拍)、易宝支付(Yeepay)、快钱(99bill)、百付宝(百度C2C)、网易宝(网易旗下)、环讯支付、汇付天下等,其中用户数量最大的是PayPal和支付宝,前者主要在欧美国家流行,后者是阿里巴巴旗下产品。

据中国电子商务研究中心发布的《2010年上半年中国电子商务市场监测报告》数据显示,截止到2010年6月底,中国第三方网上支付企业市场份额中,排在前三位的分别为支付宝、财付通、中国银联电子支付(图6-5)。

随着《办法》的出台,整个第三方民营支付企业数量将骤降,行业竞争将进一步明朗。据中国电子商务研究中心调查显示,截止到2010年6月底,中国第三方网上支付企业数量达到320家。

(1) 政策概要

① 申请时间 该规定自2010年9月1日起施行,《办法》实施前期已经从事支付业务的非金融机构,应该在2011年9月1日前申请取得《支付业务许可证》,没有取得许可证的,将不得继续从事支付业务。即应在办法实施之日起一年内(2011年9月1日前)申请取得《支付业务许可证》。

② 申请门槛 根据《办法》,申请人拟在全国范围内从事支付业务的,其注册资本最低限额1亿元;拟在省(自治区、直辖市)范围内从事支付业务的其注册资本最低限额3000万元。

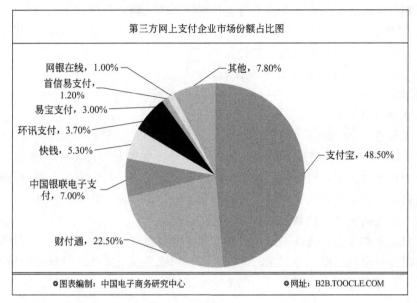

图 6-5　第三方支付企业市场份额占比图

《办法》对支付机构的准入门槛规定如下：

第一，为依法设立的有限责任公司或股份有限公司；

第二，截至申请日，连续为金融机构提供信息处理支持服务 2 年以上，或连续为电子商务活动提供信息处理支持服务 2 年以上；

第三，截至申请日连续盈利 2 年以上；

第四，最近 3 年内未因利用支付业务实施违法犯罪活动或为违法犯罪活动办理支付业务等受过处罚。

③ 服务范围　根据《办法》，非金融机构支付服务主要包括网络支付、预付卡的发行与受理、银行卡收单以及中国人民银行确定的其他支付服务。其中网络支付行为包括货币汇兑、互联网支付、移动电话支付、固定电话支付、数字电视支付等。

《办法》还规定，非金融机构提供支付服务，应当依据本办法规定取得《支付业务许可证》，成为支付机构。支付机构依法接受中国人民银行的监督管理。未经中国人民银行批准，任何非金融机构和个人不得从事或变相从事支付业务。

④ "许可证"时效　《支付业务许可证》自颁发之日起，有效期 5 年。支付机构拟于《支付业务许可证》期满后继续从事支付业务的，应当在期满前 6 个月内向所在地中国人民银行分支机构提出续展申请。中国人民银行准予续展的，每次续展的有效期为 5 年。

⑤ 货币资金管理　《办法》规定，支付机构应当按照《支付业务许可证》核准的业务范围从事经营活动，不得从事核准范围之外的业务，不得将业务外包。支付机构不得转让、出租、出借《支付业务许可证》。

《办法》还规定，支付机构之间的货币资金转移应当委托银行业金融机构办理，不得通过支付机构相互存放货币资金或委托其他支付机构等形式办理。支付机构不得办理银行业金融机构之间的货币资金转移。

对于备付金，《办法》指出，支付机构接受的客户备付金不属于支付机构的自有财产。支付机构只能根据客户发起的支付指令转移备付金。禁止支付机构以任何形式挪用客户备付金。支付机构的实缴货币资本与客户备付金日均余额的比例，不得低于10%。

⑥ 终止经营条例 《办法》指出，支付机构有下列情形之一的，中国人民银行及其分支机构有权责令其停止办理部分或全部支付业务：

a. 累计亏损超过其实缴货币资本的50%；
b. 有重大经营风险；
c. 有重大违法违规行为。

(2) 政策解读

① "许可证"申请门槛将使半数企业离开 按照《支付业务许可证》申请门槛的规定，符合申请全国性支付公司许可证的公司初步统计仅有支付宝、易宝支付、财付通等少数几家公司，而全国300多家支付公司有一半的注册资本达不到3000万或1亿的门槛，这就要求想要在此领域立足的企业必须通过增资来获得"准生证"。

由于支付企业的经营特殊性，市场所存在的企业数量越多，门槛越低，会导致涉及行业内的整个金融体系出现紊乱无序现象。此《办法》门槛设置并不高，对现有市场的主要厂商影响不会太大，虽然一半企业将离开，但是能被监管淘汰的企业也主要是在市场竞争中处于劣势的小企业。

关于"最近3年内未因利用支付业务实施违法犯罪活动或为违法犯罪活动办理支付业务等受过处罚"条例已有处罚案例。在国内支付领域排行第四的快钱网上支付因为赌球案件被公安部通报批评。在江苏苏州侦破的"乐天堂"开设赌场案中，抓获第三方支付平台"快钱"公司的高级管理人员梅某，梅某与境外赌博集团勾结，帮助境外赌博集团流转资金30余亿元，"快钱"公司从中获利1700余万。这一事件将为其他第三方支付企业敲响警钟，也将使快钱公司在行业的积累付诸东流。

② 非金融机构的三大类支付企业均将被监管 从事支付业务的非金融机构企业数量众多，导致市场鱼龙混杂。《办法》的推出，将令第三方市场在2010～2011年内均处于一个重新洗牌的过程。《办法》中的非金融机构支付服务主要包括网络支付、预付卡的发行与受理、银行卡收单以及中国人民银行确定的其他支付服务。

第三方支付的主要业务种类覆盖网上支付、电子货币发行与清算、银行卡和票据跨行清算及集中代收代付等各类业务。其次是提供预付卡业务的公司，如销量比较大的资和信、家乐福等企业，均从事礼品卡等业务。这类企业的特点是以营利为目的，采用磁条、芯片等技术，以卡片、密码等形式发行的预付卡。还有一种是从事银行卡收单的企业。多家银行外包的收单业务将被纳入监管范围，他们主要是通过销售点终端（Pos）等为银行卡特约商户代收货币资金。

③ 货币资金监管将得到有效控制 关于货币资金监管，作为中国人民银行（以下简称央行）核心职能之一，保持金融稳定意味着央行始终扣紧防范金融风险的弦，即使游走在金融业边缘的第三方支付业务，也不能脱离央行的视野。《办法》出台后将能有效防范两种潜在的支付风险，保护消费者的利益。

一种是第三方平台公司因为种种原因，导致资金断裂，钱会被法院冻结或者被查封等，导致支付风险；还有一种是第三方支付平台公司去挪用到公司自己的投资或者是经营资金，那么就会导致这家公司经营投资失误而产生的风险。

另外，新兴支付手段的大量沉淀资金带来的风险，也增大了洗钱、套现、赌博、欺诈等非法活动的风险，信用卡网上套现一度成为热门话题。且虚拟货币对实体货币的正常运行也造成一定冲击。此次《办法》中指出，"支付机构接受的客户备付金不属于支付机构的自有财产。支付机构只能根据客户发起的支付指令转移备付金。禁止支付机构以任何形式挪用客户备付金。"明确了对支付机构的沉淀资金的可控限度。

中国人民银行及其分支机构,可依法对支付机构的公司治理、业务活动、内部控制、风险状况、反洗钱工作等进行定期或不定期现场和非现场检查,从而规避用户、银行、企业等各方风险。

④ "国家队"介入将加快支付竞争激烈化 针对第三方支付出台的专门管理办法,也与"国家队"被称为央行网银互联应用系统的"超级网银"在2010年8月份上线紧密相关。该网银系统将接入国内多家银行自建的网银,以加快银行端的效率。而该《办法》则是央行为构建从银行到第三方支付公司的完整监管体系做足准备。

中国电子商务研究中心分析,"超级网银"的推出将对以支付宝为代表的第三方民营企业带来非常大的冲击,对民营支付企业原本已经树立起的市场地位是一种威胁。虽然"国家队"的介入,对行业有垄断的威胁,但"民营队"已经拥有了一定的实力,只要尽快采取行动,从不同角度去抓住自己的那根救命稻草便可立足市场❶。

(3) 第三方支付市场竞争 2010年6月,央行正式对外公布《非金融机构支付服务管理办法》对国内第三方支付行业实施正式的监管。根据相关规定,非金融机构提供支付服务需要按规定取得《支付业务许可证》后成为支付机构,而2011年9月1日成为第三方支付机构获得许可证的最后期限,逾期未取得的企业将不得继续从事支付业务。

首批第三方支付牌照的发放使得持有牌照的第三方机构也开始大肆跑马圈地。围绕着第三方支付"正规军"和备付金存管行的"战斗",已经悄然开启。

2011年5月,央行向全国颁发了首批第三方支付牌照,申请第一批支付牌照的企业有32家,最后发了27张,以互联网支付为主的电子支付企业全面覆盖,让国内第三方支付业走出了政策的"灰色地带"。根据央行的规定,自2011年9月1日起,未获得第三方支付牌照的企业将不得从事第三方支付业务。对于还没拿到牌照的公司来说,现在就是要尽快拿到牌照。

全国多家第三方支付企业都在"冲刺"牌照申领,而为了体现自己的实力,各家企业也纷纷"跑马圈地",不断扩大使用范围、增加商户规模。中国支付体系研究中心主任张宽海认为,部分预付卡企业未获牌,可能与提交申请资料时间晚或股本成分不符有关。易观国际则表示,有了第一批发牌的经验,接下去的发牌会加速。

除了已经生存多年的第三方支付企业之外,三大运营商旗下公司也在努力。此前被看好的运营商至今却未出现在央行公示范围内,而钱袋网出乎业界意料地进入第一梯队,成为首批拿照公司中唯一一家专注于移动电话支付业务的企业。酝酿已久的中国移动支付公司已悄然成立,2011年7月1日已获得营业执照,公司全称为"中移电子商务有限公司"。据悉,中移电子商务有限公司成立后,也将申请第三方支付牌照的工作纳入首要任务。相关人士表示,"虽然三大运营商成立的支付公司获得牌照无悬念,但是运营商也需要符合相关条件"。

① 持牌机构跑马圈地 央行统计数据显示,目前国内300多家支付企业中,除了背靠淘宝网的支付宝、在腾讯"大树"下的财付通,以及少数有一定口碑的独立第三方支付企业实现盈利外,大多数第三方支付企业仍举步维艰。

---

❶ 方盈芝.《非金融机构服务管理办法》解读报告[EB/OL].[2010-06-30]. http://b2b.toocle.com/zt/down/zolowgsm.pdf.

2011年9月1日"大限"之前绝大多数企业可能都申领不到牌照,但他们现在的努力仍然可以为日后被并购积累筹码。与此同时,一些自认为获牌无望的企业,也开始奔赴京广沪等地寻求收购。据深圳某家网络科技有限公司总经理介绍:"5月底央行公布了第一批领到牌照的第三方支付企业名单,我们不在其中,从那个时候开始,已经陆续有六七拨人来找我们洽谈,有想收购的,也有想参股的。"

而这也为持有牌照的第三方机构大肆跑马圈地提供了机会。从第三方支付企业一份供业内交流的简报中透露出的信息来看,北京、上海等多家首批获得牌照的行业巨头,已开始向其他省份扩张,寻求并购或者合作的机会。市场人士认为,这种扩张主要是针对第三方预付费卡,在首批拿到全国牌照的27家企业中,获得预付卡的发行与受理资质的有6家,这些公司必然要走出自己的大本营扩展外部市场。

② 银行暗战第三方支付备付金存管　随着一个庞大的支付产业的形成,银行也看到了未来的业务机会。

在《办法》出台前,仅有支付宝等少数国内第三方支付公司委托银行每月对客户的交易保证金做托管审计,其他公司则会依托三四家银行提供备付金托管与清算服务。而随着2011年5月26日首批支付牌照正式发放,一场第三方支付公司挑选客户备付金存管行与回流备付金的"战斗"悄然开启。

艾瑞咨询最新数据显示,2011年第一季度中国第三方网上支付的交易规模达到3650亿元,同比上涨102.6%。如果按5%交易金额被沉淀计算,仅在网上支付领域近180亿元资金将回流银行存款。业内人士表示,获得第三方支付备付金存管资格对商业银行中间业务收入、存款规模等都会带来有利影响,而在一些支付公司涉足预付卡业务之后,银行也将获得更多沉淀资金。

支付宝正式宣布选择工商银行作为其备付金存管银行,这也是首次有支付公司公布备付金存管银行情况。根据艾瑞咨询报告,2010年中国第三方网上支付行业整体交易规模达到10105亿元,其中支付宝占据半壁江山。这也就意味着,支付宝全年的"流水"交易金额在五六千亿元,再加上支付宝账户余额,资金量十分可观。2011年第一季度支付宝的市场份额占比达到49.56%。

2011年7月初,建设银行与深圳华夏通宝商务有限公司(以下简称华夏通宝)签署战略合作协议,华夏通宝将选择建设银行作为主要的结算银行,建设银行将向华夏通宝优先提供全方位的金融服务,包括授信支持和适合业务发展的资金结算服务,同时将发行联名银行卡,用于支持华夏通宝第三方支付业务的开展等。

2011年7月上旬,浦发银行也与首批获得第三方支付牌照的上海付费通信息服务有限公司签署了战略合作协议,成为付费通的备付金托管银行,并就备付金存管以及EBPP(电子账单处理及支付系统)业务合作达成一致。据媒体报道,目前浦发银行已与10余家第三方支付机构达成备付金存管业务合作意向,抢滩第三方支付市场。

2011年快钱公司也宣布与建设银行、农业银行、交通银行、招商银行、浦发银行、民生银行、广东发展银行、上海市农商行等八大银行分别签署战略合作协议;而包括广东发展银行在内的多家银行也接连表示,银行与第三方支付应该突破双方目前基于第三方支付等少数传统业务的浅层次合作,"进入更深、更广、更紧密合作层面"。

③ 多数企业已提出申请,整个行业将产生新格局　京广沪等一线城市的主流预付卡企业大多已提出了第三方支付牌照申请。上海杉德支付网络服务发展有限公司正式向中国人民

银行申请预付卡发行与受理支付业务许可；百联宣布出资1亿元打造"安付宝"，已向央行提交了申请材料，央行也已受理并进行了现场审核，公司表示在正常情况下，9月1日前安付宝可以取得预付卡发行与受理许可证；联华OK卡和便利通卡都相继"拗断"了和支付宝的合作，农工商超市集团也放弃支付宝，宣布注资1.5亿元自建的便利通网上支付平台，目前正在向央行申请第三方支付业务牌照；此外包括纽斯达卡、大众商务卡、新华一城卡等其他预付卡相关企业也表示，已向央行提出了申请。

尽管第三方支付市场规模巨大，但也不能保证每一家企业都活得滋润。经过10来年的发展，第三方支付行业成熟的盈利模式就是赚取手续费差价，即商家手续费与银行手续费之差。而随着更多的第三方电子支付企业进入市场，为争夺市场份额，整个行业都处于价格战之中。

即使是已经拿到牌照的第三方支付企业也是如此。钱袋网执行董事孙江涛此前曾表示，并不是像外界想的那样，拿到第三方支付牌照就等于赚到钱了，"移动支付仅是网络支付其中一小块，也是毛利率最低的一类"。

目前很多拿到牌照的互联网支付的公司也喊出了"三年内上市"的口号，虽然目前这还只是一个概念，但也可管窥这些企业的发展意向。用快钱CEO关国光此前在接受媒体采访时的话来说就是，第三方牌照发放后，整个行业将产生新的格局。他表示，法律地位明确了，整个产业投入会加大，毕竟资本是要追逐高增长的行业。"今后的创新速度也会加快，人才的进入使得市场的扩张也会加快。"

6.5　第三方电子商务企业网络融资

网络融资是指建立在网络中介服务基础上的企业与银行等金融机构之间的借贷活动。贷款人通过在网上填写贷款需求申请与企业信息等资料，借助第三方平台或直接向银行等金融机构提出贷款申请，再经金融机构审核批准后发放贷款，是一种数字化的新型融资方式。

2010年6月，我国两大电子商务巨头上市公司网盛生意宝（002095 SZ）、阿里巴巴（1688，HK），相继推出第三方网络融资服务平台，均旨在通过自身的探索，为国内中小企业提供在线融资服务，以进一步缓解当前中小企业"融资难"的困局。

近年来，中小企业作为电子商务应用企业的核心用户群体，其融资难问题备受关注与争议。各电子商务服务商也纷纷为中小企业提供除网络贸易信息服务外的增值服务，这无疑也透视出一些行业领军企业在继信息流、物流之后，向电子商务产业链下游扩张的种种迹象。

6.5.1　网络融资成为一股新兴融资力量

和第三方支付业务面临洗牌截然不同的是，网络融资成为一股新兴融资力量迅速蔓延。

2010年6月2日，A股首届互联网上市公司网盛生意宝宣布，推出中小企业提供融资服务产品——"贷款通"，宣布涉足"网络融资"服务领域，并致力于打造"中小企业融资服务第一站"。这是我国老牌电子商务服务商网盛生意宝13年来，首度跨越信息流，涉足中小企业资金流服务。

2010年6月8日，阿里巴巴集团宣布联合复星集团、银泰集团、万向集团三家知名浙企成立专门针对淘宝网商的小额贷款公司——浙江阿里巴巴小额贷款股份有限公司，贷款金额上限为50万元，并称已获得了我国首张电子商务领域的小额贷款公司营业执照。这也是阿里巴巴在此前试水"网络联保"后，再次在中小企业网络融资服务领域的尝试。网络联保贷款是阿里巴巴与合作银行共同研发并服务于中小企业的贷款产品。网络联保贷款是一款不需要任何抵押的贷款产品，由三家或三家以上企业组成一个联合体，共同向银行申请贷款，同时企业之间实现风险共担。当联合体中有任意一家企业无法归还贷款，联合体其他企业需要共同替他偿还所有贷款本息。

2010年6月30日，小额外贸B2B新秀的敦煌网宣布，与中国建设银行签署了战略合作协议，意在开拓网络信贷业务新蓝图。而建设银行深圳分行将首次试点立足于敦煌网平台的"e保通"网络信贷新产品，国内大批外贸中小及微小企业有望受惠于该产品。

2010年7月1日中国人民银行、中国银行业监督管理委员会、中国证券监督管理委员会和中国保险监督管理委员会联合下发《关于进一步做好中小企业金融服务工作的若干意见》（以下简称《意见》），《意见》提出研究推动小企业贷款网络在线审批，建立审批信息网络共享平台。旨在进一步改进和完善中小型企业金融服务，拓宽融资渠道，着力缓解中小企业（尤其是小企业）的融资困难，支持和促进中小企业发展。

6.5.2 典型企业的网络融资

上述企业的密集举措，无疑表明了中小企业尤其是网商的融资需求很大，而网络融资的灵活性将会突破地域限制，这是目前金融机构无法做到的，网络融资有着很大市场空间。

综观当前国内提供"网络融资"服务的第三方电子商务企业，以阿里巴巴、网盛生意宝、一达通、敦煌网和金银岛这五家最为典型，其"网络融资"服务对比表见表6-1。

表6-1 第三方电子商务企业"网络融资"服务对比表

项目	阿里贷款	生意宝贷款通	敦煌"e保通"	一达通外贸融资服务	金银岛"e单通"
服务群体	限诚信通、中国供应商会员	不限会员含个体	外贸会员企业	外贸会员企业	大宗商品交易商
合作银行	工商银行、建设银行	工商银行、泰隆银行等6家	建设银行	中国银行	建设银行
贷款额度	20万~200万	1万~500万	小额	1万~400万	50万~200万
电子商务平台特点	最大的综合电子商务平台	"小门户"的行业网站联盟	小额外贸交易平台	外贸交易平台	大宗商品交易平台
黏合度	中	中	高	较高	高

注：图表编制：中国电子商务研究中心；数据来源：b2b.toocle.com。

（1）阿里贷款　阿里巴巴是国内最大、最早涉及网络贷款的B2B电子商务公司，旗下阿里贷款包含网络联保、信用贷款、抵押贷款、订单融资、担保贷款等多个产品。

阿里贷款引入了其平台上的"网商网上行为参数"加入授信审核体系，同时"资金风险池"的设立有助于提高贷款成功率。

阿里贷款的主要用户对象是阿里诚信通、中国供应商会员的年限会员，通过门槛设置有助于提高贷款需求信息的准确性和有效性，与各大银行显示出"错位竞争"的关系。

（2）生意宝贷款通　网盛生意宝的"贷款通"定位于针对中小企业的开放式融资平台，作为"开放式"的银企第三方服务平台，可接受多家银行合作。中小企业贷款难的出现，主要基于企业与银行之间信息的不对称，而网络平台能够解决企业与银行间信息不对称的问题，"贷款通"尤其适合处于初创期和成长初期的小企业、微小企业，甚至个体户。

生意宝通过提供网络融资服务，一方面为会员提供增值服务，也同时向广大会员中小企业开放申请；另一方面给银行提供了有价值的融资信息。而银行之所以愿意和其合作正是认为生意宝对中小企业了解，特别是行业网站对产业链的深入可帮助银行了解行业特性，乃至实现达成小额贷款的去人工化操作。

在经历初期单纯的银企贷款信息对接探索后，开始与银行合作开发专项产品，将推出的"个体工商户专属频道"产品，与其他电子商务服务商形成差异化竞争。

生意宝平台上尚缺乏采用信用评价体系，初期发展是参照自身电子商务平台的供需对接模式，其放贷对象群体不限于会员企业，与电子商务结合度较低。作为各平台中引入地区性商业银行的平台，在处理小额贷款零售业务时显现出灵活机动等亮点，但尚缺乏批量操作基础。

（3）一达通外贸融资服务　由中国银行先对"一达通"进行综合授信，然后由"一达通"的企业客户进行无抵押、无担保的贷款，信贷风险由中国银行和"一达通"共同承担，包含进出综合贷款、出口信用贷款、出口退税贷款三项服务。

"一达通"进入了进出口交易环节，为企业代办报关、收付外汇、物流等进出口服务，并利用进出口管理软件，将贸易融资所需的调查、跟进、资金使用监管等全部执行，掌握对外贸易的货权以及应收应付账款，增强了融资贷款归还的保障性。

（4）敦煌网"e保通"　"e保通"产品是建设银行推出的继"e贷通"、"e单通"之后第三种网络信贷产品。该产品降低了传统贷款业务对中小企业的准入门槛，无需实物抵押、无需第三方担保，只要在敦煌网诚实经营的卖家，都有望依靠在敦煌网积累的信誉而向建设银行申请贷款，根据申请人在平台的交易情况和资信记录，通过建设银行线上信贷审核，便可以获取资金。

（5）金银岛"e单通"　金银岛"e单通"业务是金银岛与建设银行、中远物流三方系统对接，通过对企业"资金流"、"信息流"、"物流"的监控，为金银岛交易商办理全流程网上操作的短期融资服务。受益于平台封闭式交易的特殊性，网商通过大宗商品质押的形式达成供应链融资，同时全流程网上操作极大缩短了放款时间。供应链融资是指银行通过审查整条供应链，基于对供应链管理程度和核心企业的信用实力的掌握，对其核心企业和上下游多个企业提供灵活运用的金融产品和服务的一种融资模式。由于供应链中除核心企业之外，基本上都是中小企业，因此从某种意义上说，供应链融资就是面向中小企业的金融服务。

从部分第三方电子商务企业"网络融资"历年贷款规模表（表6-2）中不难发现，阿里巴巴集团旗下的阿里贷款占据了目前国内中小企业网络融资的绝大比例。除上述五家典型电子商务企业外，数银在线、易贷中国等非电子商务类第三方平台也提供针对中小企业的在线融资服务。

表6-2　部分第三方电子商务企业"网络融资"历年贷款规模表　　单位：万元

企　业	2007年	2008年	2009年	2010年上半年
阿里巴巴	2000	140000	460000	680000
一达通	/	/	6700	2900
金银岛	/	/	/	7000
生意宝贷款通	/	/	/	/
金银岛"e单通"	/	/	/	/

©图表编制：中国电子商务研究中心　　　　　　　　　　数据来源：b2b.toocle.com

注：以上贷款数据来自各公司公开资料，部分企业因产品营运时间等原因，尚未公布数据。

在B2B企业提供的网络融资市场规模方面,据中国电子商务研究中心监测各电商企业已披露数据显示:2007年、2008年、2009年、2010年的网络融资总额分别为2000万元、14亿元、46亿元、140亿元;而2011年上半年,同时受到企业服务扩张和全国信贷紧缩影响,整体市场规模为60亿元,与去年同期基本维持相当,如图6-6所示。❶

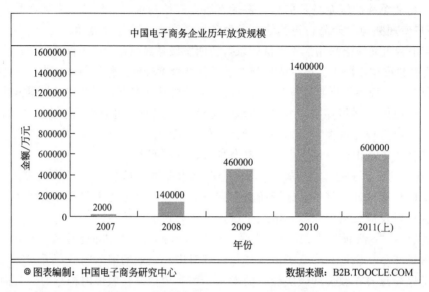

图6-6　中国电子商务企业历年放贷规模❶

6.5.3　运营模式分析

(1)服务类型　近年来,随着"网络融资"服务的兴起,中国电子商务研究中心对此长期进行了跟踪、监测与分析。按照受众群体、业务受理方式等条件区分,现有网络贷款服务分成封闭式服务型和开放式平台型两大类。

① 封闭式服务型

a.用户:以金银岛、一达通等企业提供的网络融资服务为代表,该类用户群体限于某一特定群体,所提供的网络融资服务只针对企业自身会员开放。

b.特点:通过和企业独特商业模式的高度结合,淡化传统授信中对财务报表的审核,能够进行风险批量化管理,实现高度线上操作甚至全程线上操作;而相对应的是,获取贷款种类以短期流动资金补充为主。

② 开放式平台型

a.用户:以阿里贷款、生意宝贷款通、数银在线等为代表,其受众群体广泛,基本不局限于自身会员或某一特定群体。

b.特点:该类平台在贷款操作流程中介入度较低,贷款流程仍以银行线下操作为主;相应的是受众群体广泛,贷款种类多样。

(2)核心价值　"网络融资"服务之所以受到广泛关注,一方面,对于银行与小额贷款公司来说,这种模式能够大大降低经营成本,效率更高,也更为灵活;另一方面,对于资金

---

❶　中国电子商务研究中心.2011年上半年B2B网络融资市场规模达60亿元[EB/OL].[2011-08-04].http://b2b.toocle.com/detail-5874708.html.

金需求者来说，这种模式非常便捷，更能满足其融资需求。

当前，一边是快速增长的网络经济，另一边是银根紧缩对企业的流动资金和一次创业与转型升级所带来的不利影响，"网络融资"在特定时期的出现有其必然性。而第三方电子商务企业网络融资服务共同面临的核心问题是，如何应对"中小企业融资难"？目前影响中小企业获取银行贷款的不利因素主要有以下两方面。

① 中小企业自身风险　有关数据显示，当前我国中小企业平均存活时间不到 3 年，中小企业普遍存在财务报表混乱、缺少可抵押物、抗风险能力薄弱等问题。

② 银行人力成本造成的积极性缺乏　传统银行企业贷款业务以客户为导向，进行精细风险管理。在人力成本、管理成本近似的情况下，银行及其业务人员不愿意受理小额贷款业务。

"网络融资"服务在做到银企贷款需求对接的同时，还需要能够对企业资质进行一定程度的认证，或是通过减免部分原有授信审核操作程序，来达到降低银行人力成本的目的。

(3) 盈利模式　目前网络融资服务的整体市场仍处于用户积累的初级阶段，各第三方平台、服务提供方旨举"免费大旗"。但伴随市场规模扩大、运营成本增加，探索盈利模式将是必然之举。

① 利率分成　小额贷款利率较基准贷款利率往往有较大幅度的上浮，存在收益分成空间。该方式适用于自身结合度较高的第三方电子商务服务平台。

② 广告收入　网络贷款服务用户以中小企业为主，这同样将是理财产品、高端消费品等广告投放对象。

③ 专项服务收费　第三方电子商务服务商通过对企业提供专项服务的方式来收取费用，比如认证会员网络交易记录、对流动资产进行评估保证等。

6.5.4　发展趋势预测

第三方电子商务企业的网络融资服务，还有别于银行自身提供的网络融资服务。比如工商银行借助自己的网络为客户提供融资需求，主体还是银行自身，不涉及第三方机构。

作为网络融资服务终端的银行与用户端的中小企业处于"非对等地位"，鉴于终端的不可控性，使第三方电子商务平台无法保证银行的服务质量，进而影响用户体验；另一方面，对于成功获得网络贷款的中小企业，平台的黏合度将面临考验，此时的平台是否仍旧不可或缺。第三方开放式网络融资平台在这两方面受到的压力将远甚于封闭式服务。开放式网络融资平台将呈现出两个截然相反的发展趋势与方向。

(1) 集成整合型的"重模式"　该类平台的发展路线：线上数据整合→信用体系建设→银行对平台集合授信。

电子商务的快速兴起是网络融资的核心要素之一。甚至有些用户并不需要融资但却申请融资，其目的是为自己积累更好的信用记录。在网络融资、现代银行、电子商务一体化越来越紧密的背景下，网络融资与进入"信用时代"密切相关，网络融资更是个整合的经济链条。

① 线上数据（企业信息）整合　线上数据整合的目的，是为了保证数据的真实性，减免银行的线下审核步骤甚至达成全程的线上授信审核。整合的信息包括企业工商、环保、质检、法律记录等（目前部分政府建设的征信体系可以实现多数企业信息查询）以及水电费用。

② 信用体系建设　平台自建信用体系，可以大幅增强黏合度，线上数据整合也为平台自建信用体系提供了基础。

③ 银行对平台集合授信　在平台完成信用体系自建后，银行可对平台进行集合授信，再由平台对用户分别授信。通过这种方式，银行可以对风险进行批量管理，平台则掌控整个贷款流程，完全把握用户体验。

(2) 专项服务型的"轻模式"　该类型平台只以专项服务的方式提供银行认可的企业"资质认证"，不再提供银企对接，从而避免终端不可控。

以 B2B 电子商务企业的介入点为例，企业以生产设备、半成品、原材料向银行进行抵押融资，往往抵押率过低甚至不予受理，通过电子商务平台发布进行评估或者是反担保处理，将有效提高抵押率❶。

---

❶　冯林．第三方电子商务企业网络融资服务模式研究报告［EB/OL］．[2010-07-30]．http：//b2b.toocle.com/zt/upload_data/down/ecrz.pdf.

第 7 章
医药电子商务物流

诞生于 20 世纪 90 年代的医药电子商务,是一种全新的商务形式。它沟通医疗机构、医药公司、银行、药品生产单位、医药信息服务提供商以及保险公司等各方面,通过互联网应用平台,为用户提供安全、可靠、开放的商务交易。传统意义的药品经营商其特征为商、物流合一,直接承担药品流通过程的采购、储藏、养护、销售、配送全部职能。而完整的药品交易则包含商流、资金流、信息流和物流这四个方面,前三个环节可以通过电子商务即计算机网络技术去同步实现,药品实体的流动则需要由专门的物流系统完成。中国医药企业在市场竞争的巨大压力下,希望通过高效的物流管理来提高经营效率。

7.1 医药电子商务物流概述

我国的医药行业脱胎于传统的计划经济体制。在计划经济条件下,药品按国家计划生产,统购统销,价格上实行国家统一控制、分级管理。随着改革开放的深入,我国医药行业逐渐确立了市场经济体制,特别是药品生产领域向外资开放,得到了迅速的发展,然而药品流通行业一直没有对外资开放,出现了大量经营分散、市场竞争能力差的批发企业,使我国药品流通领域呈现出"市场分散、地方割据、企业规模小、流通秩序乱、整体竞争能力弱"的基本特点。在我国承诺向外资开放药品分销业即将到来,弱小的药品流通企业即将与在资金、管理和技术上占优势的国外流通巨头进行面对面竞争的时候,重构我国医药行业供应链系统,大力发展医药物流与医药电子商务,已成为我国药品流通行业改革的当务之急。

7.1.1 医药电子商务物流的概念

物流的基本含义是:按用户(商品的购买者、需求方、下一道工序、货主等)的要求,将物质实体(商品、原材料、零配件、半成品等)从供给地向需求地的物理移动的过程,包括运输、包装、仓库储存、配送、装卸搬运、流通加工、物流信息等一系列经济活动过程。物流是一个若干领域经济活动系统、集成、一体的现代概念,相当于我国传统的物质、商业、流通、交通、通信等行业的整合。

可以说,医药电子商务物流实际上就是在医药电子商务环境下的现代物流。具体来说,是指基于电子化、网络化后的信息流、商流、资金流下的物资或服务的配送活动,包括医药信息、医药咨询、医药图书等软体商品(或服务)的网络传送和实体药品、试剂等相关产品的物理传送。它包括一系列机械化、自动化工具的应用,准确、及时的物流信息对物流过程的监控，使得医药电子商务中物流的速度加快、准确率提高，从而有效减少库存，缩短生产周期，最终达到使物流的流动速度加快，尽量与医药电子商务中的其他"三流"相匹配的目的。

从根本上来说，物流电子化应是医药电子商务物流概念的组成部分，是医药电子商务物流概念模型的基本要素。缺少了现代化的物流过程，医药电子商务物流过程就不完整。研究医药电子商务物流的目的之一就是要强调物流在医药电子商务这一前提下的关键地位，以期得到应有的重视，以使医药电子商务的发展突破瓶颈，踏上发展的坦途。

7.1.2 医药电子商务物流的特点

医药电子商务时代的来临，给全球医药现代物流带来了新的发展，使医药现代物流具备了一系列新特点。

（1）信息化 医药电子商务时代，医药现代物流信息化是医药电子商务的必然要求。医药现代物流信息化表现为医药现代物流信息的商品化、医药现代物流信息收集的数据库化和代码化、医药现代物流信息处理的电子化和计算机化、医药现代物流信息传递的标准化和实时化、医药现代物流信息存储的数字化等。因此，条码技术、数据库技术、电子订货系统、电子数据交换、快速反应及有效的客户反映、企业资源计划等技术与观念在我国的医药现代物流中将会得到普遍的应用。信息化是一切的基础，没有医药现代物流的信息化，任何先进的技术设备都不可能应用于医药现代物流领域，信息技术及计算机技术在医药现代物流中的应用将会彻底改变世界医药现代物流的面貌。

（2）自动化 自动化的基础是信息化，自动化的核心是机电一体化，自动化的外在表现是无人化，自动化的效果是省力化，另外还可以扩大医药现代物流作业能力、提高劳动生产率、减少医药现代物流作业的差错等。医药现代物流自动化的设施非常多，如条码/语音/射频自动识别系统、自动分拣系统、自动存取系统、自动导向车、货物自动跟踪系统等。这些设施在发达国家已普遍用于医药现代物流作业流程中，而在我国由于医药现代物流业起步晚，发展水平低，自动化技术的普及还需要相当长的时间。

（3）网络化 医药现代物流领域网络化的基础也是信息化，这里指的网络化有两层含义：一是医药现代物流配送系统的计算机通信网络，包括医药现代物流配送中心与供应商或制造商的联系要通过计算机网络，另外与下游顾客之间的联系也要通过计算机网络通信，比如医药现代物流配送中心向供应商提出订单这个过程，就可以使用计算机通信方式，借助于增殖网上的电子订货系统和电子数据交换技术来自动实现，医药现代物流配送中心通过计算机网络收集下游客户的订货过程也可以自动完成。二是组织的网络化，即所谓的企业内部网。比如，中国台湾的电脑业在20世纪90年代创造出了"全球运筹式产销模式"，这种模式的基本点是按照客户订单组织生产，生产采取分散形式，即将全世界的电脑资源都利用起来，采取外包的形式将一台电脑的所有零部件、元器件、芯片外包给世界各地的制造商去生产，然后通过全球的医药现代物流网络将这些零部件、元器件和芯片发往同一个医药现代物流配送中心进行组装，由该医药现代物流配送中心将组装的电脑迅速发给订户。这一过程需要有高效的医药现代物流网络支持，当然医药现代物流网络的基础是信息、电脑网络。

医药现代物流的网络化是医药现代物流信息化的必然，是医药电子商务下医药现代物活动的主要特征之一。当今世界全球网络资源的可用性及网络技术的普及为医药现代物流的网络化提供了良好的外部环境,医药现代物流网络化不可阻挡。

(4) 智能化　这是医药现代物流自动化、信息化的一种高层次应用,医药现代物流作业过程大量的运筹和决策,如库存水平的确定、运输(搬运)路径的选择、自动导向车的运行轨迹和作业控制、自动分拣机的运行、医药现代物流配送中心经营管理的决策支持等问题都需要借助于大量的知识才能解决。在医药现代物流自动化的进程中,医药现代物流智能化是不可回避的技术难题。好在专家系统、机器人等相关技术在国际上已经有比较成熟的研究成果。为了提高医药现代物流现代化的水平,医药现代物流的智能化已成为医药电子商务下医药现代物流发展的一个新趋势。

(5) 柔性化　柔性化本来是为实现"以顾客为中心"理念而在生产领域提出的,但要真正做到柔性化,即真正地能根据消费者需求的变化来灵活调节生产工艺,没有配套的柔性化的医药现代物流系统是不可能达到目的的。20世纪90年代,国际生产领域纷纷推出弹性制造系统、计算机集成制造系统、制造资源系统、企业资源计划以及供应链管理的概念和技术,这些概念和技术的实质是要将生产、流通进行集成,根据需求端的需求组织生产,安排医药现代物流活动。因此,柔性化的医药现代物流正是适应生产、流通与消费的需求而发展起来的一种新型医药现代物流模式。这就要求医药现代物流配送中心要根据消费需求"多品种、小批量、多批次、短周期"的特色,灵活组织和实施医药现代物流作业。

(6) 服务化　医药电子商务物流以实现顾客满意为第一目标。具体来说,它通过提供顾客所期望的服务,在积极追求自身交易扩大的同时,强调实现与竞争企业服务的差别化,努力提高顾客满意度。在医药电子商务环境下,医药现代物流业将会向介于供货方和购货方之间的第三方发展,会以服务为第一宗旨。在医药电子商务环境中,医药物流配送中心离客户最近、联系最密切,商品都是通过他们送到顾客手中的。发达国家医药物流企业成功的要诀在于他们都十分重视对客户服务的研究。

(7) 一体化　医药现代物流一体化是以医药物流中心为核心的,由医药企业经物流企业、销售企业直至消费者的供应链整体化和系统化。物流一体化是物流产业化的发展形式,它是以第三方物流的充分发展和完善为基础的。物流一体化的实质是先进的物流管理和专业化的管理人才。

(8) 国际化　医药现代物流国际化是指物流设施国际化、物流技术全球化、物流服务全球化、货物运输国际化、包装国际化合流通加工国际化等。物流国际化的实质是指按照国际间分工协作的原则和国际惯例,利用全球物流网络、物流设施和物流技术,实现货物在国际间的流动和交换,以促进区域经济的发展和世界资源的优化配置。

7.1.3　医药电子商务物流的类型

社会经济领域中的医药现代物流活动无处不在,医药现代物流在供应链中的作用不同,医药现代物流活动的主体不同,医药现代物流活动覆盖的范围、范畴不同,医药现代物流系统性质不同等形成了不同的医药现代物流类型。

(1) 医药现代物流按照在供应链中的作用分　医药现代物流按在供应链中的作用分可以分成现代医药供应物流、医药生产物流。

① 医药供应物流　医药供应物流为医药企业、流通企业或消费者购入原材料、零部件

或药品的物流过程称为医药供应物流,也就是药品生产者、持有者及使用者之间的物流。对医药企业而言,供应物流需将原材料配给工厂,其客户是工厂,处理的对象是生产药品所需的原材料、试剂、辅料等。对于流通领域而言,医药供应物流是指为药品配置而进行的交易活动中,从买方角度出发的交易行为中所发生的物流。

② 医药生产物流　从工厂的原材料购进入库起,直到工厂药品库的药品发送位置,这一全过程的物流活动称为医药生产物流。医药生产物流是医药企业所特有的,需要与药品生产同步。原材料及半成品等按照工艺流程在各个加工点之间不停地移动、流转形成了医药生产物流。

③ 医药销售物流　医药销售物流是指生产企业、流通企业出售商品时,物品在供方与需方之间的实体流动,是物资的生产者或持有者到用户或消费者之间的物流。对于医药企业是指售出产品,对于流通企业是指交易活动中,从买方角度出发的交易行为中的物流。

④ 医药回收物流　医药回收物流是指不合格品的退货以及周转使用的包装容器从需方返回到供方所形成的实体流动。医药企业在生产、供应及销售活动中总会产生各种废弃物,这些东西的回收是需要伴随物流活动的。在一个医药企业中若回收物品处理不当,会影响整个生产环境,甚至影响药品质量,同时还会占用很大的空间。

(2) 医药现代物流按照物流活动的承载主体分　医药现代物流按照物流活动的承载主体分可以分为企业自营物流、专营子公司物流和第三方物流。

① 企业自营物流　企业自营物流是在计划经济体制下,大多数企业都是采用"以产定销"的经营方式,因此其物流运作的规模、批量、时间都是在计划指导下进行的,企业自备车队、仓库、场地、人员等。自给自足的自营物流的方式成为传统企业物流的主体。随着计划经济向市场经济转轨,市场调节能力不断增强,"以销定产"成为企业新的运作模式。小批量、多品种、高速度和准时供货等市场需求对新型物流提出更高的要求。为从物流成本和速度需求的双重枷锁下解放出来,许多企业开始寻求更好的解决途径。

② 专业子公司物流　专业子公司物流一般是从企业传统物流运作功能中剥离出来,成为一个独立运作的专业化实体。它与母公司或集团之间的关系是服务与被服务的关系。它以专业化的工具、人员、管理流程和服务手段为母公司提供专业化的物流服务。与传统的企业自营物流相比,专业子公司更加注重对物流过程一体化的管理和物流资源的合理化配置,能使物流效率最大化,并能有效地控制总成本达到最低水平。

③ 第三方物流　第三方物流是指企业为了更好地提高物流运作效率及降低物流成本,而将物流业务外包给第三方物流公司的做法。通过第三方物流企业提供的物流服务,有助于促进货主企业的物流效率和物流合理化。

(3) 医药现代物流按照物流活动覆盖的范围分　医药现代物流按照物流活动覆盖的范围可以划分地区物流、国内物流及国际物流。

① 地区物流　地区物流有着不同的划分原则。有的按行政区域划分,如西南地区、华北地区等;有的按经济区划分,如苏(苏州)锡(无锡)常(常州)经济区;有的按地理位置划分,如长江三角洲地区等。地区物流系统对于提高该地区企业物流活动的效率,保障当地居民的生活环境,具有不可缺少的作用。

② 国内物流　国家或相当于国家的实体所制定的各项计划、法令政策都应该是为其自

身的整体利益服务的。物流作为国家经济的一个重要方面,也应该纳入国家总体规划。我国物流系统的发展也必须从全局出发,清除部门分割、地区分割所造成的物流障碍,为国家经济服务。

③ 国际物流　国际物流是指不同国家或地区之间的物流,是现代物流发展很快、规模很大的一个物流领域。国际物流是伴随和支撑国际经济交往、贸易活动和其他国际交流所发生的物流活动。国际物流已成为现代物流研究的热点问题。

(4) 医药现代物流按照物流系统性质分类　医药现代物流按照医药现代物流系统性质可以划分为社会物流和企业物流。

① 社会物流　社会物流是指超越一家一户的、以一个社会为范畴,面向社会为目的的物流。这种社会性很强的物流是由专门的物流承担人承担的,社会物流的范畴是社会经济大领域。社会物流研究再生产过程中随之发生的物流活动,研究国民经济中的物流活动,研究如何形成服务于社会、面向社会又在社会环境中运行的物流,研究社会中物流体系结构和运行,因此带有宏观性和广泛性。

② 企业物流　企业物流是指企业内部物品的实体流动。从企业角度上研究与之有关的物流活动,是具体的、微观的物流活动的典型领域。在企业经营范围内,由生产或服务活动所形成的物流称为企业物流。

7.1.4　医药电子商务与医药现代物流

电子商务环境下的现代物流明显区别于传统的物流,具有信息化、网络化、自动化、智能化、柔性化等特征因而大大缩短了物流过程的持续时间,简化了物流的配送环节,有利于减少库存、加速资金周转、提高物流效率、降低物流成本,从而提高物流企业的核心竞争力。

医药电子商务环境的改善以及医药电子商务所具备的巨大优势促使大量企业纷纷以不同的形式引入电子商务,在电子商务活动改变着传统产业的同时,物流业也不可避免地受到影响。

(1) 医药现代物流是医药电子商务的基础　医药电子商务的发展离不开医药现代物流,这是许多开展电子商务的企业在经过多年的探索之后得出的结论。早在1994年,一些企业就开始投资电子商务,但由于沿袭了期货业务的思路,只设计了网上查询、竞价撮合、银行结算划账的工作程序,几乎没有与之匹配的物流程序,也没有将物流企业作为自己的战略伙伴。6年之后,虽然花费了大量资金,这些公司大多因资金匮乏、技术相对落后而悄无声息了。除了交易的安全性、全国统一结算、电子交易法规不完善等原因之外,货物不能及时送达是这些公司至今未能取得成功的主要原因。实践表明,没有医药现代物流作为支撑,医药电子商务的巨大威力就不能得到很好的发挥,没有医药现代物流,医药电子商务也将成为无米之炊。因此,医药现代物流是电子商务的基础,缺少了医药现代物流,电子商务过程就不完整。必须摒弃"重信息流、商流和资金流的电子化,而忽视物流电子化"的观念,大力发展医药现代物流,以推动电子商务的进一步发展。

① 医药现代物流是医药电子商务的重要组成部分　医药电子商务是商务活动的一种新形式,它通过采用现代信息技术手段,以数字化通信网络和计算机装置替代传统交易过程中纸介质信息载体的存储、传递、统计、发布等环节,从而实现商品和服务交易以及交易管理等活动的全过程无纸化,并达到高效率、低成本、数字化、网络化、全球化等

目的。医药电子商务是实施整个贸易活动的电子化；电子化的对象是整个交易过程，包括信息流、商流、资金流，还包括医药现代物流；电子化的工具也不仅仅指计算机和网络通信技术，还包括叉车、自动导向车、机械手臂等自动化工具。医药现代物流电子化应是医药电子商务概念的组成部分，缺少了现代化的医药现代物流过程，医药电子商务过程就不完整。

② 医药现代物流是医药电子商务概念模型的基本要素　医药电子商务概念模型是由医药电子商务实体、电子市场、交易事务和信息流、商流、资金流、医药现代物流等基本要素构成。其中医药电子商务实体是指能够从事医药电子商务的客观对象，如医药企业、银行、药店、政府机构和个人等；电子市场是指医药电子商务实体从事医药产品和服务交换的场所，由各商务活动参与者通过通信网络连接成一个统一的整体；交易事务是指医药电子商务实体之间所从事的具体商务活动的内容，如查询价格、网上支付、广告宣传、货物运输等。

医药电子商务中的任何一笔交易，都包含着基本的"流"，即信息流、资金流和物流。其中信息流是有关药品价格、促销、资信、贸易单证、货运跟踪、储存、流通加工、配送、售后服务等方面的信息流通；商流是指药品在购、销之间进行交易和药品所有权转移的运动过程，具体是指药品交易的一系列活动。资金流主要是指资金的转移过程，包括付款、转账等过程。在医药电子商务下，以上"三流"的处理都可以通过计算机网络实现。对于服务来说，可以直接通过网络传输的方式进行配送，如药品使用说明、信息咨询服务、药品数据库等。而对于大多数药品来说医药现代物流仍要通过传统方式转输，但由于机械化自动化程度的提高，准确、及时的医药现代物流信息对医药现代物流过程的监控，将使物流速度加快、准确率提高，并能有效地减少库存，缩短生产周期。

③ 医药现代物流是实现医药电子商务的保证　目前的医药电子商务是靠网上订货，用传统医药现代物流体系送货。许多网上药店由于解决不了物流问题，往往限制送货范围，从而失去了医药电子商务的跨地域优势；或者要求消费者除支付药品费用外，还要额外支付邮寄费，迫使消费者放弃医药电子商务，选择更为安全可靠的传统购药方式。由此可见，医药现代物流是实施医药电子商务的关键所在。

a. 医药现代物流保障生产。无论是在传统的贸易方式下，还是在医药电子商务下，生产都是药品流通之本，而生产的顺利进行需要各类医药现代物流推动支持。生产的全过程从原材料的采购开始，就要求有相应的医药现代物流活动，使所采购的材料到位；在生产的各工艺流程之间，需要原材料、半成品的物流过程，即生产物流，以实现生产的流动性；部分余料、可重复利用的物资的回收，就需要回收物流；废弃物的处理则需要废弃物物流。可见，整个生产过程实质上就是系列化的医药现代物流活动。现代化的医药物流，通过降低成本、优化库存结构、减少资金占压、缩短生产周期等一系列活动，保障了现代化生产的高效进行。相反，缺少了现代化的医药物流，生产将难以顺利进行，医药电子商务无论是多么便捷的贸易形式，仍将难以实施。

b. 医药现代物流服务于商流。在商流活动中，药品所有权在购销合同签订的那一刻起，便由供方转移到需方，而药品实体并没有因此而转移。在传统的交易过程中，除了非实物交割和期货交易，一般的商流都伴随着相应的物流活动，即药品由供方向需方转移。而在医药电子商务下，消费者通过网上购物，完成了商品所有权的交割过程，即商流过程。但电子商务的活动并未结束，只有药品及其服务真正转移到消费者手中，商务活动才告以终结。总之，先有商流，才有医药现代物流，但没有医药现代物流，商流也就无从实现。

c. 医药现代物流是实现"以顾客为中心"理念的根本保证。医药电子商务的出现，在最大程度上，方便了最终消费者。买卖双方通过网络进行商务活动，降低了交易成本，提高了交易效率。若缺少了现代化的医药现代物流技术，药品迟迟不能到达消费者手中，医药电子商务给消费者带来的购药便捷等于零，消费者必然会转向他们认为更为安全的传统购药方式，因此，医药现代物流是电子商务中实现以"以顾客为中心"理念的最终保证。

(2) 医药电子商务的发展促进医药现代物流的完善　电子商务作为医药企业的一种新的数字化生存方式，大大简化了业务流程，降低了企业运作的成本，提高了服务、产品、信息、决策反馈的及时性。同时医药电子商务的发展也极大地促进了现代物流的完善[1]。

① 物流虚拟化　医药电子商务为物流创造了一个虚拟性的运动空间。在医药电子商务的状态下，物流的各种职能及功能可以通过虚拟化的方式表现出来，在这种虚拟化的过程中，人们可以通过各种组合方式，寻求物流的合理化，使商品实体在实际的运动过程中，达到效率最高、费用最省、距离最短、时间最少的功能。

② 物流网络化

a. 医药电子商务可使物流实现网络的时时控制。传统的物流活动在其运作过程中，不管其是以生产为中心，还是以成本或利润为中心，其实质都是以商流为中心，从属于商流活动，因而物流的运动方式是紧紧伴随着商流来运动。而在医药电子商务下，物流的运作是以信息为中心的，信息不仅决定了物流的运动方向，而且也决定着物流的运作方式。在实际运作过程中，通过网络上的信息传递，可以有效地实现对物流的时时控制，实现物流的合理化。

b. 网络对物流的时时控制是以整体物流来进行的。在传统的物流活动中，虽然也有依据计算机对物流时时控制，但这种控制都是以单个的运作方式来进行的。比如，在实施计算机管理的物流中心或仓储企业中，所实施的计算机管理信息系统，大都是以企业自身为中心来管理物流的。而在医药电子商务时代，网络全球化的特点，可使物流在全球范围内实施整体的时时控制。电子商务高效率和全球性的特点，带动物流达到良好的交通运输网络、通信网络等设施得到最基本保证的目标。

③ 物流社会化　医药电子商务将改变物流企业对物流的组织和管理。在传统经济条件下，物流往往是从某一企业来进行组织和管理的，而医药电子商务则要求物流以社会的角度来实行系统的组织和管理，以打破传统物流分散的状态。这就要求企业在组织物流的过程中，不仅要考虑本企业的物流组织和管理，而且更重要的是要考虑全社会的整体系统。这就要求物流企业应相互联合起来，在竞争中形成一种协同竞争的状态，以实现物流高效化、合理化、系统化。不少小规模的物流企业共同出资建立配送中心，全面地使装卸、保管、运输、信息等物流功能协作化。

④ 物流现代化

---

[1] 电子商务物流与西部大开发 [EB/OL]. (2006-08-11) [2008-03-20]. http://www.ccper.com/article/yywlyjzxjd-wk/200608/20060811101804.html.

a. 医药电子商务将促进物流基础设施的改善。医药电子商务高效率和全球性的特点，要求物流也必须达到这一目标。而物流要达到这一目标，良好的交通运输网络、通信网络等基础设施则是最基本的保证。

b. 医药电子商务将促进物流技术的进步。物流技术主要包括物流硬技术和软技术。物流硬技术是指在组织物流过程中所需的各种材料、机械和设施等；物流软技术是指组织高效率的物流所需的计划、管理、评价等方面的技术和管理方法。从物流环节来考察，物流技术包括运输技术、保管技术、装卸技术、包装技术等。物流技术水平的高低是实现物流效率高低的一个重要因素，要建立一个适应医药电子商务运作的高效率的物流系统，加快提高物流的技术水平则有着重要的作用。

c. 医药电子商务将促进物流管理水平的提高。物流管理水平的高低直接决定和影响着物流效率的高低，也影响着医药电子商务高效率优势的实现问题。只有提高物流的管理水平，建立科学合理的管理制度，将科学的管理手段和方法应用于物流管理当中，才能确保物流的畅通进行，实现物流的合理化和高效化，促进医药电子商务的发展。电子商务要求物流管理人员不仅具有较高的物流管理水平和具备较高的电子商务知识，并且在实际的运作过程中能有效地将两者结合在一起❶。

7.2 医药电子商务物流技术

医药电子商务通过快捷、高效的信息处理手段可以比较容易地解决信息流（信息交换）、商流（所有权转移）和资金流（支付）的问题，而将商品及时地配送到客户手中，即完成商品的空间转移（医药现代物流），才标志着医药电子商务过程的结束。因此，医药现代物流系统效率的高低是医药电子商务成功与否的关键，而医药现代物流效率的高低很大程度上取决于医药现代物流现代化的水平。医药现代物流现代化中最重要的部分是医药现代物流信息化。现代社会已步入信息化时代，医药现代物流的信息化是整个社会信息化的必然要求。医药现代物流信息化是医药电子商务医药现代物流的基本要求，是医药企业信息化的重要组成部分，表现为医药现代物流信息的商品化、医药现代物流信息收集的数据化和代码化、医药现代物流信息处理的电子化和计算机化、医药现代物流信息传递的标准化和实时化、医药现代物流信息存储的数字化等。医药现代物流信息化能更好地协调生产与销售、运输、储存等环节的联系，对优化供货程序、缩短医药现代物流时间及降低库存都具有十分重要的意义。

医药现代物流的现代化需要借助于先进的医药现代物流信息技术才能实现。医药现代物流信息技术是指现代信息技术在医药现代物流各个作业环节中的应用，是医药电子商务医药物流中极为重要的领域之一，尤其是飞速发展的计算机网络技术的应用使医药现代物流信息技术达到新的水平。医药现代物流信息技术是医药现代物流现代化的重要标志，也是医药现代物流技术中发展最快的领域。从数据采集的条形码系统到配送跟踪的GPS（全球卫星定位系统），乃至货物配载和运输规划的决策支持工具，以及用于客户服务、信息查询和反馈的计算机网络和通信系统硬件、软件都在日新月异地变化着。同时，随着医药现代物流信息

---

❶ 孟令权，刘艳杰，周莹，徐赞美. 医药电子商务与现代物流[J]. 中国药业，2007，16（8）：21-22.

技术的不断发展，产生了一系列新的医药现代物流理念和新的医药现代物流经营方式，从而推进了医药现代物流的变革❶。

7.2.1 条码技术

在现代医药现代物流活动中，为了能迅速、准确地识别商品，自动读取有关商品的信息，条码技术（bar code）被广泛应用。条码技术是在计算机的应用实践中产生和发展起来的一种自动识别技术，它是为实现对信息的自动扫描而设计的。它是实现快速、准确而可靠地采集数据的有效手段。条码技术的应用解决了数据录入和数据采集的"瓶颈"问题，为供应链管理提供了有力的技术支持。

条码技术像一条纽带，把产品生命期中各阶段发生的信息连接在一起，使企业在激烈的市场竞争中处于有利地位。条码技术为人们提供了一种对医药现代物流中的物品进行标识和描述的方法，借助自动识别技术、POS 系统、EDI 等现代技术手段，企业可以随时了解有关产品在供应链上的位置，并及时做出反应。当今在欧美等发达国家兴起的自动连续补货等供应链管理策略，都离不开条码技术的应用。条码是实现 POS 系统、EDI、医药电子商务、供应链管理的技术基础，是医药现代物流管理现代化、提高企业管理水平和竞争能力的重要技术手段。

未来的电子商务将是产品的产、供、销一体化的过程，物流条码在其中扮演了一个很重要的角色。产品从生产厂家出来后，要经过包装、运输、仓储、分拣、配送等众多环节才能到达零售商店，物流条码应用于这些众多的环节之中，实现了对物品的跟踪和数据的共享。由图 7-2 可看出，物流条码给仓储现代化带来了更多的方便，不仅在国际范围内为产品提供了一套可靠的代码标识体系，而且为贸易环节提供了通用语言，为电子数据交换 EDI 奠定了基础。

7.2.2 射频识别技术

射频识别（radio frequency identification，RFID）技术的核心是电磁理论的运用。不同于条码技术，其优点是不局限于视线，识别距离比光学系统远，是非接触式自动识别技术的一种。射频识别技术适用于物料跟踪、运载工具和货架识别等要求非接触数据采集和交换的场合和领域，对于需要频繁改变数据内容的场合也极为适用。

RFID 俗称电子标签。对 ERP（企业资源规划）和 SCM（供应链管理）系统来说，RFID 是一种革命性的突破。它的精确化管理将触角伸到了企业经营活动的每一个环节，使生产、存储、运输、分销、零售等各方面的管理都将变得过去无法想象的便利。过去的物料编号无法实现对单一部件的跟踪，而今天，物料的精确化管理却将触角伸到了每一个环节的每一个部件，无论是质量控制、自动化管理、产品的生命周期管理都将变得非常有效而且便利，例如，对产品次品率的分析可以将次品来源定位在某一点，而仓库中的某一个产品也不会因为同一类产品的数量过多而被单独过久放置。

7.2.3 电子订货系统

电子订货系统（electronic ordering system，EOS）是指企业间利用通信网络（VAN 或

---

❶ 乜琳，池海洋. 浅谈电子商务中的物流信息技术［J］. 商业文化（学术），2007（5）：232-233.

互联网）和终端设备以在线联结（on-line）的方式进行订货作业和订货信息交换的系统。

EOS 按应用范围可分为企业内的 EOS（如连锁店经营中各个连锁分店与总部之间建立的 EOS 系统），零售商与批发商之间的 EOS 系统以及零售商、批发商和生产之间的 EOS 系统。

EOS 系统的功能体现在以下几方面：第一，它可以缩短订购商品的交货期，减少处理商品订单的出错率并节省人工费；第二，有利于提高库存管理效率，准确判断商品销量，以便企业调整商品生产和销售计划；第三，有利于提高物流信息传递的效率，使各个业务信息子系统之间的数据交换更加便利。

7.2.4 电子数据交换技术

电子数据交换技术（electronic data interchange，EDI）是指不同企业间为了提高经营活动的效率在标准化的基础上通过计算机联网进行数据传输和交换的方法。

EDI 电子商务系统是指按照同一规定的一套近乎标准格式，将标准的经济信息，通过通信网络运输，在贸易伙伴的电子计算机系统之间进行数据交换和自动处理。EDI 的主要功能表现在电子数据传输和交换、传输数据的存储；报文书数据标准格式的转换、安全保密、提供信息查询、提供技术咨询服务信息增值等。EDI 主要采用的通信方式又称为在线系统（on-line system），是指通过利用（租用）通信公司的通信线路连接分布在不同地点的计算机终端形成的信息传递交换网络。

7.2.5 内联网/互联网

内联网（Intranet）是企业内部的管理信息系统平台，企业的日常事务处理、信息共享、协同计算都是建立在 Intranet 上，它使以往大部分由企业部门内部独立运作的个人计算机系统连接在一起，以更方便的方式来集成企业内部各类信息，减少人工费用和环节，达到企业内部各部门之间数据的无缝连接。而互联网（Internet）则使得企业间的数据传送更便捷。通过建立互联网上的 Web，可以完成对在不同地域的分销商、分支机构、合作伙伴的信息沟通与协作，实现对重要供应商的实时互动访问、信息收集；可以用于实现企业的在线进行售前、售中、售后服务和金融交易。Intranet 和互联网使得企业内部信息和企业间信息交换最大限度地实现集成，它的优点是成本低，但安全性相对 EDI 来讲要差，故基于 Intranet 和互联网的物流信息系统必须注意网络安全问题。

7.2.6 自动跟踪技术

自动跟踪技术包括地理信息系统（geographical information system，GIS）技术和全球定位系统（global positioning system，GPS）技术。

（1）地理信息系统技术　GIS 是 20 世纪 60 年代开始迅速发展起来的地理学研究新成果，是多种学科交叉的产物，它以空间数据为基础，采用地理模型分析方法，适时地提供多种空间的和动态的地理信息。其基本功能是将表格型数据转换为地理图形显示，然后对显示结果浏览、操作和分析。其显示范围可以从洲际地图到非常详细的街区地图，显示对象包括人口、销售情况、运输线路以及其他内容。

GIS 用于物流分析，主要是指利用 GIS 强大的地理数据功能来完善物流分析技术。国外公司已经开发出利用 GIS 为物流分析提供专门分析的工具软件。完整的 GIS 物流分析软件集成了车辆路线模型、最短路径模型、网络物流模型、分配集合模型和设施定位模型等。

地理信息系统是在计算机硬、软件系统支持下，对现实世界（资源与环境）各类空间数据及描述这些空间数据特性的属性进行采集、储存、管理、运算、分析、显示和描述的技术系统，它作为集计算机科学、地理学、测绘遥感学、环境科学、城市科学、空间科学、信息科学和管理科学为一体的新兴边缘学科而迅速地兴起和发展起来。

在 GIS 中，空间信息和属性信息是不可分割的整体，它们分别描述地理实体的两面，以地理实体为主线组织起来。现在网络地理信息系统（Web-GIS）的兴起更使其被越来越多的商业领域用来作为一种信息查询和信息分析工具，GIS 技术本身也融入了这些商业领域的通用模型（如 ARC/INFO 的网络分析模块），因而 GIS 技术在各个商业领域的应用在深度上和广度上不断发展。事实上，凡是涉及地理分布的领域都可以应用 GIS 技术。

（2）全球定位系统技术　GPS 是美国历时 20 年，耗资 200 亿美元于 1994 年全面建成的，具有在海、陆、空进行全方位实时三维导航与定位能力的新一代卫星导航和定位系统。随着 GPS 的不断改进，硬、软件的不断完善，应用领域正在不断地开拓，目前已遍及国民经济各个部门，并开始逐步深入人们的日常生活。GPS 系统包括三大部分：空间部分、地面控制部分、用户设备部分。如今，GPS 在物流领域已经渐渐得到了普遍的应用。

全球定位系统（GPS）原是美国国防部为了军事定时、定位与导航所发展的无线电导航系统，后来逐渐扩展到民用领域。GPS 系统由卫星、地面控制站及 GPS 接收机三部分组成。在由 24 颗以上卫星组成的导航系统覆盖下，地球上任意一点的 GPS 接收机都可以在极短的时间内根据所接收到的 3 颗以上（一般情况）卫星信息计算出当前的位置。

GPS 系统的基本工作原理是：通过 GPS 接收机的天线接收卫星发出的导航信号，经接收机解调处理，从中提取卫星星历、距离和距离变化率、时钟校正、大气校正参量等参数解算出载体所处的经纬度坐标，再将经纬度坐标传送给地面控制中心，地面控制中心的总控程序将经纬度坐标换算成地方平面直角坐标，并在具有相同坐标系的电子地图上显示其当前位置，连续的接收、显示就真实地再现了接收机载体的动态轨迹。

7.2.7 便携式数据终端

便携式数据终端是一种集成了掌上电脑和条码扫描功能的设备，配置有中央处理器、内存、键盘、显示屏、条码扫描电机、电池等部件，可执行条码扫描、数据存储、数据处理、数据通信等功能。它采集到的数据，可通过通信基座或无线网络方式，与主机系统进行数据交换。由于它具有轻便小巧、便于携带的特点，可广泛用于仓储物流、库存盘点、移动作业等领域。例如，在药品零售业，工作人员可以使用它进行库存盘点、货物接收、药品价格核查；销售人员可以携带它拜访客户、查询价格、扫描药品条码信息、输入订单，并将订单信息传送到公司总部；技术人员则可通过它查询配置信息、更换配件，并可接受订单、跟踪货物；资产维护人员则可携带它前往固定资产和关键设备的现场，识别资产编号、输入仪表数据，从而轻松地实现移动抄表和资产管理等功能；医护人员在查看病房或家庭出诊前，把它联到网络或主机，下载病人信息，然后在病床前扫描新病历进行数据更新，工作结束后，再把数据传送回主机系统。

7.3 医药电子商务物流中心

随着中国加入WTO，我国医药市场已成为全球医药市场的有机组成部分，国内医药行业亦面临更为激烈的竞争局面。要在竞争中赢得优势，占有更多份额，就必须进行多元化发展，寻找新的利润增长点。作为"第三利润源"的医药物流，正是医药行业利润的新源泉。医药电子商务物流中心的应运而生，既是医药行业发展的需要，也是国内外医药行业发展趋势的使然。

7.3.1 医药电子商务物流中心概述

医药电子商务物流中心是集现代通信技术、信息技术、计算机技术和网络技术为一体的物流中心。通过这些技术在物流中心活动中的应用，不仅有利于提高物流中心的科学管理水平，而且有利于降低物流中心的成本和费用。物流中心的主要功能包括运输、仓储、装卸、搬运、包装、流通加工、物流信息处理等。物流中心的主要作用表现在实现了公路、铁路等多种不同运输形式的有效衔接。综合物流中心对提高物流水平的作用主要表现在缩短了物流时间，提高了物流速度，减少了多次搬运、装卸、储存环节，提高了准时服务水平，减少了物流损失，降低了物流费用。物流中心对促进城市经济发展的作用主要表现在降低物流成本和降低企业生产成本，从而促进经济发展方面，以及完善物流系统在保证供给、降低库存从而解决企业后顾之忧方面的作用。

医药电子商务物流的作业流程如图7-1所示。

7.3.2 医药电子商务物流中心的种类

医药电子商务物流中心可以从不同的角度进行划分，可有不同的分类结果。

① 按医药电子商务物流中心的功能划分可以分成集货中心、配送中心、集配中心、转运中心、储备中心、加工中心等。

集货是将零散货物聚集成批量货物的一种经济活动。专门从事这种活动的物流中心一般称为集货中心。建立集货中心的目的是使原来分散的、小批量的、规格质量混杂的不容易进行批量运输和销售的货物，经过集货中心处理，形成批量运输的起点。从而实现大批量、高效率、低成本和快速的物流运作。集货中心要有效地完成自身的职能。

专门从事物流配送业务活动的物流中心称为配送中心。配送中心的主要功能是实现货物的分散。通过对货物储存、分拣、整理、配送等一系列物流活动送给客户。

集配中心是指将集货中心和配送中心合为一体的物流中心。它既具有集货的功能，又具有配送的功能。

② 按医药电子商务物流中心的社会化程度划分可以分成社会物流中心、企业物流中心等。

社会物流中心是从整个国民系统的要求出发，根据社会物流规模的数量及交通通信状况等条件，建立的开放式经营型的专门从事物流活动的物流中心。一般来说，社会物流中心主要建立在中心城市，根据客户的需要，进行货物的接受、分拣、整理、储存、包装、配送等一系列物流活动。

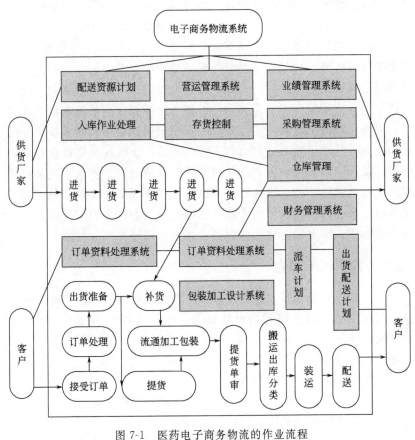

图 7-1 医药电子商务物流的作业流程

计算机管理作业流程； 商品实物作业流程

企业物流中心是指企业从自身生产经营活动的需要出发，根据自身生产经营活动的规模和区域等条件，建立专门为企业自身提供物流服务的物流中心。

③ 按医药电子商务物流中心的综合程度划分可以分成综合物流中心、专业物流中心等。

综合物流中心是指提供多种物流服务项目的物流中心。

专业物流中心是指提供一类或几类货物物流业务或能提供一种或几种物流服务项目的物流中心。

④ 按医药电子商务物流中心的地理区域划分可以分成区域物流中心、城市物流中心等。

区域物流中心是以某个区域作为主要服务对象的物流中心，既可以是集货中心和配送中心，又可以是集配中心。

城市物流中心是以某个城市为主要服务对象的物流中心，大都为配送中心。

7.4 医药第三方物流

近几年来，国内医药物流业全面启动，国家有关部门已在北京、上海、重庆、武汉等地批准了 10 个项目发展医药物流。这些医药物流企业主要是一些大的医药企业集团内部自建的物流平台，如九州通医药有限公司、北京双鹤医药有限公司、太极集团等，其服务内容主要集中在药品运输和仓储两大传统物流项目,而非真正意义上的第三方物流服务。从全国制药行业来看,采用第三方物流方式的比例还比较低。主要原因是多数第三方物流企业为非专业药品物流企业,或只能提供运输、仓储等部分服务,而客户需要的是更多的综合性服务,甚至包括非物流范畴的服务;而最有条件成为药品专业物流企业的是医药商业公司即医药批发企业,但其物流业尚处于起步阶段。因此,许多大型的医药企业自建物流配送网络。

然而,医药企业自营物流存在很多弊端,不仅人为增加了药品流通环节和交易层次,降低了物流效率,提高了药品流通费用,还分散了企业应用在药品创新、技术开发和生产管理等核心业务上的精力,导致了核心竞争力的下降。目前,不少药品生产企业看到了在物流方面可挖掘的潜力,认识到依靠第三方物流公司运用专业的装卸、拣选、包装设备,以及现代化的信息管理系统和高效快捷的运送体制,可以降低物流成本,实现药品流动情况的随时监控,改善和提高物流服务的质量,从而大幅度提高企业核心竞争力。可以说,在医药流通领域改变传统的物流模式,接受第三方物流服务,是大势所趋,不可回避。

7.4.1 医药第三方物流的界定

目前对于第三方物流解释很多,在国外第三方物流也称为"外协物流"或"契约物流",是 20 世纪 80 年代中期才在欧美国家出现的概念。在我国 2001 年公布的国标《物流术语》中,将第三方物流(third-party logistics,TPL,3PL)定义为"由供方与需方以外的物流企业提供物流服务的业务模式",也就是相对于"第一方"发货人和"第二方"收货人的"第三方"。所谓第三方物流是指生产经营企业为集中精力搞好主业,把原来属于自己处理的物流活动,以合同方式委托给专业物流服务企业,同时通过信息系统与物流企业保持密切联系,以达到对物流全程管理控制的一种物流运作与管理方式[1]。

TPL 既不属于第一方,也不属于第二方,而是通过与第一方或第二方的合作来提供其专业化的物流服务,它不拥有商品,不参与商品的买卖,而是为客户提供以合同为约束、以结盟为基础的系列化、个性化、信息化的物流代理服务。最常见的 3PL 服务包括设计物流系统、EDI 能力、报表管理、货物集运、选择承运人、货代人、海关代理、信息管理、仓储、咨询、运费支付、运费谈判等。由于它的服务方式一般是与企业签订一定期限的物流服务合同,所以有人称第三方物流为"合同契约物流(contract logistics)"。

第三方物流内部的构成一般可分为两类:资产基础供应商和非资产基础供应商。对于资产基础供应商而言,他们有自己的运输工具和仓库,他们通常实实在在地进行物流操作。而非资产基础供应商则是管理公司,不拥有或租赁资产,他们提供人力资源和先进的物流管理系统,专业管理顾客的物流功能。广义的第三方物流可定义为两者结合。因此,对物流各环节如仓储、运输等的严格管理,再加之拥有一大批具有专业知识的物流人才,使得他们可以有效地运转整个物流系统。故而,第三方物流又称为"物流联盟(logistics alliance)"。

(1)第三方物流的产生是社会分工的结果 在一系列新型管理理念的影响下,各企业为增强市场竞争力,而将企业的资金、人力、物力投入到其核心业务上去,寻求社会化分工协作带来的效率和效益的最大化。专业化分工的结果导致许多非核心业务从企业生产经营活动中分离出来,其中包括物流业。将物流业务委托给第三方专业物流公司负责,可降低物流成本,完善物流活动的服务功能。

---

[1] 第三方物流 [EB/OL]. [2008-03-28]. http://baike.baidu.com/view/3128.htm?fr=topic.

（2）第三方物流的产生是新型管理理念的要求　进入20世纪90年代后，信息技术特别是计算机技术的高速发展与社会分工的进一步细化，推动着管理技术和思想的迅速更新，由此产生了供应链、虚拟企业等一系列强调外部协调和合作的新型管理理念，既增加了物流活动的复杂性，又对物流活动提出了零库存、准时制、快速反应、有效的顾客反应等更高的要求，使一般企业很难承担此类业务，由此产生了专业化物流服务的需求。第三方物流的思想正是为满足这种需求而产生的。它的出现一方面迎合了个性需求时代企业间专业合作（资源配置）不断变化的要求，另一方面实现了进出物流的整合，提高了物流服务质量，加强了对供应链的全面控制和协调，促使供应链达到整体最佳性。

（3）第三方物流产生的逻辑基础　物流研究与物流实践经历了成本导向、利润导向、竞争力导向等几个阶段。将物流改善与竞争力提高的目标相结合是物流理论与技术成熟的标志，这是第三方物流概念的出现。

（4）第三方物流产生的历史基础　物流领域的竞争激化导致综合物流业务的发展。随着经济自由化和贸易全球化的发展，物流领域的政策不断放宽，同时也导致物流企业自身竞争的激化，物流企业不断地拓展服务内涵和外延，从而导致第三方物流的出现❶。

7.4.2　医药第三方物流的运作模式

（1）生产企业主体型　生产企业主体型的第三方医药物流是以医药生产企业为主要服务对象的第三方物流业务模式。

① 第三方物流企业建立医药物流配送中心，集合众多医药生产企业的物流业务，一方面提供药品的仓储管理，另一方面在配送中心内分拨、拣选药品，并设计出最佳运输路线，承担药品的全程运输、配送（自营或外包运输），以及逆向物流等增值服务。而生产和流通企业间信息流和资金流的往来通过第三方的信息平台实现对接，实现信息共享，使操作更加透明化。

这一种选择对于医药生产企业而言最大的好处就是不用投入大量资本去建设物流设备，包括运输车辆、配送中心、专业化仓库等，医药行业的特殊性，造成对这些设备严格的要求，因此这项投资是巨大的。少了这些投资，医药生产企业就可变固定资本为可变资本，增加资金的流动性；并可降低与物流相关的管理、人工费用；降低库存占用资金等；同时，促使生产企业更集中精力于药品的研发和生产，增强其核心竞争力。而第三方物流企业可集合大量业务于一体，发挥规模效应，使物流资源得到充分利用；同时，规模化也增强了第三方企业运输价格的竞争力，以及通过综合设计路线降低空载率等，在降低物流总成本的基础上，使客户的个体费用降低。但完全的物流外包不仅需要第三方物流企业在信息技术、管理能力等方面均有较强的控制力；更需要双方的信任及配合，因为完全外包意味着医药生产企业将失去物流控制权，这必然触及到企业内部的利益矛盾等问题，这是物流外包的最大阻力。

② 医药生产企业自建仓库或物流配送中心，第三方物流企业的职责可以变为"管理者"。实际上就是承担生产企业物流部门的职能，从供应链管理角度协助企业的成品物流操作，如仓库管理、运输路线设计、承运人选择、采购管理等，也可与自己的物流设施相配合以实现双赢，或第三方物流企业只提供运输服务，仓库由生产企业自行管理。

---

❶　第三方物流的准确定义［EB/OL］．（2006-09-13）［2008-03-28］．http：//zhidao.baidu.com/question/12026383.html? fr=qrl．

这一种选择的利弊较为明显：企业掌握物流控制权，第三方物流企业仅是参谋者的角色，尽管可以负责具体操作，但最终决策权仍属于生产企业；同时，如能与第三方物流企业的资源实现高效配合，其效率将得到进一步提高。但自营物流的固定成本将大大增加，资金的流动性受到影响，物流管理费、人工费的支出也将增加，分流了企业用于研发、生产的资金投入；同时还容易产生多头管理的问题，如企业的管理者与第三方物流管理者不能很好地协调和配合，会降低物流的运作效率。如果第三方物流企业负责运输或仓储，就不会产生管理上的矛盾冲突，但这并非真正意义上的第三方医药物流，只是第三方运输或第三方仓储，这在我国第三方物流发展的初级阶段是普遍存在的，也是我国第三方医药物流服务向专业化过渡的必然阶段。

(2) 批发企业主体型　这一类型中同样存在自建物流配送中心和完全外包物流两种情况，其运作方式和优劣势比较和生产企业主体型相似，故不再分类阐述。

针对医药批发企业的第三方医药物流，其理想的运作模式是：由第三方物流企业投资组建医药物流配送中心，接受或负责运输生产企业到物流配送中心的药品，严格管理库存，并在接到批发企业的指令后分拨、拣选所需配送的药品，然后集合多家企业的配送要求为一体，设计最佳的组合路线向医药零售企业和医院药房配送药品。这不仅能合理利用资源，提高车辆的有效运载率，避免交叉运输，从而降低了运杂费，使个体物流成本大大降低，同时，第三方企业还可以作为客户的信息收集者，为客户业务的开展提出合理化建议。

这一模式对医药批发企业的好处在于，从复杂的多品种、少批量药品物流操作活动中解脱出来，更专注于搞好与上下游企业的沟通、联系，一方面开发更多的客户，使销售额快速增长，另一方面实现批量采购，降低药品的购进价，在吸引更多的零售企业向其购买要药品，这一良性循环将使批发企业在流通领域的竞争力大大增强。

从另一方面说，大型医药批发企业可以向第三方医药物流方向发展，其具有一定的先天优势本身就有一定的专业性，物流网络初步形成，配送中心有一定的配送能力，规模优势明显，而且其自身在发展过程中有着和第三方医药物流相同的发展目标——建立供应链，提高物流效率，降低成本。最好的方式就是，这种模式的第三方医药物流公司是由医药批发企业发展而来的，再反过来为医药批发企业服务，这样，两者的合作关系会更为和谐，这样发展而来的第三方物流公司能完全了解医药批发企业的运作流程，就能提供更为符合需求的服务。

(3) 零售企业主体型　由于国家对医药零售连锁企业的运作监管较严，使得第三方医药物流在药品零售市场的开展十分困难。医药零售连锁企业的物流配送与生产、批发企业的物流运作有很大的差异：首先，生产和批发企业的一次物流量大于零售企业，零售企业配送品种多、数量少的特点非常突出；再者，零售药店作为药品销售的终端，与消费者直接联系，管理更为严格。因此，为规范药品零售市场的经营活动，国家对医药零售连锁企业门店的药品配送有严格规定。目前医药零售连锁企业大都需要自建药品配送中心。

然而，并不是每家药品零售连锁企业尤其是中小型药品零售连锁企业都有必要建立自己的配送中心。如果自建配送中心不利于规模经营和资源的优化配置，就应该选择物流外包。从这个角度来说，目前的政策在很大程度上是不符合医药市场发展需求的。对于大型医药零售连锁企业而言，物流配送能力是其核心竞争力的具体体现，自建配送中心有其合理性，但跨区域开设门店，对于销售规模较小的地区，选择外包物流更为实际。限于政策规定，药品零售环节的第三方物流只能局限在简单的药品运输上,但随着零售企业物流外包需求的增加,以及国家政策的修改、完善,服务于医药零售连锁企业的第三方物流也是可以发展壮大的。

(4) 混合型　上述三种运作模式比较单一化,是针对具体某一类型的医药企业而言。为扩大经营范围,第三方医药物流服务提供商可以同时为医药生产企业和流通企业服务,但其复杂性也随之增加——如何分配物流配送中心的空间、如何实现药品内部和外部的药品流动,并降低差错率等问题,都向第三方物流企业提出了更为严格的要求。因此,与前三种单一运作模式相比,混合型的运作模式更复杂,对第三方物流企业的要求也更高。混合型模式是以上三种模式的综合,虽然复杂,但却比较适合市场的需要,它不仅能像上面三种模式的企业做医药行业同一环节企业间的资源整合,还可以在整个医药行业间进行资源整合,更容易实现规模效益。同时,商流在一家第三方医药物流企业的客户间流动时,物流就会在这家第三方物流企业内部流动,大大降低了物流活动成本,实现了商流与物流的分离❶。

7.4.3　医药第三方物流托管

随着我国医药市场客户需求越来越个性化,为客户快速、准确地提供药品配送服务成为医药流通企业赢得市场竞争的重要方式。现阶段,我国大多数的医药流通企业仍然通过采取自营仓库、车队的方式为客户提供药品物流服务,而这种经营方式最大的难点就在于物流成本居高不下、客户服务始终处于较低的水平,很难满足企业在未来市场中的竞争。在这种背景下,选择一家有实力的第三方物流企业参与企业的物流运作是国内大多数医药流通企业的战略选择。

(1) 医药物流托管兴起的背景　由于国内医药流通企业长期对物流不重视,导致物流部门普遍在企业中的地位不高、人员素质低下,而这又对企业的物流发展形成了阻碍,这样的一个结果就是物流成本居高不下、客户服务水平长期得不到提高,有些医药企业物流成本甚至占销售额的1.5%。同时,面对越来越多的大力发展物流配送服务的优秀医药企业,医药市场在产品与服务两方面同质化竞争激烈,市场份额不断被蚕食,许多小的医药公司现在是举步维艰。

另一方面,医药流通企业也看到了物流服务的重要性。但是心有余力不足,因为在一个思想老化、人员结构老化的企业里进行物流改革是非常艰难的,没有新的思想和血液注入,人员对原有的流程比较适应,不愿意接受新事物,所以虽然很多医药流通企业认识到自己的不足但是物流状况仍是得不到改善。

医药物流托管可以解决上述矛盾。

① 托管后可以节约物流成本。托管的首要目的就是节约成本。托管协议的签订是在保证节约物流成本的基础之上达成的。具体托管有关资金结算的问题在以下具体托管模式中有详细说明。

② 托管后有利于物流改革。从笔者的实际托管案例中可以看出,托管后的物流改革多涉及ERP系统、流程改革、配送改革三大方面。通过专业的物流专家主持企业的三大改革,可以实现改革后商品的差错率大幅降低,甚至能实现"百日无差错"的目标;配送及时率有

---

❶ 王雅璨,汝宜红,范文姬,陈艳. 我国第三方医药物流的发展环境和运作模式研究[J]. 物流技术,2007,26(6):23-26.

了提高，达到市内配送24小时内到位，市外配送48小时到位；通过流程优化，在人员、设备不大幅增加的前提下支撑更大的订单销售量，对于平均一天销售额为250万、订单量为1000张、客户数量为800家的业务量，能保证做到物流业务正常有序地进行。

③ 双方可在物流成本上实现共赢。对于托管双方在协议中商定的物流成本，作为受托方的盈利线。实际物流成本低于协议成本的，差额作为第三方物流企业的利润。根据笔者的经验，协议成本往往比医药企业自营成本要低30%左右。一个医药流通企业的物流托管项目，一年下来该企业的物流成本比托管前降低了近100万元。

(2) 医药物流托管的主要内容

① 人员的托管模式　人员是托管过程中最为棘手也是最为重要的因素。

人员的归属有两种主要方式，一种完全剥离原有公司，全部进入托管方的公司。一种是不完全剥离原有公司，在人事关系上仍然归属原有公司，但是人员的管理、考核由物流托管方统一管理。

a. 完全剥离的模式。物流人员的托管对象包括企业的验收、养护、装卸搬运、仓储保管、拣货发货、复核装箱、驾驶、押运、收款等物流相关岗位的人员。所有物流人员注入托管方企业，与受托方签订劳动协议，建立劳动关系，与原有委托方脱离关系。受托方对以上的物流人员有最终人事管理权。

b. 部分剥离的模式。物流人员的托管对象包括企业的验收、养护、装卸搬运、仓储保管、拣货发货、复核装箱、驾驶、押运、收款等物流相关岗位的人员。委托方对以上的物流人员有最终人事管理权；委托方有义务与物流人员签订劳动合同，并按受托方提出的要求处理物流人员的聘用、调动、辞退等事宜。未经受托方确认，委托方不得擅自进行物流人员的聘用、调动和辞退；当委托方提出物流人员的聘用、调动、辞退等要求时，受托方也应予以积极配合；受托方有权制定单独的物流托管人员工资、绩效考核标准，并对托管人员的工资和绩效进行考核；委托方要定期与受托方共同确定托管物流人员的名单，并根据名单在每月10日按受托方提供的托管人员工资、绩效考核表按时发放托管人员的工资和绩效奖金，代扣、代缴各项福利和税费。

② 设备的托管模式　设备主要包括原有企业的仓库、轻重型货架、空调、冷库、地架、老虎车、液压车、叉车、周转箱、箱式货车、电脑等。对于这些资产主要的托管模式如下。

委托方仍然享有自有的物流相关设备、设施的所有权和处置权；委托方有义务提供受托方现有运营所需的仓储库房、场地、车辆和其他物流设备、设施，与受托方签字确认委托管理的设备、设施清单，对于未来新的物流设施双方可以具体协商确定其归属问题。一般情况下对于大件物流设备如车辆、货价等可以考虑由委托方购买，受托方担负设备折旧。对于小件的低值易耗品受托方统一采购，摊入受托方财务账。受托方要根据GSP要求承担仓储库房、场地、车辆和其他物流设备、设施进行清洁和维护工作，一旦发现因为管理问题导致设备损坏、丢失的情况，受托方要承担全部经济责任。物流设备要定期地进行双方盘点、确认数量是否与初期托管时数量相符，如不相符受托方要查明原因，定期汇报双方财务部门。

(3) 物流成本、账户和资金的结算模式　费率的结算有两种方式：一是销售额提成法，托管方实际含税销售额（等于总含税销售额减去过票品种含税销售额）的一个百分比作为乙方的物流服务收入计入物流账户；二是节余额分成法，托管期间实际物流费用占销售额的比比上年下降数为节余额，双方协商分成节余金额。

托管双方约定的物流成本由仓储成本、运输成本、人工成本、管理成本四个部分组成。双方共同设立一个物流账户（具体明细科目不再详列），并以此账中的物流收入、成本和盈余作为双方的结算依据；双方每月 10 日进行对账。托管方有权利监督、检查乙方物流成本和资金的使用状况，并要求乙方提供物流成本明细。

对于大件的物流设备托管方应该按双方约定承担物流设备、设施的购置；受托方承担相应的折旧成本。托管方要设立物流成本管理的专项财务对接人员，并按受托方指派人员签字确认的借款凭证、物流成本报销凭证为受托方办理借款、物流费用报销和记账。未经受托方指派人员签字确认的借款和费用不应计入受托方的物流成本。

受托方有权利监督、检查物流账户的记账情况，并要求委托方进行对账；受托方有权指派人员签署物流费用报销凭证，未经受托方指派人员签字确认的借款和费用不得计入受托方的物流成本；受托方要保证物流账户中的资金是用于托管委托方的物流业务，受托方要记录物流成本明细账，并随时按委托方要求提供物流成本明细账的查询和核对。

（4）物流服务的管理　一旦托管后，原则上原公司的物流工作全部由受托方全全承担。受托方要注意在以下几个方面做好物流服务工作。

① 托管方一旦实行物流托管，要将原有物流服务业务全部交受托方管理，一般情况下保证不发生未经委托方确认擅自处理的物流作业的情况；受托方根据实际业务管理需要，要在托管业务范围内制定并实施相应的业务管理流程和制度。具体管理流程和制度由受托方提交，经双方签字确认后共同实施。

② 受托方要处理好 GSP 的认证和复查工作，并按国家 GSP 有关规定对验收、养护、保管、收发和配送管理进行监督、检查；要保证委托方交付货物的按时配送；委托方随时对受托方的物流服务进行考核，考核结果直接在服务费率中体现。

③ 对于医药快批企业来说，通常需要送货员收现款。在需要代收货款的情况下，送货员要按照送货回执单上注明的金额向客户收取货款，并在配送车辆回程后的 24 小时内将所收货款交托管方的财务部门。

医药流通行业早已进入微利时代，许多大型医药流通企业选择了在企业内大力发展信息化技术和医药物流中心，希望通过经营手段的信息化、药品配送的网络化、快速化实现企业的竞争力不断提高。那么，选择合适的第三方物流企业，进行物流业务的外包成为我国医药流通企业提高客户服务水平和控制物流成本的有效选择[1]。

7.4.4　医药第三方物流的延伸

根据实际物流承担方的不同，以及相关社会组织在物流过程中所扮演的角色不同，可以将这些物流形式分别称为不同方物流，例如，"第一方物流"、"第二方物流"、"第三方物流"、"第四方物流"以及"第五方物流"等。

（1）第一方物流（the first party logistics，1PL）　第一方物流是指由物资提供者自己承担向物资需求者送货，以实现物资的空间位移的过程。传统上，多数制造企业都自己配备有规模较大的运输工具（如车辆、船舶等）和运输自己产品所需要的仓库等物流设施，来实现自己产品的空间位移。

---

[1] 张涛，张凌辉. 浅谈第三方物流托管在医药流通行业的运用. [EB/OL]. (2006-08-21) [2008-03-28]. http://www.gotoread.com/article/? NewID=BDA618B7-BA91-4E54-AA95-141A39BD6668.

(2) 第二方物流（the second party logistics，2PL） 第二方物流是指由物资需求者自己解决所需物资的物流问题，以实现物资的空间位移。传统上的一些较大规模的商业部门都备有自己的运输工具和储存商品的仓库，以解决从供应站到商场的物流问题。

(3) 第四方物流（the fourth party logistics，4PL） 第四方物流就是将用户与各种第三方物流公司连接起来的中间商，它不一定要像第三方物流那样拥有固定设施、资产（车辆、仓库、设备等），但却能充分利用他人的资产和设备提供优化了的一揽子商业解决方法。第四方物流经营人必须拥有足够的专业知识和经验，能够提供最佳供应链管理模式，提高管理效率，降低营运成本，整合资源，理顺流程。第四方物流的产生，得益于第三方物流市场的蓬勃发展以及国际劳动分工、劳务外包的普及，是物流业发展到一定阶段的必然产物。尽管其中有业内人士怀疑咨询公司此举有进行圈地和独霸行业的嫌疑，然而，业界的广泛共识是，物流管理的日益复杂和信息技术的爆炸性发展，使得供应链管理的过程中的的确确需要一个"超级经理"来进行管理协调。而且，学术界、管理顾问公司、第三方物流公司和最终客户都认为对这种实体的需要是越来越强烈。它的主要作用应该是：对制造企业或分销企业的供应链进行监控，在客户和它的物流和信息供应商之间充当唯一"联系人"的角色。

为什么需要第四方物流？因为第三方物流缺乏跨越整个供应链运作以及真正整合供应链流程所需的战略专业技术。第四方物流可以不受约束地将每一个领域的最佳物流提供商组合起来，为客户提供最佳物流服务，进而形成最优物流方案或供应链管理方案。而第三方物流要么独自，要么通过与自己有密切关系的转包商来为客户提供服务，它不太可能提供技术、仓储与运输服务的最佳结合。

第三方物流和第四方物流的显著区别在于：第四方物流偏重于通过对整个供应链的优化和集成来降低企业的运行成本，而第三方物流则是偏重于通过对物流运作和物流资产的外部化来降低企业的投资和成本。也就是说第三方物流提供的是实质性的具体的物流运作服务，但其本身的技术并不高，而第四方物流提供的是最新的信息技术，为客户提供的技术增值服务。举例说明：供应商将货物装车运往需求方，同时将货物的运输过程交给第三方物流，第三方物流只安排货物的装车运输，但无法解决在运输过程中遇到各种问题（如交通阻塞、货物保全等），而第四方物流就是要全面地考虑到整个运输过程的最优化（如全球卫星导航系统可以及时发现路面情况，避免交通阻塞等），通过信息和技术的及时共享与交流，降低返程空驶率，减少不合理运输。

第四方物流是在第三方物流的基础上发展起来的，第四方物流提供的方案必须依靠第三方物流的实际运作来实现；第三方物流从第四方物流获得流程与方案的指导，也就是说第四方物流的发展离不开第三方物流，第四方物流是一个虚拟的信息平台，通过电子商务将整个程序集成起来，给客户提供包括电子采购、订单处理能力、虚拟库存管理等服务。

(4) 第五方物流（fifth-party logistics，5PL） 第五方物流是指在实际运作中提供电子商贸技术去支持整个供应链，并且能够组合各接口的执行成员为企业的供应链协同服务。它有三个特点：它是一个系统的提供者，它是一个优化者，它是一个组合者。所谓一个系统的提供者，即第五方物流是以IT技术为客户组合供应链上各个环节，将平台系统放进客户的实际运作中，收集实时资讯，以达到评估、监控、快速回顾运作信息的作用；所谓一个优化者就是，第五方物流可以促进物流标准化的实现；所谓一个组合者，就是第五方物流是一个用户之间可以寻求多种组合，构成多接口、多用户、跨区域、无时限的物流平台。

7.5 物联网

技术创新已成为世界各国抢占经济制高点和推动本国经济进步的战略核心，更是我国进行产业结构调整、经济模式升级、社会进步的重要推动力量。医药产业是创新聚集性产业，是研发投入最多的行业之一。产品创新与知识产权密切相关，与工艺创新相互依存，技术创新对产业成长阶段的促进作用既与创新的速度有关，也与产品、工艺、竞争和组织等方面密切关联。自 2008 年下半年全球金融危机爆发以来，在经济下滑与失业率上升等不利因素的影响下，许多国家都在试图谋求产业发展中的技术创新，以实现经济的快速恢复与振兴。在这样的背景下，经济发展的又一新驱动器——物联网（Internet of Things, IOT，也称为 Web of Things）诞生了。美国奥巴马总统就职后为了引领美国走出经济沼泽，提出将物联网作为振兴美国经济的两大武器之一（另一个是新能源）。2009 年 8 月 7 日温家宝总理到无锡微纳传感网工程技术研发中心视察时，也就物联网建设发表了重要讲话，提出了"感知中国"的物联网建设目标。物联网的应用必将为医药产业带来前所未有的迅猛发展，成为医药产业创新发展的"发动机"。

7.5.1 物联网技术

物联网的控制系统主要由 RFID（radio frequency identification，射频识别）、传感器、通信网关以及应用终端等组成。RFID 和传感器主要负责自动识别对象并能够获取相应的数据信息，把数据送到中央信息系统进行相关的数据处理；传感器通过通信网关与互联网建立起连接，主要由其嵌入式系统构成，由它负责建立网络连接和通信；应用终端相当于控制器，可以查看和控制远程执行采用任何可以接入互联网的设备。

物联网由应用层、支撑层、网络层、接入层、感知层共同组成，其中应用层主要负责完成服务的发现和服务呈现的工作；支撑层对网络资源进行认知，从而实现自适应传输的目标，本层主要实现对信息的表达与处理，最终实现语义互操作和信息共享；网络层为原有的互联网、电信网等，主要完成信息的远距离传输等功能；接入层主要完成各类设备的网络接入，主要强调接入网络的方式；感知层负责完成对数据的收集与简单的处理，主要由 WSN（wireless sensor network，无线传感网络）、RFID 和执行器组成。

物联网的三类应用框架如下。

① 基于 RIFD 的应用框架，主要应以电子标签、EPC 码为基础，在互联网的基础上形成实物互联网，实现对各种物品的跟踪和管理。其系统结构由信息采集系统、PML（physical markup language，物理标识语言）信息服务器、产品命名服务器、应用管理系统共同组成。

② 基于传感网络的应用框架，由一组无线传感器组成，共同协作完成对设定好的周边环境状况等进行监控。

③ 基于 M2M（machine to machine）的应用框架[❶]，即物对物应用框架，它包含了 EPCGlobal 和 WSN 的部分内容，通信的方式主要有无线通信和有限通信两种方式。

---

❶ 王铁英，刘子齐．物联网技术在医药流通领域的应用研究[J]．自动化技术与应用，2011（6）：47-49．

RFID 与传感器有着不同的技术特点，传感器可以监测并感应到各种数据，但它缺乏对物的标识能力，而 RFID 具有强大的标识物品能力。尽管 RFID 经常被描述成一种基于标签的并用于识别目标的传感器，但 RFID 不能实时地感应环境的变化，它的读写范围也受到读写器与标签之间的距离的影响。提高 RFID 的感应能力并扩大覆盖范围是需要解决的问题，相应的传感器网络具有较长的有效距离可以拓展 RFID 的应用范围。RFID 与传感器网络都是物联网的重要技术，它们的结合可以推动物联网应用的发展。

7.5.2 物联网技术在医药流通中的应用框架

物联网技术在医药流通领域的应用框架的整体主要由两部分组成，分别为 FRID 网络识别系统和医药网络交易平台。

FRID 网络识别系统由 FRID 射频识别子系统、数据共享子系统、企业信息数据库共同组成。FRID 射频识别子系统通过数据抽取子系统与企业的信息数据的连接，可以从企业的信息数据库里读取药品的信息，并且通过互联网可以实现药品信息的共享。系统通过集成的医药网络交易平台，可以加快药品的配送时间并可以实现在线结算，大大地提高了对药品流通的控制和管理。

FRID 射频识别子系统由 FRID 信息读写器和 FRID 标签共同组成。根据 FRID 的唯一性，在系统中可以用来标识药品的"身份"，所以将其贴到药品的包装上，通过读写器来读取药品的 FRID 标签信息，数据共享子系统将 FRID 标签信息进行抽取，它主要用来管理并收发药品的相关数据并且对数据进行联网共享。药品的数据在数据抽取子系统中处理后，会将提取的数据传送到企业的信息数据库进行数据的对比，最终可以查询到药品的相关信息。同时数据共享子系统会对查询到的数据进行共享，各个企业可以将自己的药品数据通过数据共享系统进行信息的共享，在药品流通的过程中各个角色可以根据各自的需求对信息加以利用。同时药品流通的过程中的药品生产商、药品批发商、物流服务、医疗机构、药品零售商等角色根据自身业务的不同所产生的信息流、物流、资金流在医药网络交易平台的协助下完成相关的操作。在这个过程中没有药品代理商、医药代表等角色的参加，有效地降低了药品的流通成本。

该框架实现了 FRID 网络系统和药品网络交易平台的集成，它实现了对药品流通中的各种信息查询的服务并且提供了网络交易等服务。药品的生产商和药品的需求方可以通过网络对药品进行采购，并在药品的流通过程中对药品的信息进行查询核对，也实现了在流通过程中政府职能部门对其监管。提高了药品流通的效率，同时也降低了药品流通的成本。

在药品流通的过程中，所有的角色都能够获得自己所需的信息，每个环节所产生的数据会通过网络进行共享。

药品生产商：药品的原材料可以通过网络采购，通过 FRID 技术可以实现对药品或者原材料进行识别，药品或者原材料可能会因为周围环境的因素发生变化，当发生变化时，可以及时地对药品或者原材料进行监测。当产生问题时能够对不合格的药品进行及时回收。同时还可以通过对供需信息的共享，降低采购成本。

物流服务商：将 FRID 技术应用于药品的流通过程中，能够及时地了解到药品的库存信息，提高了物流的工作效率，同时也能保证药品的安全。

医疗机构及药品零售商：通过医药网络交易平台，可以查询到药品的相关信息，以及相关的物流信息，提高了药品的交易过程，同时还能够保证药品的安全。

消费者：通过系统可以查询到药品以及药品生产商的相关信息，通过网络共享系统还能够对购买的药品进行查询，确保了假药的流入，同时对有问题的药品能够追究其相应的责任。

药品的回收：可以对库存的药品进行监控和管理，当药品过期时，系统会发出提醒信息，通过对信息进行核对后，如果产生问题就对需要回收的药品进行回收。

7.5.3　物联网技术在医药流通中的注意事项

物联网技术在医药流通过程中的实施需要注意以下几点。

① 统一药品的 FRID 标签，通过统一编码后方便对药品进行监控，能够提高药品的管理效率，同时也是物联网技术在医药流通过程中实现的基础。

② 需要对医药网络交易平台进行完善性的开发，如果能够整合医药流通中的上下游资源，并且能够对医药流通过程提供技术层与业务层的支持，同时还能够整体化解决方案，满足在医药流通过程中不同角色的需求。

③ 规范要传输数据的格式，还需要对其进行资质验证，以确保医药网络交易的安全性。同时需要建立一个数据维护和管理中心，对药品的信息进行整编和发布。要建立一套标准的数据传输标准。

④ 系统的实施还需要医药流通中各个角色的支持，需要对自己所拥有的数据进行共享，共同合作最终到达共赢的目的。

⑤ 只有在国家的支持下，才能够达到物联网技术在医药流通中的实施。虽然我国已经颁发了不少相应的标准和管理方法，但仍存在问题，物联网技术在医药流通中的应用将会解决这个状况。❶

---

❶ 曾智，申俊龙. 基于物联网时代的医药产业创新发展研究 [J]. 科技进步与对策，2011 (6)：64-67.

第 8 章
医药电子商务的立法

随着医药电子商务在中国的快速发展,从中国现状出发,理解和把握医药电子商务立法的发展趋势,对于促进我国国内医药电子商务立法,具有重要的现实意义。

8.1 医药电子商务立法的理论基础

电子商务涉及电子文件、合同、公证、签名等认证问题,涉及争端的解决问题以及其他方面的问题,必须有相适应的法律、法规体系来保障电子商务的交易安全,推动电子商务的发展与普及。

8.1.1 医药电子商务立法的概念

医药电子商务立法是对一种新的商务交易形式进行法律规范,其目的是保护商务交易的安全。具体地说,医药电子商务立法旨在为医药电子商务提供一个透明的、稳定的、有效的行为规则,提供一个和谐统一的法律环境,从而维护交易安全,保护公平竞争,保护消费者权益,保护知识产权,保护个人隐私。在围绕医药电子商务制定法律条文时应采取非限制性、面向市场的做法,尽量避免对电子商业网络上发生的合法商务活动加以新的、不必要的限制,如增加烦琐手续或增加新的税收和资费等。医药电子商务立法应坚持以下指导思想:鼓励和发展电子商务是立法的前提;与国际接轨是立法的标准;规范医药电子商务交易行为及其相应的管理活动是立法的内容;适度规范、留有空间、利于发展是立法的要求;加强对网络工作人员的制度管理、提高工作质量是立法不容忽视的环节。

8.1.2 医药电子商务立法的原则

(1) 与国际电子商务规范接轨原则 电子商务是无地域界线或超国界的商业方式。因此,它比传统商业活动更需要采取统一规则。联合国《电子商务示范法》和《电子签名示范法》作为各国电子商务立法时的参考法,其中体现出来的"功能等同"、"技术中立"等规则为许多国家制定电子商务法提供了依据。同样《中华人民共和国电子签名法》作为我国第一部真正意义的电子商务法,也较好地运用了"功能等同"、"技术中立"等立法技巧,将不特定技术解决方案的功效很好地与其法律效力相衔接,既促进了技术的应用,又不至于对技术和产业的发展造成限制。我国在制定其他相关电子商务法律时,也应当遵循联合国《电子商务示范法》中体现出来的立法原则,尽量采用国际通用的做法,以利于我国电子商务规范与世界接轨。

(2) 功能等同原则　功能等同原则即电子交易的平等待遇原则，指电子签名和电子文件应当与传统签名书面文件具有同等的地位和效力。如果需要把认证许可作为核查文件过程中的一部分，则许可证要求应当是确保可靠性和整体性的最低要求。功能等同原则是 1996 年联合国"电子商业示范法"提出的，这一原则的出现开辟了电子商务立法的新思路，对我国的立法也有很好的借鉴作用。

(3) 中立原则　电子商务法的基本目标，归结起来就是要在电子商务活动中，建立公平的交易规则。这是商法的交易安全原则在电子商务法上的必然反映。电子商务既是一种新的交易手段，同时又是一个新兴产业。面对其中所蕴涵的、深不可测的巨大利益的诱惑，可以说没有哪个企业是无动于衷的。各种利益集团、各种技术，以及各个利益主体都想参与其中，在这个无比广阔的舞台上施展才华，谋取便利。其具体参与者有硬件制造商、软件开发商、信息提供商、消费者、商家等，不一而足。而要达到各方利益的平衡，实现公平的目标，就有必要做到如下几点。

① 技术中立　电子商务法对传统的口令法、非对称性公开密钥法，以及生物鉴别法等认证方法，都不可厚此薄彼，产生任何歧视性要求。同时，还要给未来技术的发展留下法律空间，而不能停止于现状，以至闭塞通路。譬如新计算机的问世、新一代高速网络的出现等，都将考验电子商务法的技术中立性。这是在总结了传统书面法律要求的经验教训，而得出的方针。当然，该原则在具体实施时，会遇到许多困难。而克服这些具体困难的过程，也就是技术中立原则实现的过程。

② 媒介中立　媒介中立与技术中立紧密联系，二者都具有较强的客观性，并且一定的传输技术，与相应的媒介之间是互为前提的。媒介中立，是中立原则在各种通信媒体上的具体表现，所不同的是，技术中立侧重于信息的控制和利用手段；而媒介中立则着重于信息依赖的载体。后者更接近于材料科学。从传统的通信行业划分来看，不同的媒体可能分属于不同的产业部门，如无线通信、有线通信、电视、广播、增殖网络等。而电子商务法，则应以中立的原则来对待这些媒介体，允许各种媒介根据技术和市场的发展规律而相互融合，互相促进。只有这样，才能使各种资源得到充分的利用，从而避免人为的行业垄断和媒介垄断。开放性因特网的出现，正好为各种媒介发挥其作用提供了理想的环境，达到兴利除弊、共生共荣。

③ 实施中立　是指在电子商务法与其他相关法律的实施上，不可偏废；在本国电子商务活动与跨国际性电子商务活动的法律待遇上，应一视同仁。特别是不能将传统书面环境下的法律规范（如书面、签名、原件等法律要求）的效力，放置于电子商务法之上，而应中立对待，根据具体环境特征的需求，来决定法律的实施。如果说前述技术中立和媒介中立，反映了电子商务法对技术方案和媒介方式的规范，具有较强的客观性。而对电子商务法的中立实施，则更偏重于主观性。电子商务法如同其他规范一样，其适用离不开当事人的遵守与司法机关的适用。

④ 同等保护　此点是实施中立原则在电子商务交易主体上的延伸。电子商务法对商家与消费者、国内当事人与国外当事人等，都应尽量做到同等保护。因为电子商务市场本身是国际性的，在现代通信技术条件下，割裂的、封闭的电子商务市场是无法生存的❶。

---

❶　电子商务法的特征［EB/OL］.（2008-03-23）［2008-03-28］.http://hi.baidu.com/qiyexue888/blog/item/e74d91eca65eb92362d09f81.html.

（4）立、改、废并重原则　电子商务虽然是一种数字化商业活动，但本质上仍属于商务活动的范畴。所以电子商务立法应在保留和遵循民商法基本原理的基础上，逐步扬弃旧法中不合时宜的内容，增加和补充用以规范电子商务活动的内容，该修改的修改，该废止的废止，做到立、改、废并重。

（5）法律协调原则　法律之间注意相互衔接协调是立法的一般原则，法律协调原则是指电子商务立法既要与现行立法相互协调，又要与国际立法相互协调，同时还应协调好电子商务过程中出现的各种新的利益关系，如版权保护与合理使用、商标权与域名权之间的冲突、国家对电子商务的管辖权之间的利益冲突等，尤其是要协调好电子商家与消费者之间的利益平衡关系。根据法律协调原则，在进行电子商务立法时，必须认真考虑现行法律中是否已有适用的规范，已有的适用规范不必重复规定，只有当现行规范无法解决电子商务交易形式带来的特殊问题时，才创立新的规范，而且要与已有法律法规相互衔接协调。

（6）保护消费者正当权益原则　电子商务的繁荣最终要依赖消费者的参与，如果在电子商务活动中，消费者利益得不到保护，就不可能有持续发展的电子商务。而且，电子商务是在虚拟环境下运行的，其交易环境的非透明度、交易过程的非直接性、交易手段的非纸面性等特征，不仅增加消费者受损害的机会，而且会导致消费者的不信任。为此，世界各国普遍把保障交易安全、增加消费者的信任作为发展电子商务首先要解决的问题。对网络交易的消费者权益维护除了适用传统的消费者保护法外，还要针对网上交易的特点对消费者实施特殊的保护。因此，除了制定专门的针对网上消费者权益保护的特殊法外，还应在网上交易各个环节的规定中注重保护消费者的利益。

（7）促进交易原则　促进交易原则可以从两个角度来理解。从政策的角度理解即是采取适当的鼓励措施，促进电子商务交易形式的普及和运用。电子商务是一种新生事物，政府除了为电子商务创造一个良好的法律环境和制度保障外，还要鼓励商界自觉探索促进交易的新规范。从法律规范的角度，促进交易原则就是尽可能为当事人自治和行业自治原则留有余地，在交易某些领域的法律规范仍然强调引导性、任意性，为当事人全面表达与实现自己的意愿预留充分的空间。

（8）安全原则　所谓安全原则，是指电子商务立法应充分考虑电子商务对交易安全的需要，安全是电子商务的生命，没有安全，就没有电子商务的存在与发展。安全性原则要求与电子商务有关的交易信息在传输、存储、交换等整个过程不被丢失、泄露、窃听、拦截、改变等，要求网络和信息应保持可靠性、可用性、保密性、完整性、可控性和不可抵赖性。网络和电子商务的开放性、虚拟性和技术性使得网络和电子商务过程中的信息和信息系统极易受到攻击，交易安全是交易主体决定选择利用网络进行电子商务的最重要的因素。因此，电子商务立法应坚持安全原则。保证电子商务交易安全是各国电子商务立法的重要使命和应当遵循的原则。

8.2　医药电子商务立法中的法律关系

电子商务立法中的法律关系是法律关系之一，它是由电子商务法律规范调整社会经济活动过程中形成的具有公共管理内容的权利义务关系，作为法律关系的一种，毫无疑问地是一种思想的社会关系。

8.2.1　医药电子商务立法中法律关系的主体

法律关系主体是指法律关系的参加者,即在法律关系中享有权利或承担义务的人,法律上所称的"人"主要包括自然人和法人。自然人是指有生命并具有法律人格的个人,包括公民、外国人和无国籍的人。法人是与自然人相对称的概念,指具有法律人格,能够以自己的名义独立享有权利或承担义务的组织。

参加任何法律关系都必须具有权利能力,某些特定类型的法律关系,除了要具有权利能力之外,还必须具有行为能力。所谓权利能力,就是由法律所确认的法律关系主体享有权利或承担义务的资格,是参加任何法律关系都必须具备的前提条件。按法学界主流的观点,可把公民的权利能力分为一般权利能力和特殊权利能力两种。一般权利能力是所有公民普遍享受,始于出生,终于死亡,如人身权利能力等。特殊的权利能力必须以一定的法律事实出现为条件才能享有,如参加选举的权利能力必须以达到法定年龄为条件。

法人的权利能力始于法人依法成立,终于法人被解散或撤销。法人权利能力的内容和范围与法人成立的目的直接相关,并由有关法律和法人组织的章程加以规定。

行为能力是法律所确认的,由法律关系主体通过自己的行为行使权利和履行义务的能力。自然人的行为能力分为三类:第一类为完全行为能力人;第二类为限制行为能力人;第三类为无行为能力人。

电子商务法律关系的主体有企业、个人消费者、银行、政府、中介机构等。

8.2.2　医药电子商务立法中法律关系的客体

法律关系客体是指权利和义务所指向的对象,又称权利客体或义务客体。它是将法律关系主体之间的权利与义务联系在一起的中介,没有法律关系的客体作为中介,就不可能形成法律关系。因此,客体是构成任何法律关系都必须具备的一个要素。

成为法律关系客体应满足下述三个条件。

① 必须是一种资源,这种资源能够满足人们的某种需要,因而被认为具有价值;

② 必须具有一定的稀缺性,稀缺性就是不能被需要它的人毫无代价地占有利用;

③ 必须具有可控制性,可控制性就是可以被需要它的人为一定目的而加以占有和利用。

在现代社会中,同时符合上述三种条件的事物是非常多的,因此法律关系客体地数量和种类难以一一详述,概括地讲主要包括如下四类。

① 物。法律上所说的物包括一切可以成为财产权利对象的自然人物和人造之物。

② 行为。在法律关系客体的意义上,行为指的是权利和义务所指向的作为或不作为。

③ 智力成果。作为客体的智力成果指的是人们在智力活动中所创造的精神财富,它是知识产权所指向的对象。

④ 人身利益。包括人格利益和身份利益,是人格权和身份权的客体。

客体包括以商品为主要对象的电子交易行为和以服务为主要对象的网上服务(web service)行为,它们各自构成独立的电子商务行为,又共同构建了电子商务的基础;电子商务的媒介是现代电子信息技术。

8.2.3　医药电子商务立法中法律关系的内容

任何法律关系都在法律关系主体之间形成一定的权利义务关系,这种权利与义务就是法律关系的内容。

(1) 电子商务中买卖双方当事人的权利和义务　买卖双方之间的法律关系实质上表现为双方当事人的权利和义务。买卖双方的权利和义务是对等的。卖方的义务就是买方的权力，反之亦然。

① 卖方的义务　在电子商务的条件下，卖方应当承担三项义务。

a. 按照合同的规定提交标的物及单据。提交标的物和单据是电子商务中卖方的一项主要义务。为划清双方的责任，标的物实物交付的时间、地点和方法应当明确肯定。如果合同中对标的物的交付时间、地点和方法未做明确规定的，应按照有关合同法或国际公约的规定办理。

b. 对标的物的权利承担担保义务。与传统的买卖交易相同，卖方仍然应当是标的物的所有人或经营管理人，以保证将标的物的所有权或经营管理权转移给买方。卖方应保障对其所出售的标的物享有合法的权利，承担保障标的物的权力不被第三人追索的义务，以保护买方的权益。如果第三人提出对标的物的权利，并向买方提出收回该物时，卖方有义务证明第三人无权追索，必要时应当参加诉讼，出庭作证。

c. 对标的物的质量承担担保义务。卖方应保证标的物质量符合规定。卖方交付的标的物的质量应符合国家规定的质量标准或双方约定的质量标准，不应存在不符合质量标准的瑕疵，也不应出现与网络广告相悖的情况。卖方在网络上出售有瑕疵的物品，应当向买方说明。卖方隐瞒标的物的瑕疵，应承担责任。买方明知标的物有瑕疵而购买的，卖方不负责任。

② 买方的义务　在电子商务条件下，买方同样应当承担三项义务。

a. 买方应承担按照网络交易规定方式支付价款的义务。由于电子商务的特殊性，网络购买一般没有时间、地点的限制，支付价款通常采用信用卡、智能卡、电子钱包或电子支付等方式，这与传统的支付方式也是有区别的。但在电子交易合同中，采用哪种支付方式应明确肯定。

b. 买方应承担按照合同规定的时间、地点和方式接受标的物的义务。由买方自提标的物的，买方应在卖方通知的时间内到预定的地点提取。由卖方代为托运的，买方应按照承运人通知的期限提取。由卖方运送的，买方应做好接受标的物的准备，及时接受标的物。买方迟延接受时，应负迟延责任。

c. 买方应当承担对标的物验收的义务。买方接受标的物后，应及时进行验收。规定有验收期限的，对表面瑕疵应在规定的期限内提出。发现标的物的表面瑕疵时，应立即通知卖方，瑕疵由卖方负责。买方不及时进行验收，事后又提出表面瑕疵的，卖方不负责任。对隐蔽瑕疵和卖方故意隐瞒的瑕疵，买方发现后，应立即通知卖方，追究卖方的责任。

③ 对买卖双方不履行合同义务的救济　卖方不履行合同义务主要指卖方不交付或延迟交付标的物或单据，交付的标的物不符合合同规定以及第三者对交付的标的物存在权利或权利主张等。当发生上述违约行为时，买方可以选择以下救济方法。

a. 要求卖方实际履行合同义务，交付替代物或对标的物进行修理、补救。

b. 减少支付价款。

c. 对迟延或不履行合同要求损失赔偿。

d. 解除合同，并要求损害赔偿。

买方不履行合同义务，包括买方不按合同规定支付货款和不按规定收取货物，在这种情况下，卖方可选择以下救济方法。

a. 要求买方支付价款、收取货物或履行其他义务，并为此可以规定一段合理额外的延长期限，以便买方履行义务。

b. 损害赔偿，要求买方支付合同价格与转售价之间的差额。

c. 解除合同。

（2）网络交易中心的法律地位　网络交易中心在网络商品中介交易中扮演着介绍、促成和组织者的角色。这一角色决定了交易中心既不是买方的卖方，也不是卖方的买方，而是交易的居间人。它是按照法律的规定、买卖双方委托业务的范围和具体要求进行业务活动的。

网络交易中心应当认真负责地执行买卖双方委托的任务，并积极协助双方当事人成交。网络中心在进行介绍、联系活动时要诚实、公正、守信用，不得弄虚作假，招摇撞骗，否则须承担赔偿损失等法律责任。

（3）网络交易客户与虚拟银行间的法律关系　在电子商务中，银行也变为虚拟银行。网络交易客户与虚拟银行的关系变得十分密切。除少数邮局汇款外，大多数交易要通过虚拟银行的电子资金划拨来完成。电子资金的划拨依据的是虚拟银行与网络交易客户所订立的协议。这种协议属于标准合同，通常是由虚拟银行起草并作为开立账户的条件递交给网络交易客户。所以，网络交易客户与虚拟银行之间的关系仍然是以合同为基础的。

在电子商务中，虚拟银行同时扮演发送银行和接收银行的角色，基本义务是依照客户的指示，准确、及时地完成电子资金划拨。

作为发送银行，承担着如约执行资金划拨指示的责任。一旦资金划拨失误或失败，发送银行应向客户进行赔付。

作为接收银行，其法律地位较为模糊。一方面，接收银行与其客户的合同要求它妥当地接收所划拨来的资金。如有延误或失误，则应依接收银行自身与客户的合同处理。另一方面，资金划拨中发送银行与接收银行一般都是某一电子资金划拨系统的成员，相互负有合同义务，如果接收银行未能妥当执行资金划拨指示，则应同时对发送银行和受让人负责。

在实践中，电子资金划拨中可能出现因过失或欺诈而致使资金划拨失误或迟延的现象。如系过失，自然适用于过错归责原则。如系欺诈所致，且虚拟银行安全程序在电子商务上是合理可靠的，则名义发送人需对支付命令承担责任。

（4）认证中心在电子商务中的法律地位　认证中心（certificate authority，CA）扮演着一个买卖双方签约、履约的监督管理的角色，买卖双方有义务接受认证中心的监督管理。在整个电子商务交易过程中，包括电子支付过程中，认证中心都有着不可替代的地位和作用。

在网络交易的撮合过程中，认证中心是为电子签名人和电子签名依赖方提供电子认证服务的第三方机构。它不仅要对进行网络交易的买卖双方负责，还要对整个电子商务的交易秩序负责。因此，这是一个十分重要的机构，国家对其注册的机构有较高的要求，包括：

a. 具有独立的企业法人资格；

b. 从事电子认证服务的专业技术人员、运营管理人员、安全管理人员和客户服务人员不少于 30 名；

c. 注册资金不低于人民币 3000 万元；

d. 具有固定的经营场所和满足电子认证服务要求的物理环境；

e. 具有符合国家有关安全标准的技术和设备；

f. 具有国家密码管理机构同意使用密码的证明文件；

g. 法律、行政法规规定的其他条件。

电子商务认证中心主要提供下列服务：

a. 制作、签发、管理电子签名认证证书；

b. 确认签发的电子签名认证证书的真实性；

c. 提供电子签名认证证书目录信息查询服务；

d. 提供电子签名认证证书状态信息查询服务。

电子商务认证机构对登记者履行下列监督管理职责：

a. 保证电子签名认证证书内容在有效期内完整、准确；

b. 保证电子签名依赖方能够证实或者了解电子签名认证证书所载内容及其他有关事项；

c. 妥善保存与电子认证服务相关的信息。

（5）网上药店在网络空间的地位与责任

① 网上商店在网络空间的地位　关于网上药店在网络空间的地位，主要是与网络服务提供者相对而言。根据网络服务提供者所处的法律地位和提供服务的内容的不同，网络服务提供者可分为两类，即网络内容提供者 ICP 和 ISP。ICP 自行选择、编辑某类信息上载到网络以供社会公众访问，自身成为电子商店，以自己的名义对外销售，理应对其提供的商品、服务承担相应的法律后果。

ISP 是指为各类开放性网络（主要指国际互联网）提供信息传播中介服务的人，主要包括接入服务提供者、主机服务提供者、电子布告板系统经营者、信息搜索工具提供者，其特征是为用户在网上的信息交流提供通道、空间及技术中介服务，按照用户的选择来传输或接受信息，本身并不组织、筛选所传播的信息，也不选择、改变信息的接受者。关于 ISP 与利用其平台进行交易的电子商店之间的关系属于《中华人民共和国消费者权益保护法》（以下简称《消费者权益保护法》）规定的"展销关系"或"柜台租赁关系"，即由作为平台利用者的网上药店租用 ISP 的"展位"或"柜台"，以网上药店自己的名义对外进行销售。我国《消费者权益保护法》所规定的"展位租赁"或"柜台租赁"是指作为交易一方的电子商店向展位、柜台或场地的所有者租赁摊位，并因此向其提供费用。实际上，在网络交易中，ISP 通常与电子商店签订网络空间所谓的"展位"或"柜台"赁合同，向其收取的费用主要是商品的登录费，即"空间使用费"、"展位承租费"或"柜台使用费"，如果附带提供如网页制作或维护等增值服务的，可能还另外收取相应的费用。而对于消费者而言，ISP 是否向其收取空间使用费，应根据情况而定，如果消费者为该 ISP 的注册用户，目前，只收取一般的网络服务费或暂不收取。如果消费者不为该 ISP 的注册用户，目前 ISP 一般也不收取费用。可见，ISP 与网络交易双方当事人的网上药店和消费者之间的关系在本质上类似于我国《消费者权益保护法》所规定的展销举办者或柜台出租人与交易当事人之间的关系。

另外，在网络交易中，网上药店自行或者委托他人设计、制作、发布广告，利用 ISP 通过一定形式直接或间接地介绍自己所推销的药品或者所提供的服务，此时网上药店还有类似于广告法中规定的广告主资格，而类似于广告发布者。

网络环境自身的特性使得在网络交易实践中与 ISP 电子药店之间的关系可能会显现出一些独特的特点，这就期待赋予网络药店在网络交易中的特别义务要求予以适应。

② 网络药店在网络交易中的信息披露义务　根据《消费者权益保护法》的规定，消费者享有的基本权利之一就是知情权，即消费者享有知悉其购买、使用的商品或者接受服务的真实情况的权利。消费者有权根据商品或者服务的不同情况，要求经营者提供药品的价格、产地、生产地、用途、性能、规格、等级、主要成分、生产日期、有效期限、检验合格证明、使用方法说明书、售后服务，或者服务的内容、规格、费用等有关情况。可以看出，在传统购物方式下，消费者知情权的保障对于经营者而言主要是一种被动义务，即应消费者的要求而做出告知，而在网络空间，这种知情权的保障应转变为主动义务。因为传统购物方式中的一系列环节，除送货外，其他的在网络空间都变成了虚拟化方式，消费者不是亲临现场、亲身体验以进行药品、服务的选择，而是完全根据电子商店利用网络发布的信息来了解药品、服务，通过网络订货、电子银行结算，由配送机构送货上门，这样，消费者在现实收到货物、接受服务之前对商品、服务的全面了解受到限制，消费者的知情权受到严重威胁，有时销售者是谁甚至都不清楚。这就要求网上药店要如实履行网上披露义务。结合经济合作与发展组织《电子商务消费者保护指南》、欧洲联盟《关于内部市场中与电子商务有关的若干法律问题的指令》等相关规定，电子商店的信息披露义务至少包括以下几个方面。

a. 药店自身信息。包括法人名称、主要营业地地址等身份信息；电子邮件地址或电话等通信信息；争议解决信息等鉴于其行业特性依法应向消费者公布的事项。

建立完善的信用体系是网络空间消费者辨识网上药店的有效途径之一。完善的信用体系包括网上药店的基本信息、资质证明、药品信息与证明、交易情况与信用状况等，其中，有关权威部门如管理部门、工商管理部门出具的认证说明很重要。

b. 药品、服务的信息。网上药店对其提供的药品、服务的描述，如药品的种类、产地、性能、服务的内容、质量水平，应当如实、明确，足以使消费者做出是否交易的决定，并使消费者能够对这些信息进行保留。

c. 交易条件、步骤。网上药店应充分提示消费者相关交易条件、步骤，如商品的价格、消费者应支付费用总额、付款方式、售后服务、货物寄送方式、退换货等。如果交易价格或条件设有数量、期限等特别限制的，应在交易之初明确告知消费者。

网上药店应在合理期限内保存交易资料，以保证消费者能够调用。同时，网上药店应向消费者提供在发送订单前识别并修改输入错误的技术手段，避免消费者因电子错误而承担不必要的损失。

d. 隐私权政策。网上药店在网页上应明确告知消费者关于消费者个人资料的收集方式、收集范围和使用目的，只在承诺的使用目的范围内使用消费者个人资料，未经消费者授权，不得提供给他人。网上药店还应对垃圾邮件的防范、对儿童的特殊保护提供相应的安全政策。

在符合一定条件下的网上信息披露，可以作为消费者已被告知的依据。但因为在网络空间，采用不同的具体形式，同样内容的信息披露效果会有明显的不同。例如，将信息放在主页上与放在经多次链接之后才能到达或根本无法到达的位置或其他上的效果显然迥异。所以对电子商店的信息披露的具体形式和要求也应做出具体规定。电子商店应在网页上以明显且易于被消费者取得的方式，诚实、完整地提供相关信息，以利于消费者辨识及确认。

③ 网络交易中网上药店的责任　网上药店在网络交易中扮演了两个角色，一是消费者权益保护法的"柜台租赁者"；一是广告法中的"广告主"。相对应地，ISP 也分别扮演着"柜台出租者"和"广告发布者"的角色。

按照我国《消费者权益保护法》，作为"柜台出租者"的 ISP 一般应对租赁其展位或柜台者的主体信息、经营许可证等相关信息负有形式审查和保管义务。越来越多的国家认同 ISP 并不承担对其系统或网络的严格监控义务。网上药店向 ISP 提供虚假信息时，要承担与 ISP 订立的网络空间租赁服务合同责任。但若消费者能证实 ISP 知道网上药店提供的侵权信息，仍未将侵权信息从其系统中删除、阻止侵权信息通过其网络向公众传播，则网上药店和 ISP 都应当承担相应侵权责任。当然，ISP 收到关于其系统或网络上有侵权信息存在的指控，并不能就此认定 ISP 得知侵权的情况，ISP 还应对此指控进行法律上的判断。

在网上药店作为"柜台租赁者"时，由于网络空间的虚拟性特征使得网络交易双方之间的身份或地址信息不如在传统环境中那样易于被对方确认，因此，当网络交易的双方当事人同属于 ISP 的注册用户时，ISP 还应当对作为买方的消费者的主体身份信息等内容负有审查和保管义务。根据我国《消费者权益保护法》的规定，消费者因药品或服务质量与网上药店之间发生纠纷，通常情况下，消费者只能要求网上药店承担违约责任或侵权责任，ISP 不应承担责任，但网上药店在租赁期限或展销期限届满后下落不明时，ISP 应向作为交易买方的消费者承担连带赔偿责任。

在网上药店作为"广告主"时，根据《中华人民共和国广告法》的相关规定，为保证网络交易秩序，保障消费者合法、正当的权益，作为"广告发布者"的 ISP 负有依法查验有关证明文件、核实广告内容、广告主的经营资质，依法建立、健全广告业务的承接登记、审核、档案管理等义务。消费者的合法权益因电子商店利用虚假广告提供商品或服务而受损的，网上药店应当承担赔偿责任。若在明知或应当知道虚假广告而仍进行发布的，ISP 应当向消费者承担连带责任。ISP 不能提供广告主的真实姓名、地址的，ISP 应当承担全部民事责任。[1]

8.3　医药电子商务法的内容

随着计算机技术、网络技术等现代信息技术的完善与发展，电子商务在我国得到了快速发展与广泛应用。与之相适应，电子商务立法也引起人们的广泛关注。特别是越来越多的电子商务法律问题呈现在人们面前，而这些问题，根据传统的民商法已无法解决，所以进行电子商务立法应提上议事日程。

8.3.1　医药电子商务基本法

医药电子商务基本法可以分总则与分则两部分。
（1）总则　总则应涉及以下内容。

---

[1]　程建华. 电子商店在网络空间的地位与责任 [J]. 科技与法律，2007（7）：63-65.

① 电子商务立法宗旨、适用范围、应遵循的原则；
② 有关电子商务的专用名词、技术名称、手段、标准等的释义；
③ 政府在市场准入、管理机构设置、海关与税收、争议解决等方面的作用；
④ 关于电子商务运行模式的法律规定，包括电子商务运行模式的规范、电子商务基本原则的规范（含认证制度和密钥管理制度等）、电子商务运行标准规范、密码体系管理规范等；
⑤ 有关电子合同的一般规定，包括数据电文的传递与存储、合同变更及效力、双方权利与义务、电子支付、违约责任等；
⑥ 关于认证机构的规范，含认证机构的性质、地位、设立、权限、运作规程、证明力等；
⑦ 网络服务规程，含网络接入商和信息服务提供商各自的设立条件、权利义务、服务内容和规程等；
⑧ 安全体系规范，含安全管理体系和安全技术体系两方面。
（2）分则 分则部分应对专门领域的电子商务形式做出规定，如网络药品买卖、网络服务提供、网络广告经营、网络保险运营、网络产权交易等。

8.3.2 医药电子商务配套单行法规

单行法规的制定应以医药电子商务基本法为指导，并针对电子商务实际涉及的领域和存在的问题做出规定，成熟一个制定一个，不需要一步到位。目前应优先考虑在下述领域制定相应的法规。

（1）电子商务市场准入法规 电子商务市场准入通常意味着互联网服务准入和电子化交易服务准入。一方面，要允许在互联网上建立各种形式的虚拟市场，例如允许卖售人在具备一定条件的前提下，通过自行设立网站建立"虚拟商厦"，也允许 ISP、ICP 充分利用自身的硬件和软件及法定的服务设立网站，通过租赁招商的方式，根据他人的要求提供类似于柜台出租型的服务。另一方面，为减少网络欺诈和违法交易行为，必须对上网企业实行严格的资格审查、登记及年检制度（包括域名登记、资金限制、人员条件、进入程序、申报制度、年审年检等），并将核准进入、变更、注销、年检等情况及时通过网络发布，以方便他人查找与检索。只有当上网医药企业或卖售人满足一定条件时，才允许其进入市场，市场准入的谨慎是保证医药电子商务交易安全的有效措施之一。

（2）网络服务和网络管制法规 网络是医药电子商务运行的工具，所有的网络经营者均向消费者提供相同的服务——信息发布、传输、储存等，因此网站的建设和运营决定着医药电子商务的发展进程。所以，有关网站设立、网络安全管制、网络技术或信息服务合同责任、侵权责任等，需要新的法律调整，此类规范构成医药电子商务的基础性法律规范。

（3）医药电子商务主体规范和市场管制法规 医药电子商务的主体部分是现实中的企业或新设的在线企业利用网络开展传统的商务活动。因此，有关在线经营活动开展的条件、在线企业的管制、在线企业商业行为的控制、法律责任等，也成为网络环境下必须解决的法律问题。这就需要专门的立法加以规范。

（4）医药电子商务安全交易法规 医药电子商务最突出的特征是交易信息无纸化、电子化、网络化，而传统以书面合同为基础的《中华人民共和国合同法》（以下简称《合同法》）

难以解决以数据电文为基础的交易规范。因此，必须制定有关电子交易方面的专门规范，除了确立《合同法》有关数据电文的法律效力外，更重要的是确立电子签字、数字认证等安全措施，使电子合同具有可操作性和安全性；同时该法应对电子合同履行中引起的特殊问题做出规范，如电子支付和货物配送等引起的法律责任和风险问题。

（5）在线电子支付法规　在线电子支付是通过网络银行与网上交易客户之间的协议、网络银行与网站之间的合作协议来完成电子资金划拨的。为了明确各方当事人的法律关系以及相互之间的安全保障问题，必须制定相应的电子支付法律制度。不仅要对新型的支付法律关系中各方当事人的权利义务做出界定，而且还要对电子货币的发行、网络银行的管制等制定法律，同时对电子支付数据的伪造、变更、涂销等问题的处理办法加以规定，以保证网上交易的顺利进行。

（6）网上特种商业行为规范法规　广告、拍卖、证券等属于特殊的商事领域，法律给予特别的规范和调整。当这些商务活动移植到互联网上进行时，如何进行规范和调整便成为一个新的问题。为此，需要有专门的法律来规范网上广告、网上拍卖、网上证券交易等特种商事行为。同时，在网络环境下，不正当的商事行为、侵犯他人商业利益的行为也需要特殊规范。

（7）医药电子商务税收法规　任何营业行为均要向国家交纳税收，医药电子商务也不例外。但是，在医药电子商务中，不仅有计税手段变化的问题，而且有要不要征税、征收什么税、如何征税的问题。目前国际社会和国内对此还没有统一的说法，但是将来医药电子商务税收仍然需要制定新的规则加以调整。应该按医药电子商务的特点和要求，改革和完善现行税收法规政策，补充医药电子商务适用的税收条款或制定新的适应医药电子商务发展的税法。在进行医药电子商务税收立法时，应注意以下四个方面的问题。

① 立足征税、长期规范、短期扶持、发展经济、涵养税源。

② 在坚持居民管辖权与来源地管辖权并重的原则下，针对医药电子商务的特点，重新界定"居民"、"常设机构"、"所得来源"、"商品"、"劳务"、"特许权"等与医药电子商务相关的税收概念的内涵与外延。

③ 改革、补充和完善增值税、消费税、营业税、所得税、关税等法律规定中有关医药电子商务的条款。

④ 建立专门的医药电子商务登记制度，并授予税务机关对医药电子商务网络、网络用户及电子数据信息进行检查的权利，确保建立公平的税收环境。

（8）医药电子商务消费者权益保护法规　医药电子商务是远距离的、非面对面的交易，不仅涉及传统有形货物的买卖，而且涉及信息产品贸易和信息服务，如何规范在线企业的资信披露制度、保护消费者的知情权、保障网上销售的产品的质量和售后服务等均成为法律需要解决的新问题。这就需要增补《消费者权益保护法》或者制定新的适应网上消费特点的消费者权益保护法。

（9）客户资料利用规范与个人隐私保护法规　网络环境为商家收集、分析、利用客户资料和商业信息提供了方便，为防止商家滥用个人资料，保护消费者隐私，需要针对个人资料的保护进行专门立法，以规范个人资料的征集与利用。对消费者个人资料的保护也是广义上消费者权益保护的一个组成部分。

（10）医药电子商务争议与纠纷处理法规　医药电子商务在法律适用、管辖权、争议解决方式等方面仍然适用于传统法律。但是，电子商务环境和手段的特殊性在许多方面又改变了传统法律规则,因此需要新的规则。处理网络纠纷的最大难点在于管辖权的确定和证据的取得与认定,而对纠纷当事人身份的确定、侵权后果及影响范围的确定,与普通纠纷有很大不同。医药电子商务争议与纠纷处理法规要在争议与纠纷的解决方式和方法、证据的法律效力、法律救济的实现等方面进行规范❶。

8.4 我国医药电子商务法规

自1994年4月20日我国首次全功能接入国际互联网以来,我国的医药电子商务也随着电子商务的发展而逐渐发展壮大。但是药品是一种特殊的商品,关系到用药者的身体健康和生命安全,SFDA和其他相关政府部门对医药电子商务的发展非常重视并持谨慎态度。2000年,原国家信息产业部选择了医药卫生电子商务网作为全国行业类电子商务示范工程,原国家经济贸易委员会医药司批准在部分城市开展医药电子商务的试点工作。在试点中研究适合医药电子商务开展的模式,并在实践中针对所出现的问题出台相关的法律法规,来规范医药电子商务的交易行为。国家食品药品监督管理局于2005年12月1日起正式施行的《互联网药品交易服务审批暂行规定》,切实加强对互联网药品购销行为的监督管理;2004年7月8日制定《互联网药品信息服务管理办法》、2005年4月19日出台《关于加强药品监督管理促进药品现代物流发展的意见》,以从监督管理的角度促进药品现代物流有一个较快的发展;2005年6月30日制定了《第三方药品物流企业从事药品物流业务有关要求》。

8.4.1 《互联网药品交易服务审批暂行规定》

国家食品药品监督管理局于2005年12月1日起正式施行的《互联网药品交易服务审批暂行规定》(以下简称《规定》),切实加强对互联网药品购销行为的监督管理。

(1) 互联网交易服务的类型

① 为药品生产企业、药品经营企业和医疗机构之间的互联网药品交易提供的服务。

② 药品生产企业、药品批发企业通过自身网站与本企业成员之外的其他企业进行的互联网药品交易服务。本企业成员,是指企业集团成员或者提供互联网药品交易服务的药品生产企业、药品批发企业对其拥有全部股权或者控股权的企业法人。

③ 向个人消费者提供的互联网药品交易服务。

(2) 互联网药品交易服务机构的验收标准 从事互联网药品交易服务的企业必须经过审查验收并取得互联网药品交易服务机构资格证书。

国家食品药品监督管理局对为药品生产企业、药品经营企业和医疗机构之间的互联网药品交易提供服务的企业进行审批。省、自治区、直辖市(食品)药品监督管理部门对本行政区域内通过自身网站与本企业成员之外的其他企业进行互联网药品交易的药品生产企业、药品批发企业和向个人消费者提供互联网药品交易服务的企业进行审批。

互联网药品交易服务机构资格证书由国家食品药品监督管理局统一印制,有效期为五年。互联网药品交易服务机构的验收标准由国家食品药品监督管理局统一制定。验收标准分

---

❶ 秦鸿霞. 中国电子商务立法思考 [J]. 情报杂志,2007,26 (9):62-64.

为以下两部分。

① 标准一　标准一适用于为药品生产企业、药品经营企业和医疗机构之间的互联网药品交易提供的服务。其中对互联网药品交易服务业务发展规划要求，部门职能设置要求，客户服务质量要求，医疗机构、零售企业信息库，药品生产企业、经营企业资质文档库和基本信息库，药品编码数据、产品资质文档库和基本信息库，国家和省级食品药品监督管理局公告数据使用要求，数据管理流程规范，数据管理人员要求，系统技术方案，交易服务信息系统数据管理子系统，交易服务信息系统合同子系统，交易服务信息系统订单管理子系统，交易服务信息系统结算子系统，交易服务信息系统监管子系统等项目均制定了具体的验收标准，并明确了验收办法。

② 标准二　标准二适用于药品生产企业、药品批发企业通过自身网站与本企业成员之外的其他企业进行的互联网药品交易以及向个人消费者提供的互联网药品交易服务。其中对互联网药品交易服务业务管理要求、部门职能设置要求、客户法律关系要求、产品信息和产品资质文件数据库、国家和省级食品药品监督管理局公告数据使用要求、数据管理人员要求、系统技术方案、互联网药品交易服务子系统、交易服务信息系统监管子系统等项目均制定了具体的验收标准，并明确了验收办法。

国家食品药品监督管理局对为药品生产企业、药品经营企业和医疗机构之间的互联网药品交易提供服务的企业组织专家组进行现场验收。省、自治区、直辖市药品监督管理局对通过自身网站与本企业成员之外的其他企业进行互联网药品交易的药品生产企业和药品批发企业以及向个人消费者提供互联网药品交易服务的企业组织专家进行现场验收。

标准中有明确量化指标的验收项目，必须达到相应的指标要求。标准中没有明确量化指标的项目，由现场验收专家组依据定性考察内容综合评价，做出是否合格的判断。标准由国家食品药品监督管理局负责解释。国家食品药品监督管理局将根据科技发展和互联网药品交易实践，适时对本标准进行修订。

（3）互联网药品交易服务的申请　申请从事互联网药品交易服务的企业，应填写国家食品药品监督管理局统一制发的《从事互联网药品交易服务申请表》，向所在地省、自治区、直辖市（食品）药品监督管理部门提出申请，并提交规定材料。

省、自治区、直辖市（食品）药品监督管理部门收到申请材料后，在5日内对申请材料进行形式审查。决定予以受理的，发给受理通知书，并在受理申请后10个工作日内向国家食品药品监督管理局报送相关申请材料；决定不予受理的，应当书面通知申请人并说明理由，同时告知申请人享有依法申请行政复议或者提起行政诉讼的权利。

国家食品药品监督管理局按照有关规定对申请材料进行审核，并在20个工作日内做出同意或者不同意进行现场验收的决定，并书面通知申请人。同意进行现场验收的，应当在20个工作日内对申请人按验收标准组织进行现场验收。验收不合格的，书面通知申请人并说明理由，同时告知申请人享有依法申请行政复议或者提起行政诉讼的权利；验收合格的，国家食品药品监督管理局应当在10个工作日内向申请人核发并送达互联网药品交易服务机构资格证书。

省、自治区、直辖市（食品）药品监督管理部门按照有关规定对通过自身网站与本企业成员之外的其他企业进行互联网药品交易服务的药品生产企业、药品批发企业和向个人消费者提供互联网药品交易服务的申请人提交的材料进行审批，并在20个工作日内做出同意或者不同意进行现场验收的决定,并书面通知申请人。同意进行现场验收的,应当在20个工作日内组织对申请人进行现场验收。验收不合格的,书面通知申请人并说明理由,同时告知申请人享有依法申请行政复议或者提起行政诉讼的权利;经验收合格的,省、自治区、直辖市(食品)药品监督管理部门应当在10个工作日内向申请人核发并送达互联网药品交易服务机构资格证书。

国家食品药品监督管理局和省、自治区、直辖市(食品)药品监督管理部门对申请人的申请进行审查时,发现行政许可事项直接关系到他人重大利益的,应当告知该利害关系人,并听取申请人、利害关系人的陈述和申辩。依法应当听证的,按照法律规定举行听证。

提供虚假材料申请互联网药品交易服务的,(食品)药品监督管理部门不予受理,给予警告,一年内不受理该企业提出的从事互联网药品交易服务的申请。

提供虚假材料申请从事互联网药品交易服务取得互联网药品交易服务机构资格证书的,(食品)药品监督管理部门应当撤销其互联网药品交易服务机构资格证书,三年内不受理其从事互联网药品交易服务的申请。

(4) 互联网药品交易服务机构的网上药品交易　在依法获得(食品)药品监督管理部门颁发的互联网药品交易服务机构资格证书后,申请人应当按照《互联网信息服务管理办法》的规定,依法取得相应的电信业务经营许可证,或者履行相应的备案手续。

提供互联网药品交易服务的企业必须在其网站首页显著位置标明互联网药品交易服务机构资格证书号码。

提供互联网药品交易服务的企业必须严格审核参与互联网药品交易的药品生产企业、药品经营企业、医疗机构从事药品交易的资格及其交易药品的合法性。

对首次上网交易的药品生产企业、药品经营企业、医疗机构以及药品,提供互联网药品交易服务的企业必须索取、审核交易各方的资格证明文件和药品批准证明文件并进行备案。通过自身网站与本企业成员之外的其他企业进行互联网药品交易的药品生产企业和药品批发企业只能交易本企业生产或者本企业经营的药品,不得利用自身网站提供其他互联网药品交易服务。

(5) 严禁向个人销售处方药　向个人消费者提供互联网药品交易服务的企业只能在网上销售本企业经营的非处方药,不得向其他企业或者医疗机构销售药品。同时,向个人消费者提供互联网药品交易服务的企业,还必须是依法设立的药品连锁零售企业,有执业药师负责网上实时咨询,并有保存完整咨询内容的设施、设备及相关管理制度。

(6) 严禁医疗机构上网销售药品　在互联网上进行药品交易的药品生产企业、药品经营企业和医疗机构必须通过经(食品)药品监督管理部门和电信业务主管部门审核同意的互联网药品交易服务企业进行交易。参与互联网药品交易的医疗机构只能购买药品,不得上网销售药品。

(7) 企业变更和换证　提供互联网药品交易服务的企业变更网站网址、企业名称、企业法定代表人、企业地址等事项的,应填写《互联网药品交易服务变更申请表》,并提前30个工作日向原审批部门申请办理变更手续,变更程序与原申请程序相同。变更服务范围的,原有的资格证书收回,按本规定重新申请,重新审批。

提供互联网药品交易服务的企业需要歇业、停业半年以上的,应在其停止服务前一个月向所在地省、自治区、直辖市(食品)药品监督管理部门提出书面备案申请。省、自治区、直辖市（食品）药品监督管理部门收到备案申请后，应当在 10 个工作日内通知电信管理部门。

在互联网药品交易服务机构资格证书有效期内，歇业、停业的企业需要恢复营业的，应当向其备案的省、自治区、直辖市（食品）药品监督管理部门申请重新验收，经验收合格，方可恢复营业。

互联网药品交易服务机构资格证书有效期届满，需要继续提供互联网药品交易服务的，提供互联网药品交易服务的企业应当在有效期届满前 6 个月内，向原发证机关申请换发互联网药品交易服务机构资格证书。原发证机关按照原申请程序对换证申请进行审核，认为符合条件的，予以换发新证；认为不符合条件的，发给不予换证通知书并说明理由，原互联网药品交易服务机构资格证书由原发证机关收回并公告注销。

（8）违规交易的处罚措施　未取得互联网药品交易服务机构资格证书擅自从事互联网药品交易服务，或者互联网药品交易服务机构资格证书超出有效期的，（食品）药品监督管理部门责令限期改正，给予警告；情节严重的，移交信息产业主管部门等有关部门，依照有关法律、法规予以处罚。

提供互联网药品交易服务的企业有下列情形之一的，（食品）药品监督管理部门责令限期改正，给予警告；情节严重的，撤销其互联网药品交易服务机构资格，并注销其互联网药品交易服务机构资格证书：

① 未在其网站主页显著位置标明互联网药品交易服务机构资格证书号码的；

② 超出审核同意范围提供互联网药品交易服务的；

③ 为药品生产企业、药品经营企业和医疗机构之间的互联网药品交易提供服务的企业与行政机关、医疗机构和药品生产经营企业存在隶属关系、产权关系或者其他经济利益关系的；

④ 有关变更事项未经审批的。

提供互联网药品交易服务的企业为未经许可的企业或者机构交易未经审批的药品提供服务的，（食品）药品监督管理部门依照有关法律、法规给予处罚，撤销其互联网药品交易服务机构资格，同时移交信息产业主管部门等有关部门，依照有关法律、法规予以处罚。

为药品生产企业、药品经营企业和医疗机构之间的互联网药品交易提供服务的企业直接参与药品经营的，（食品）药品监督管理部门依照《中华人民共和国药品管理法》第七十三条规定进行处罚，撤销其互联网药品交易服务机构资格，并注销其互联网药品交易服务机构资格证书，同时移交信息产业主管部门等有关部门，依照有关法律、法规予以处罚。

向个人消费者提供互联网药品交易服务的药品连锁零售企业在网上销售处方药或者向其他企业或者医疗机构销售药品的，（食品）药品监督管理部门依照药品管理法律法规给予处罚，撤销其互联网药品交易服务机构资格，并注销其互联网药品交易服务机构资格证书，同时移交信息产业主管部门等有关部门，依照有关法律、法规予以处罚。

药品生产、经营企业和医疗机构通过未经审批同意或者超出审批同意范围的互联网药品交易服务企业进行互联网药品交易的，（食品）药品监督管理部门责令改正，给予警告。

（食品）药品监督管理部门在互联网药品交易服务审批中有违反《中华人民共和国行政

许可法》第七十二条、第七十三条、第七十四条、第七十七条规定情形的，按照有关规定处理❶。

8.4.2 《互联网药品信息服务管理办法》

为加强药品监督管理，规范互联网药品信息服务活动，保证互联网药品信息的真实、准确，根据《中华人民共和国药品管理法》、《互联网信息服务管理办法》和《中华人民共和国行政许可法》，国家食品药品监督管理局于2004年7月8日制定《互联网药品信息服务管理办法》（简称《办法》），《办法》适用于在中华人民共和国境内提供互联网药品信息服务活动。

（1）互联网药品信息服务的概念　互联网药品信息服务，是指通过互联网向上网用户提供药品（含医疗器械）信息的服务活动。

（2）互联网药品信息服务的类型　互联网药品信息服务分为经营性和非经营性两类。

① 经营性互联网药品信息服务是指通过互联网向上网用户有偿提供药品信息等服务的活动。

② 非经营性互联网药品信息服务是指通过互联网向上网用户无偿提供公开的、共享性药品信息等服务的活动。

（3）监管机制　国家食品药品监督管理局对全国提供互联网药品信息服务活动的网站实施监督管理。省、自治区、直辖市（食品）药品监督管理局对本行政区域内提供互联网药品信息服务活动的网站实施监督管理。

（4）药品信息网站的申请要求

① 申请程序　拟提供互联网药品信息服务的网站，按照属地监督管理的原则，向该网站主办单位所在地省级药品监督管理部门提出申请，经审核同意后取得提供互联网药品信息服务的资格。然后向国务院信息产业主管部门或者省级电信管理机构申请办理经营许可证或者办理备案手续。

为了提高行政审批工作效率，各省食品药品监督管理局通过电子审批系统对互联网药品信息服务进行审核。申请提供互联网药品信息服务的申请单位应在国家食品药品监督管理局政府网站（网址：http：//www.sda.gov.cn）在线申请，同时提交与在线申请内容一致的《互联网药品信息服务申请表》一式三份，其中一份由各省药品监督管理局保存，一份由申请单位提交给所在地省级信息产业管理部门，一份申请单位留存。

②《互联网药品信息服务资格证书》的核发　各省、自治区、直辖市（食品）药品监督管理局对本辖区内申请提供互联网药品信息服务的互联网站进行审核，符合条件的核发《互联网药品信息服务资格证书》。《互联网药品信息服务资格证书》的格式由国家食品药品监督管理局统一制定。

③ 互联网药品信息内容的具体要求　提供互联网药品信息服务的网站，应当在其网站主页显著位置标注《互联网药品信息服务资格证书》的证书编号。所登载的药品信息必须科学、准确，必须符合国家的法律、法规和国家有关药品、医疗器械管理的相关规定。

不得发布麻醉药品、精神药品、医疗用毒性药品、放射性药品、戒毒药品和医疗机构制

---

❶ 网上药品交易有章可循——解析《互联网药品交易服务审批暂行规定》［EB/OL］.（2005-10-15）［2008-03-29］. http://www.100md.com/html/DirDu/2005/10/15/28/49/82.htm.

剂六种产品信息。

发布的药品（含医疗器械）广告，必须经过（食品）药品监督管理部门审查批准。发布的药品（含医疗器械）广告要注明广告审查批准文号。

④ 申请者的资格要求　各级食品药品监督管理部门不得开办经营性互联网药品信息服务的网站。

申请提供互联网药品信息服务，除应当符合《互联网信息服务管理办法》规定的要求外，还应当具备下列条件。

a. 组织条件。互联网药品信息服务的提供者应当为依法设立的企事业单位或者其他组织。

b. 基本条件。具有与开展互联网药品信息服务活动相适应的专业人员、设施及相关制度。

c. 专业要求。有两名以上熟悉药品、医疗器械管理法律、法规和药品、医疗器械专业知识，或者依法经资格认定的药学、医疗器械技术人员。

d. 申请单元。提供互联网药品信息服务的申请应当以一个网站为基本单元。

⑤ 申请提供互联网药品信息服务所需材料　应当填写国家食品药品监督管理局统一制发的《互联网药品信息服务申请表》，向网站主办单位所在地省、自治区、直辖市（食品）药品监督管理部门提出申请，同时提交以下材料。

a. 企业营业执照复印件（新办企业提供工商行政管理部门出具的名称预核准通知书及相关材料）。

b. 网站域名注册的相关证书或者证明文件。从事互联网药品信息服务网站的中文名称，除与主办单位名称相同的以外，不得以"中国"、"中华"、"全国"等冠名；除取得药品招标代理机构资格证书的单位开办的互联网站外，其他提供互联网药品信息服务的网站名称中不得出现"电子商务"、"药品招商"、"药品招标"等内容。

c. 网站栏目设置说明（申请经营性互联网药品信息服务的网站需提供收费栏目及收费方式的说明）。

d. 网站对历史发布信息进行备份和查阅的相关管理制度及执行情况说明。

e. （食品）药品监督管理部门在线浏览网站上所有栏目、内容的方法及操作说明。

f. 药品及医疗器械相关专业技术人员学历证明或者其专业技术资格证书复印件、网站负责人身份证复印件及简历。

g. 健全的网络与信息安全保障措施，包括网站安全保障措施、信息安全保密管理制度、用户信息安全管理制度。

h. 保证药品信息来源合法、真实、安全的管理措施、情况说明及相关证明。

（5）药品信息网站的审批权限　各省级药品监督管理局负责对本行政区域内拟提供互联网药品信息服务（经营性和非经营性）的申请的受理、审核工作。

药监部门对审查过程施行透明管理。省级药品监督管理部门对申请人的申请进行审查时，应当公示审批过程和审批结果。申请人和利害关系人可以对直接关系其重大利益的事项提交书面意见进行陈述和申辩。依法应当听证的，按照法定程序举行听证。

① 受理权的使用及时限　省级药品监督管理部门在收到申请材料之日起5日内做出受理与否的决定，受理的，发给受理通知书；不受理的，书面通知申请人并说明理由，同时告知申请人享有依法申请行政复议或者提起行政诉讼的权利。

对于申请材料不规范、不完整的，省、自治区、直辖市（食品）药品监督管理部门自申请之日起 5 日内一次告知申请人需要补正的全部内容；逾期不告知的，自收到材料之日起即为受理。

② 审核权的使用及时限　省级药品监督管理部门自受理之日起 20 日内对申请提供互联网药品信息服务的材料进行审核，并做出同意或者不同意的决定。同意的，由省级药品监督管理部门核发《互联网药品信息服务资格证书》（分正本和副本），同时报国家食品药品监督管理局备案并发布公告；不同意的，应当书面通知申请人并说明理由，同时告知申请人享有依法申请行政复议或者提起行政诉讼的权利。国家食品药品监督管理局对各省级药品监督管理部门的审核工作进行监督。

③《互联网药品信息服务资格证书》管理办法　《互联网药品信息服务资格证书》有效期为 5 年。

有效期届满，需要继续提供互联网药品信息服务的，持证单位应当在有效期届满前 6 个月内，向原发证机关申请换发《互联网药品信息服务资格证书》。原发证机关进行审核后，认为符合条件的，予以换发新证；认为不符合条件的，发给不予换发新证的通知并说明理由，原《互联网药品信息服务资格证书》由原发证机关收回并公告注销。

省级药品监督管理部门根据申请人的申请，应当在《互联网药品信息服务资格证书》有效期届满前做出是否准予其换证的决定。逾期未做出决定的，视为准予换证。

④ 关于信息服务提供者发生变更的相关规定　互联网药品信息服务提供者变更下列事项之一的，应当向原发证机关申请办理变更手续，填写《互联网药品信息服务项目变更申请表》，同时提供下列相关证明文件。

a.《互联网药品信息服务资格证书》中审核批准的项目（互联网药品信息服务提供者单位名称、网站名称、IP 地址等）。

b. 互联网药品信息服务提供者的基本项目（地址、法定代表人、企业负责人等）。

c. 网站提供互联网药品信息服务的基本情况（服务方式、服务项目等）。

⑤ 变更的管理及时限　省级药品监督管理部门自受理变更申请之日起 20 个工作日内做出是否同意变更的审核决定。同意变更的，将变更结果予以公告并报国家食品药品监督管理局备案；不同意变更的，以书面形式通知申请人并说明理由。

⑥ 日常管理　省级药品监督管理部门应当对提供互联网药品信息服务的网站进行监督检查，并将检查情况向社会公告。

对在监督检查中发现的违反《办法》规定的问题要依法予以处理并记录在《互联网药品信息服务资格证书》副本上。

(6) 处罚情况

① 对无证或使用无效资格证书的处罚规定　未取得或者超出有效期使用《互联网药品信息服务资格证书》从事互联网药品信息服务的，由国家食品药品监督管理局或者省、自治区、直辖市（食品）药品监督管理部门给予警告，并责令其停止从事互联网药品信息服务；情节严重的，移送相关部门，依照有关法律、法规给予处罚。

② 对不标注证书编号的处罚规定　提供互联网药品信息服务的网站不在其网站主页的显著位置标注《互联网药品信息服务资格证书》的证书编号的，国家食品药品监督管理局或者省、自治区、直辖市（食品）药品监督管理部门给予警告，责令限期改正；在限定期限内拒不改正的，对提供非经营性互联网药品信息服务的网站处以 500 元以下罚款，对提供经营

性互联网药品信息服务的网站处以 5000 元以上 1 万元以下罚款。

③ 信息服务提供者违反本《办法》的处罚规定 互联网药品信息服务提供者违反本办法,有下列情形之一的,由国家食品药品监督管理局或者省级药品监督管理部门给予警告,责令限期改正;情节严重的,对提供非经营性互联网药品信息服务的网站处以 1000 元以下罚款,对提供经营性互联网药品信息服务的网站处以 1 万元以上 3 万元以下罚款;构成犯罪的,移送司法部门追究刑事责任:

  a. 已经获得《互联网药品信息服务资格证书》,但提供的药品信息直接撮合药品网上交易的;

  b. 已经获得《互联网药品信息服务资格证书》,但超出审核同意的范围提供互联网药品信息服务的;

  c. 提供不真实互联网药品信息服务并造成不良社会影响的;

  d. 擅自变更互联网药品信息服务项目的。

④ 执行处罚的(主管)部门 互联网药品信息服务提供者在其业务活动中,违法使用《互联网药品信息服务资格证书》的,由国家食品药品监督管理局或者省级药品监督管理部门依照有关法律、法规的规定处罚。

⑤ 对药品监管部门的管理规定 省级药品监督管理部门违法对互联网药品信息服务申请做出审核批准的,原发证机关应当撤销原批准的《互联网药品信息服务资格证书》,由此给申请人的合法权益造成损害的,由原发证机关依照国家赔偿法的规定给予赔偿;对直接负责的主管人员和其他直接责任人员,由其所在单位或者上级机关依法给予行政处分。

8.4.3 《关于加强药品监督管理促进药品现代物流发展的意见》

  国家食品药品监督管理局 2005 年 4 月 19 日出台《关于加强药品监督管理促进药品现代物流发展的意见》(简称《意见》),以从监督管理的角度促进药品现代物流有一个较快的发展。

  《意见》指出,对于申请新开办药品批发的企业,要按照《药品经营许可证管理办法》和《药品经营质量管理规范》的规定,坚持药品批发企业的现代物流准入条件,坚持药品批发企业要具有适合药品储存和实现药品入库、传送、分拣、上架、出库等现代物流系统的装置和设备,具有独立的计算机管理信息系统,能覆盖企业药品的购进、储存、销售各环节管理以及经营全过程的质量控制。

  《意见》提出,鼓励具有药品现代物流条件的药品批发企业通过兼并、重组、联合发展,促进规范化、规模化,使企业做大做强。允许其接受已持有许可证的药品企业委托进行药品的储存、配送服务业务。允许有实力并具有现代物流基础设施及技术的企业为已持有许可证的药品企业开展第三方药品现代物流配送。积极支持具有现代物流基础设施及技术的药品企业参与农村药品配送,在农村"两网"建设中实现更大规模、更大区域的集中配送、连锁经营。

8.4.4 《第三方药品物流企业从事药品物流业务有关要求》

  国家食品药品监督管理局为了保证第三方药品物流业务的正常开展,在征求了部分省(区、市)食品药品监督管理部门意见的基础上,2005 年 6 月 30 日制定了《第三方药品物流企业从事药品物流业务有关要求》(以下简称《有关要求》)。

从事第三方药品物流的企业应符合《意见》中"仓储、运输条件要优于《开办药品批发企业验收实施标准（试行）》中相关条件的要求"和《有关要求》规定的条件，并向注册地省级食品药品监督管理部门提出申请，填写《开展第三方药品物流业务申请书》，现场检查合格后方可从事第三方药品物流。第三方物流企业跨省（区、市）设置的物流设施，可由注册地省级食品药品监督管理部门会同所跨地区食品药品监督管理部门进行检查。

通过检查可以从事第三方物流的企业，在接受药品物流委托时，应与委托方一并向本企业所在地省级食品药品监督管理部门提出申请，填写《委托、被委托药品储存、配送业务申请书》。属跨省（区、市）委托的，在申请被确认后，需将申请书、确认结果以及企业开展第三方药品物流业务申报资料等，一并送交委托方所在地省级食品药品监督管理部门。

第 9 章
移动电子商务

在移动通信和电子商务技术发展的触动下,一种新型的电子商务模式已显示出巨大市场潜力,这便是移动电子商务。

9.1 移动电子商务概述

随着基于互联网的电子商务被广为应用,移动技术也取得了很大的发展,移动商务也随之兴起。基于无线的移动商务凭借技术上的优势,开始成为传统电子商务的有益补充,其几倍于互联网的用户群使得无线商务有着更大的前景和巨大的商机——移动电子商务应用将成为下一轮产业竞争的焦点。

9.1.1 移动电子商务的含义

移动电子商务是利用移动设备和移动通信技术,随时随地存储、传输和交流各种商业信息,进行商业活动的创新业务模式。目前,常见的移动设备有手机、掌上电脑、个人数字助理(PDA)、便携式电脑等。移动电子商务利用了无线通信技术的诸多优点,是对传统电子商务的有益补充。

9.1.2 移动电子商务的特点

移动电子商务是传统互联网商务活动在移动领域的延伸和发展,充分运用其移动性消除了时间和地域的限制,为商务活动的实现提供便捷,使随时随地的信息传输和商业交易成为可能。移动电子商务的主要业务特点体现为以下 6 个方面。

(1)移动性　这是移动电子商务最大的特点,需要移动电子商务提供服务的人一般都处于移动之中。仅仅把移动商务理解为移动的电子商务是片面的,因为移动的不仅仅是移动终端,而更应该看到的是人和服务的移动。它保证商业信息流可以随着移动设备的移动而移动,消除了时间和地域的限制。业务人员可以随时随地获得、携带和传递商业信息,消费者也可在方便的时候使用智能电话或 PDA 选购商品、获取服务和娱乐等。

(2)即时性　移动电子商务的客户一般要求马上得到所需信息。

(3)私人性　由于移动终端一般都属于个人使用,不会是公用的,为移动商务带来了独特的优势,因此发展与私人身份认证相结合的业务是一个很有前途的方向。

(4)方便性　由于移动终端,尤其是手机按键的限制,移动电子商务的服务要求操作简便,响应时间短。

(5) 个性化服务 移动电子商务能根据消费者的个性化需求和喜好定制,用户还可以自己选择设备,以及提供服务与信息的方式。

(6) 安全性 移动电子商务可以方便地利用移动设备的内置认证特征来确认用户的身份,这是安全认证的重要基础。此外,其安全性还可通过数字签名等方式进一步增强。

9.1.3 移动电子商务的服务模式

移动电子商务是利用移动互联网技术通过手机、个人数字助理(PDA)和笔记本电脑等移动终端进行商务活动。移动电子商务应用服务模式从用户角度来细分,可分为个人应用和企业级应用,如图 9-1 所示。

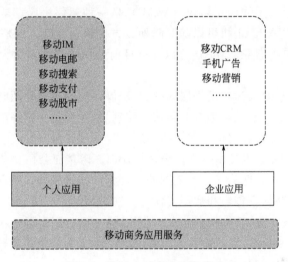

图 9-1 移动电子商务服务模式

(1) 移动即时通信(IM) 移动即时通信服务是在传统的基于 Web 通信系统上,把手机的短信和手机移动互联网完美地结合起来,使用户通过手机终端,也能够方便地与他人以短信、移动互联网来进行即时的信息交流。它突破了传统 Web 界限,把即时信息转移到移动互联网上面,同时用户通过短消息或移动互联网,实现更即时的交流。目前用户最常用的移动即时通信工具主要是移动 QQ 和移动 MSN,两个软件用户量几乎占据整个移动即时通信市场。

(2) 移动电邮 移动电邮业务是用户在任何时间、任何地点通过便携式的手持终端即可收发电子邮件。移动电邮业务是一项利用 Push 技术将 Mail 直接可以如同短信一样推送到终端(手机)上的服务。这样一来,用户就不用频繁上网登录邮箱查看邮件,为用户节省了大量的时间。Push Mail 能够加入安全密码,使企业用户在移动办公方面得到安全保障,而且由于移动电邮所能承载的内容比较多,一旦发展起来,应该比短信收费便宜。

(3) 移动搜索 移动搜索是利用移动终端搜索 WAP(wireless application protocol,无线应用协议)站点或者短信搜索引擎系统,通过移动通信网络与互联网的对接,将包含用户所需信息的互联网中的网页内容转换为移动终端所能接收的信息,并针对移动用户的需求特点提供的个性化搜索方式。

(4) 移动支付 移动支付是通过手机终端实现电子货币与移动通信业务的结合,一项跨行业的服务。手机支付丰富了银行服务内涵,使人们不仅可以在固定场所享受银行服务,更可以在旅游、出差中高效便利地处理各种金融理财业务。手机支付服务不仅方便了银行为用户提供服务,还有效利用了无线通信资源。同时,利用国内无线移动通信的技术和覆盖范围等方面的优势,可以更广泛地为所有投资者提供专业服务,为银行业务发展提供更广阔空间。

(5) 移动股市　移动股市服务通过手机服务可以随时随地查询价格和股市行情,还可以进行股票交易。移动股市提供中文菜单界面,只需滚动选择,就能完成多项操作,具体股市服务有行情查询、到价提示、股票交易、交易信息等。

9.1.4　移动电子商务的技术

(1) 无线应用协议　无线应用协议(WAP)是一种通信协议,是开展移动电子商务的核心技术之一。通过 WAP,手机可以随时随地、方便快捷地接入互联网,真正实现不受时间和地域约束的移动电子商务。WAP 可以支持目前使用的绝大多数无线设备和各种移动传输网络。

(2) 移动 IP　移动 IP 通过在网络层改变 IP 协议,使得节点在两条链路间切换时无需改变它的 IP 地址,也不必中断正在进行的通信。移动 IP 技术在一定程度上能够很好地支持移动电子商务的应用,但是目前它仍存在一些问题。

(3) 蓝牙技术　蓝牙技术是由爱立信公司、IBM、诺基亚公司、英特尔公司和东芝等共同推出的一项基于低成本、低功率、小范围的短程无线连接标准,实现数字设备间的无线互联。它支持 64kbps 实时话音传输和数据传输,传输距离为 10~100m。

(4) 通用分组无线业务(general packet radio service,GPRS)　GPRS 将分组交换模式引入到 GSM(global system for mobile communications)网络中,突破了较低的传输速率的限制,满足传送活动视像的基本需求。

(5) 移动定位系统　移动电子商务的主要应用领域之一就是基于位置的业务,目前移动定位业务的具体应用可大致分为公共安全业务、跟踪业务、基于位置的个性化信息服务、导航服务以及基于位置的计费业务等。

(6) 第三代(3rd generation,3G)移动通信系统　3G 的无线通信产品提供速率高达 2Mbs 的宽带多媒体业务,支持高质量的话音、分组数据、多媒体业务和多用户速率通信,这将从根本上改变人们的通信和生活方式。

(7) 微波存取全球互通(world interoperability for microwave access,WiMAX)技术　WiMAX 被业界誉为"4G(4th generation)技术"或者"beyond 3G 技术"。WiMAX 将 IP 宽带技术和无线接入技术两种技术融合,可以支持基于 IP 的固定、漫游、便携等综合业务的接入。其基站无线信号传输可达 50km 且网络覆盖面积是 3G 发射塔的 10 倍。它能够提供高达 100Mbit/s 的数据传输速率,支持的业务从语音到多媒体业务,包括实时的流媒体业务,而且数据传输速率可以根据业务所需速率的不同动态调整,并能够满足几乎所有用户对于无线服务的要求。4G 的价格与固定宽带网络不相上下,计费方式更加灵活,用户可以根据自身的需求确定所需的服务。因此,4G 将带给人们真正的沟通自由。2007 年 1 月 28 日,我国在 4G 移动通信方面的研发成果首次在上海亮相,通过普通的笔记本电脑在通过无线与移动网络连接以后,就可以同时观看两部高清格式的电影,并且还可以同步高速下载两部电影。

(8) 无线应用公钥基础设施（wireless public key infrastructure，WPKI）技术　WPKI 是实现移动电子商务关于密钥和证书管理、加密等的一系列策略与过程。主要由认证中心（CA）、注册中心（RA）、智能卡和加密算法组成，能够满足移动电子商务安全的要求，即保密性、完整性、真实性、不可抵赖性，消除了用户在交易中的风险[1]。

9.2　移动电子商务的微支付

微支付与人们的生活密切相关，随着因特网和手机的发展，移动微支付越来越被人们所接受和喜爱，谁都愿意方便快捷地使用手机随时随地的购买一条新闻或订购一块面包。最开始的移动微支付是由中国移动（China Mobile Communication Company，CMCC，国内移动通信运营商之一）发起的，支付账户与用户的手机话费账户被绑定在一起，用户购物的货款由中国移动代商家从用户手机话费中扣除，商家另外与中国移动进行结算。该方案简化了付款流程，只要用户拥有中国移动的手机账户就可以通过短信方式来确认一次交易。但简化的背后隐藏着许多问题，如消费者终端无保密功能、商家欺诈消费者、消费者抵赖消费等。更为严重的是，由于缺乏安全认证机制，大多数纠纷很难仲裁。消费者多时处于弱势，因为他们往往无法撤消一次"有问题的消费"，只能先接受该次消费，然后拒绝后续的此类消费。

9.2.1　基于账户的支付系统

移动微支付系统模型如图 9-2 所示，该模型包括四个实体：用户、商家、移动运营商和用户银行。在第一次使用该业务时，用户到用户银行柜台注册微支付业务，将银行账户与自己在中国移动的微支付账户绑定。用户在进行微支付前必须保证微支付账户中有足够的余额，若余额不足则需要通过短信方式从银行账户中转款至微支付账户中才能进行消费。商家若想加入微支付行列，事先要在中国移动开设存款账户。每次支付完成后，中国移动负责将钱转入商家的存款账户中。该账户中的现金将被冻结一定时期以帮助解决买卖纠纷，冻结期过后商家可从中提款。

(1) 支付流程

① 用户提款协议　用户通过短信服务提款指令通知 CMCC 从信用卡中提取指定数量的现金存入微支付账户中。

② 支付协议

a. 用户浏览商家物品，确定要购买的物品，商家将订单（物品列表、金额等）发送给用户确认。

b. 用户通过短信支付指令通知 CMCC 对相应的订单号进行支付。

c. CMCC 从用户微支付账户中扣除相应的金额并转入商家在中国移动的存款账户中。

③ 商家提款协议　若此次交易未发生纠纷，商家在现金冻结期过后便可提款。

(2) 模型分析

① 模型特点　这个模型里中国移动不再从用户话费中代扣货款，而是将管理资金的权限交给了银行，他只负责提供支付时的通信支持以及维护用户和商家的微支付账户。

---

[1] 郭芳，李桂荣，王英．浅析移动电子商务 [J]．商场现代化，2007 (5)：97．

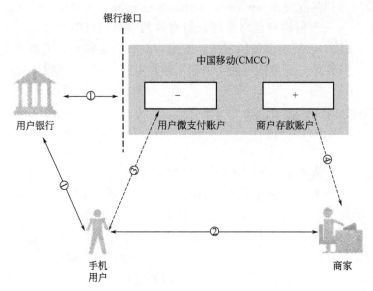

图 9-2 基于账号的移动微支付系统模型

② 安全性 用户与中国移动之间使用了基于用户身份鉴别模块（subscriber identification module，SIM）工具包（STK，SIM2 TooSkit）技术的端到端加密。STK 是一种小型编程语言的软件，可以固化在 SIM 卡中。它能够接收和发送短信数据，起到 SIM 卡与短信之间的接口的作用，同时它还允许 SIM 卡运行自己的应用软件。它使用了 64Bits 的三重数据加密标准（3 DES）算法，保证了通过短信传输的银行账户操作指令以及密码等的安全。另一方面，银行与中国移动之间有专用的线路和平台接口，确保了资金转移的安全性。

③ 匿名性 中国移动记录了用户的银行账户信息和商家账户信息，并且记录了用户的每一笔交易对象，由于中国移动不是一个公认可信实体，用户的现金流向就失去了匿名保护。

④ 原子性 由于钱流动的范围仅限于银行⇌中国移动和用户微支付账户⇌商家存款账户之中，每笔交易都有详细的日志记载，即使通信中断导致一笔交易中断或失败，系统也可以依靠日志将钱的数量恢复到中断之前的状态，钱的总量是守恒的，所以该模型满足钱的原子性；此模型的支付模式是先付款后发货，这就可能存在用户付了款但得不到商品的情况，因此不满足商品原子性，进而也不满足确认发送原子性。

⑤ 模型缺陷

a. 不支持离线支付。中国移动充当着用户、商家存钱箱的角色，用户必须通过它在线完成支付的过程。

b. 操作不可靠。交易活动都是通过短信指令完成的，短信是简单的存储转发模式，致命缺陷是交互性差、响应时间不确定，只能实现请求⇌响应的非实时业务；另外，短信所载信息量少，无法实现交互流程，不同业务需要使用不同的指令完成。

c. 欺诈嫌疑。中国移动成为了用户和商家的代理人，用户必须信任此代理人，但是代理人和商家有可能联合欺诈用户。

d. 操作烦琐。用户要先从银行账户中划拨钱至中国移动的微支付账户中，然后才可以进行消费。

e. 效率低下。中国移动不但要存储用户的微支付账户，还要存储各种商家的存款账户，如果支付频繁，中国移动会成为瓶颈。

9.2.2 基于代币的移动微支付系统模型

如果将基于账号的支付模式看作平时购物时用信用卡结算一样，那么基于代币模式的支付就类似最普通最常见的现金付款，只不过在电子商务中，现金变成了代币形式的电子现金。使用代币消费更接近于人们习惯的付款方式，同时它又将付款流程电子化，免去了找零等过程，因此更容易被人们所接受。图9-3就是一种适用于移动微支付的基于代币的系统模型。

该模型同样包括四个实体：用户、商家、移动运营商和银行。这种方式最显著的变化就是中国移动不再充当用户和商家的存钱箱，用户和商家的钱都存在各自的银行中，中国移动只负责提供给他们通信环境。用户购物前需向银行申请一定数量的电子现金，付款时用户将电子现金交给商家，事后商家拿此电子现金到银行兑换成现金。用户也不再使用加密短信完成交易活动，而是使用基于JAVA技术的电子钱包。电子钱包是一套JAVA软件，通常是由银行提供的。它能够与银行公共接口进行通信，完成数据的加解密、身份认证以及辨别电子现金的真伪。它的加解密强度和运算能力远远大于使用STK（SIM tool kit，用户识别应用发展工具）技术的SIM卡。

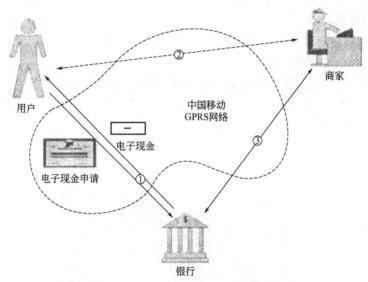

图9-3 基于代币的移动微支付系统模型

(1) 支付流程

① 用户提款协议

a. 用户首先要到银行柜台办理开户，银行为其对应的银行账号开通电子钱包功能，用户用手机通过GPRS网络从银行将电子钱包下载到手机上。

b. 用户使用电子钱包，在线实时地向银行申请一定数额的电子现金。

② 支付协议（通过GPRS网络实时在线完成）

a. 用户浏览商家物品，确定要购买的物品，商家将订单（物品列表、金额等）传给用户确认。

b. 用户将同等数额的电子现金传给商家。

c. 商家验证电子现金的有效性，若有效则发货给客户。

③ 商家存款协议　商家将电子现金存入银行，银行再次验证电子现金的有效性，若有效商家得到现金并给用户发送支付确认。

（2）模型特点

① 安全性　用户的电子现金的流入流出都是通过电子钱包完成的，电子钱包由银行发行，它可以完成较大强度的加解密运算，强度大于 STK 技术。随着手机技术的不断发展，手机的运算能力会不断地增强，加解密能力也会随之提高。

② 匿名性　电子现金存在手机的电子钱包里而不是中国移动的微支付账户，中国移动只负责提供 GPRS 网络服务，无法追查用户电子钱包中电子现金的流向和用户的交易对象。在我国，银行对于用户是可信任的，在没有特殊情况下银行不会透露用户的身份。

③ 原子性　首先该模型满足钱的原子性。假设因为网络故障，用户支付给商家的电子现金没有送达商家，因为电子现金中含有有效期，若在有效期内商家仍未收到该电子现金则放弃此次交易，用户可以再次使用该电子现金或退回给银行，钱的总量不会改变。其次该模型是货到付款方式，但也存在用户收到商品后拒绝付款的情况，所以仍不满足商品原子性和确认发送原子性。

④ 该模型优点

a. 支持离线支付。整个支付过程不需要银行的参与，商家可以立即验证电子现金的真伪，事后才到银行兑换现金。

b. 操作实时进行。实体间的通信通过 GPRS 网络完成，GPRS 有"远在线"的优势，用户可以实时及时地得到响应消息。

c. 分工明确。移动运营商与银行的分工更加明确，不但给日后仲裁提供了方便，同时也提高了支付效率❶。

---

❶　熊筱芳，杨一涛，李艳，罗梦琳. 对移动电子商务微支付模式的研究［J］. 南昌高专学报，2006（4）：40-42.

第 10 章
医药电子商务的标准

电子商务不是一个单纯的技术问题，而是一个跨国界、跨地区、跨行业的多种技术综合集成与不同社会经济文化背景形成的各种习俗不断冲突、不断协调和不断统一的综合性社会系统工程。标准化在其间起着协调和统一有关技术问题，更新经营观念，确立市场运营的技术规则，连接电子商务的各个环节，确保其协同工作，使之有序、高效、快速健康发展的纽带性作用。在这样一个庞大的社会系统工程中，着重从业务和技术两个角度，理清电子商务标准体系的框架结构，对于有效开展电子商务标准化工作具有重要作用。

10.1 医药电子商务标准体系

电子商务活动是否能在全球范围内灵活、安全地进行，其核心是国际化标准，只有在统一完善的国际标准氛围里，才会有真正意义上的全球经济一体化的电子商务平台。

10.1.1 医药电子商务标准概述

标准是为了在一定的范围内获得最佳秩序，经协商一致制定并由公认机构批准，共同使用的和重复使用的一种规范性文件。标准化是为了在一定的范围内获得最佳秩序，对现实问题或潜在问题用标准来制定共同使用和重复使用的条款的活动。

完整的标准体系应涵盖标准以及标准制定、运行和管理的整个过程。因此，标准体系包括标准体系（标准本身）、标准运行机制和标准管理体制。标准体系由一定范围内具有内在联系的标准组成的科学的有机整体。管理体制是制定和贯彻标准应遵循的标准化管理方针、原则、组织制度和标准体制。运行机制是制定和贯彻标准过程中运用的方式、方法和组织形式。

10.1.2 医药电子商务标准体系

医药电子商务标准体系框架由下列标准体系组成：信息技术基础标准体系、信息资源标准体系、网络基础设施标准体系、信息安全标准体系、应用标准体系和管理标准体系。

(1) 医药电子商务信息技术基础标准体系　医药电子商务信息技术基础标准体系包括术语标准、识别卡标准、存储媒体标准、软件与软件工程标准、设备标准和字符集编码标准。

① 术语标准，用于统一信息化建设中的主要名词、术语和技术词汇，包括基础术语和专业术语（医药电子政务、医药电子商务领域术语及网络和空间信息资源方面的术语）标准

两部分。

② 识别卡标准，包括条码卡、磁卡、（接触式和非接触式）IC 卡和光卡标准。

③ 存储媒体标准，包括光盘、磁盘和磁带标准。

④ 软件与软件工程标准，分为软件工程标准、操作系统与语言标准两部分。

⑤ 设备标准，包括计算机设备、外设专用终端、网络设备、安全设备标准等。

⑥ 字符集编码标准，包括字符代码结构、字符编码标准等。

(2) 医药电子商务信息资源标准体系 医药电子商务信息资源标准体系包括数据元标准、元数据标准、信息分类及编码标准、业务文档/媒体格式标准、数据库标准、描述技术标准、目录服务标准和 Web 服务标准。

① 数据元标准 数据元是通过定义、标识、表示以及允许值等属性描述的数据单元，是不可再分的最小数据单元。这部分包括数据元分类、定义、标识和属性标准等。

② 元数据标准 元数据（metadata）是描述数据元属性（即语义内容）的数据，用于数据资源的定位、评估和选择和共享等。这部分主要包括资源标识、标引语言（分类语言、主题词语言、XML 语言）、元数据和元数据注册标准等。

③ 信息分类及编码标准 信息分类及编码实现对信息的分类及其代码化，保障数据代码的一致性和互操作性，支持交换与共享。

④ 业务文档/媒体格式标准 文档是各种业务信息的载体，实现数据元信息的合成。这部分标准包括业务文档、文本、办公系统以及字符、音频和多媒体基础编码标准等。

⑤ 数据库标准 数据库标准主要包括数据库语言、数据库访问和建库规范等。

⑥ 描述技术标准 描述技术用于描述业务信息的语义，是对语法结构的规范化描述方法。

⑦ 目录服务标准 目录服务用于在网络中定位和标识数据及数据处理资源，并提供搜索和权限管理服务机制。目录服务标准包括 CCITT（ITU）X.500 目录服务和 IETF LDAP（LDAP 基于 X.500，但比 X.500 简单，是业界标准）。

⑧ Web 服务标准 Web 服务是可通过网络协议访问的软件组件。这部分包括 XML 技术、简单对象访问协议（SOAP）、Web 服务描述语言（WSDL）、统一描述/发现和集成协议（UDDI）、Web 服务资源框架（WSRF）和 Web 服务流程语言（WSFL）标准等。

(3) 医药电子商务网络基础设施标准体系 网络基础设施标准体系用于网络基础设施的规划、设计、建设、验收、测试、运行与维护。该标准体系按网络公用标准和实际使用的网络进行分析、归类，具体划分为共用标准、IP 网标准、ATM 网标准、以太网标准、传输网标准、接入网标准等。

① 共用标准 其包括术语标准、网络体系结构标准（OSI/RM）、线缆（光缆和电缆）标准和配套设施（机房、接口、电源、监测、通信及其他配套设施）标准。

② IP 网标准 TCP/IP 标准，包括总体标准、协议标准以及 MPLS、VPN、IPv6 标准等。

③ ATM 网标准 异步传输模式（ATM）是一种基于面向连接和信元的、具有质量保障的综合通信网的传输、复用和交换的网络技术，可满足高速、高效、综合业务的需求。

④ 以太网标准 以太网技术是目前局域网和城域网的主流技术，万兆以太网技术可能把该技术扩展到广域网应用领域。

⑤ 传输网标准 根据实现方式的不同，传输网络分为 PHD、SDH、WDM 和 MSTP 网

络，涉及 PDH、SDH、WDM 和 MSTP 标准等。

⑥ 接入网标准　接入网标准体系包括技术体制、接口和协议技术要求和测试方法、设备技术要求和测试方法等标准。

此外还包括卫星网、电话网、支撑网、业务网等标准。

(4) 医药电子商务信息安全标准体系

① 医药电子商务系统安全模型

a. 物理平台及安全。物理平台由计算机系统、存储系统等组成。物理平台安全为信息系统提供安全的物理环境，包括环境安全、防电磁泄漏等。

b. 网络平台及安全。网络平台提供信息传输和交换服务。网络平台安全主要解决网络通信和信息交换过程中的访问控制、实体鉴别以及传输过程中的信息机密性、完整性问题。

c. 应用支撑平台及安全。应用支撑平台对最终应用系统提供支撑，包括 Web 服务、数据库、信息交换、电子邮件、文件传输、工作流等。应用支撑平台通过安全传输层和应用层安全协议、访问控制、完整性保护、审计与监控等提供安全保护。

d. 应用平台及安全。应用平台是在应用支撑平台上运行的各种业务应用系统。应用平台安全包括 FTP 安全、医药电子商务安全和电子政务安全等应用层安全。通过传输层和应用层安全协议、电子签名、标识与鉴别、密码技术、抗抵赖、内容安全、访问控制和 PKI（加密公钥基础设施）等实现安全防护。

e. 安全支撑环境。安全支撑环境由各类安全技术和防护手段构成，如 PKI、访问控制、身份验证、数字签名与验证、可信时间等技术，用于保障应用系统的安全。

f. 系统安全管理。系统管理实施对网络基础设施、应用支撑平台、应用系统的技术和运行管理，涉及安全管理、等级保护标准、工程标准、评估与认证、运行类标准等。

② 医药电子商务安全标准体系。医药电子商务安全标准体系包括基础标准、技术标准和管理标准三个部分。

a. 基础标准，包括术语、体系结构、模型、框架标准。

b. 技术标准，包括密码技术、安全协议、标识与鉴别、访问控制、内容安全、电子签名、完整性保护、抗抵赖、审计与监控、密钥管理基础设施/公钥基础设施、物理安全技术标准等。

c. 管理标准，包括系统安全管理、等级保护、工程标准、评估与认证、运行类标准等。

(5) 医药电子商务应用标准体系　医药电子商务应用标准体系包括医药电子商务标准、电子政务标准和空间信息应用标准。

① 医药电子商务标准体系　总体标准、业务操作标准、功能服务标准。

② 电子政务标准体系　总体标准、应用业务标准、应用支撑标准、网络基础设施标准、信息安全标准、管理标准、软件工程标准、验收与监理标准、测试与评估标准、信息资源评价标准等。

③ 空间信息应用标准体系　术语标准、基础性标准、（地图）图形符号标准、工艺标准、产品帮助、检验和试验方法标准、数据交换及其他标准。

(6) 管理标准体系　管理标准体系包括系统管理、网络管理、工程标准、验收与监理标准、测试与评估标准以及质量控制与认证标准等❶。

---

❶ 崔轩辉，龙承祥，郭长金. 电子商务标准体系探析 [J]. 商场现代化，2006 (11)：91-92.

（7）国内现阶段的医药电子商务标准体系　2007年1月，国家电子商务标准化总体组正式成立，它是我国电子商务标准化工作的总体规划和技术协调机构，总体组的成立，将有力地推进我国电子商务标准化工作的进程，促进骨干企业参加电子商务国家标准的制定工作，强化电子商务标准的应用与实施，对于建立和完善国家电子商务标准化体系，支撑我国电子商务快捷、健康、有序发展具有重要的作用。现阶段国家电子商务标准体系由"基础技术标准"、"业务标准"、"支撑体系标准"和"监督管理标准"分体系构成（见图10-1）。随着电子商务业务和技术的不断发展，将来可以继续扩展❶。

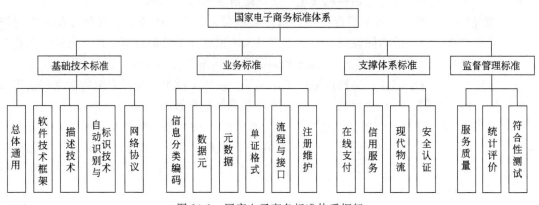

图 10-1　国家电子商务标准体系框架

10.2　医药电子商务的几种标准

当前国际上的几个主流电子商务标准分别为 EDI 标准、ebXML 标准和 RosettaNet 标准。为了保证中国企业信息化的顺利展开和深入发展，中国科学院软件所电子商务技术研究中心通过近一年的潜心研究，提出了以国际 XML 标准为基础、与国际其他相关标准可相互转换的、具有中国特色的电子商务信息化规范——cnXML。cnXML 在数据结构上首次提出了中英双语标准的概念，不仅支持英文标签，还全面支持中文标签。在双语的标准构架下，中国企业不仅在使用这个规范的时候没有母语的障碍，同时在从事国际交易的时候又不给国外企业造成语言上的障碍。

10.2.1　EDI 标准

联合国行政、商业与运输电子数据交换组织（United Nations Electronic Data Interchange for Administration Commerce and Transport，UN/EDIFACT）是国际 EDI 的主流标准。当今 EDI 国际标准主要就是指 UN/EDIFACT 标准和 ISO 标准。UN/EDIFACT 标准是由联合国欧洲经济委员会（UN/ECE）制定并发布的，而 ISO 标准由国际标准化组织制定并发布。并且这两个组织已形成了良好的默契，UN/EDIFACT 标准中的一部分已经纳入到 ISO 标准中，UN/EDIFACT 的很多标准都涉及 ISO 标准的应用。UN/EDIFACT 标准比较偏重当前的应用；而 ISO 的一些标准和研究结果则侧重未来的发展。

---

❶　张衡. 国内外电子商务标准演进［J］. 电子商务，2007（6）：27-30.

早在20世纪60年代初,联合国欧洲经济委员会贸易程序简化工作组(UN/ECE/WP.4)在贸易和发展会议的领导下,成立了两个专家工作组:GE1和GE2,分别负责UN/EDIFACT标准开发和处理贸易程序及单证问题。70年代初期该工作组推荐了供世界范围使用的《联合国贸易单证样式(UNLK)》,并相继产生了一系列标准代码,即国际贸易术语解释通则(INCOTERM)代码等,为数据交换提供了重要的规则,为EDI标准的建立奠定了基础。1981年UN/ECE/WP.4将推出的贸易数据交换指南(GTD1)和ANSI X.12标准一致起来,对统一制定EDI标准进行了协调,制定了联合国贸易数据交换用于行政、商业、运输的标准,并于1986年正式定名为UN/EDIFACT。EDIFACT由一整套用于EDI的国际间公认的标准、规则和指南组成,其公布得到了包括美国在内的世界各国的支持,美国也逐步地从ANSI X.12标准过渡到使用EDIFACT。EDIFACT的产生为电子报文取代传统的纸面单证奠定了基础,从而使得跨行业、跨国界的EDI应用成为可能。

当前主要存在两种EDI报文格式相关标准:一种是上述介绍的适用于行政、商业和运输业的国际标准EDIFACT;另一种则是美国的适用于各行各业的美国国家标准ANSI X.12。EDIFACT标准,是国际社会公认的EDI国际标准,支持这一标准的国家和地区越来越多,其中许多国家已将其转化为自己的国家标准。而ANSI X.12由于开发、应用时间较早,目前仍在北美地区流行,故此节单独介绍。

ANSI X.12的前身是由美国数据协调委员会(TDCC)20世纪60年代在美国国防部的支持下,制定的世界上第一个EDI标准——TDCC标准。1975年美国国家标准协会(ANSI)吸收和完善TDCC通用文件,在其基础上制定了适合各行业的通用标准——ANSI X.12标准。1980年成立了X.12鉴定标准委员会,下设10个分委员会,分别针对不同行业和功能,制定相应的贸易文件格式和标准。该标准在北美得到推广,沿用至今。

ANSI X.12和EDIFACT的体系结构相似。在EDIFACT系统中,将特定的电子单证(如订单、发票等)称为报文,而在ANSI X.12系统中,称之为交易集。ANSI X.12现已发布100多个交易集标准。

金融电子数据交换(financial electronic data interchange,FEDI)是银行与其商务伙伴间以标准方式进行的支付、相关支付信息、或金融相关文档的电子交换。由于EDI在支付活动中起着越来越重要的作用,并对银行业也有着重要影响,因此,目前不同规模的公司、企业、政府及金融机构正在采纳金融EDI进行支付,以最小化纸张流量。目前FEDI标准被严格用于B2B交易。

目前有四种支付标准方式用于FEDI,分别是现金集中与支付(cash concentration or disbursement,CCD)、现金集中与支付补遗(cash concentration or disbursement plus addenda,CCD+)、合作贸易交换(corporate trade exchange,CTX)、合作贸易支付(corporate trade payments,CTP)。用这四种格式能使贸易伙伴通过其金融机构,以标准格式进行支付与支付相关信息的电子传输。

10.2.2 ebXML标准

20多年前,电子商务的想法诞生,通过链接在一起的计算机系统,数据能从一个系统传送到其他系统,从而不再使用纸介质文件来交换商业数据。这个概念就是EDI的原型。EDI的出现大大提高了商业运作效率,但虽然全世界的前10000家公司中98%以上都在使用EDI,但全世界其他公司中却仅有5%是EDI的用户。这是为什么呢?这是因为EDI虽然很有效，但启动费用很高。

近一段时间以来，人们一直在寻找 EDI 的替代方案，希望能够找到一种使全球不同规模的公司都能受益的简单、便宜的交换标准商务文档的方法。在这样的背景下 ebXML 应运而生了。

(1) ebXML 的含义　ebXML 是一组支持模块化电子商务框架的规范。ebXML 支持一个全球化的电子市场，它使得任意规模的企业通过交换基于 XML 的信息，不受地域限制地接洽和处理生意。ebXML 是联合国（UN/CEFACT，贸易促进和电子商务中心）和 OASIS（结构化信息标准发展组织）共同倡导、全球参与开发和使用的规范。

ebXML 规范的最初版本于 2001 年 5 月发布。它的目标是使任何规模的商家能够和任何人开展电子商务。在现阶段，ebXML 是一套文档，包含若干完善的原型，但是有许多企业现在正在建造支持它的系统。

(2) ebXML 的任务　由于 XML 本身不具备使其适应商务世界需求的所有工具，所以希望通过 ebXML 实现：

① 使电子商务简单、容易，并且无所不在；
② 最大限度地使用 XML；
③ 为 B2B 和 B2C 提供一个同样的开放标准以进行跨行业的商务交易；
④ 将各种 XML 商务词汇的结构和内容一起放进一个单一的规范；
⑤ 提供一条从当前 EDI 标准和 XML 词汇表移植的途径；
⑥ 鼓励行业在一个共同的长期目标下致力于直接的或短期的目标；
⑦ 用 ebXML 进行电子商务活动，避免要求最终用户投资于专有软件或强制使用专业系统；
⑧ 保持最低成本；
⑨ 支持多种书面语言并容纳国内、国际贸易的通用规则。

(3) ebXML 的技术体系结构　ebXML 的技术体系结构尽可能使用了现存的标准，建立在 EDI 经验之上，并利用了 XML 的灵活性和 Internet 的普及性，整个体系结构是模块式的。

① 消息传送　ebXML 消息使用 SOAP（simple pbject access protocol，简单对象访问协议）规范。SOAP 是一个 XML 应用程序，定义一种用报头表示发送者、接收者、路由和安全细节的消息格式。SOAP 还可以附加任何数字内容（如图片、声音等）。

② 商务流程　ebXML 体系结构最重要的一个基本特征，就是它强调商务流程，这也是与其他 XML 框架不同的地方。它通过使用建模语言和图表工具（如 UML）的使用，使得系统地捕获贸易伙伴间的商务数据流，并用标准格式表示成为可能。通过商务流程的定义，使其具备了跨行业的通用消息序列、互操作性的能力。

③ 贸易伙伴草案和协定　ebXML 的另一处重要特征是，通过使用 CPP（collaboration protocol profile，合作协议概要）的文档系统地描述企业能够提供哪些电子商务服务。首先企业使用 XML 格式列出其所支持的行业、商务流程、消息和数据交换技术，然后使用 CPP 将这些信息生成一个 CPA（collaboration protocol agreement，合作协议契约）文件，自动提供协定。

④ 注册表/知识库　注册表（registry）包含行业流程、消息和用于定义贸易伙伴间交换数据的交易词汇表。企业通过注册表登记 CPP，列出它们的电子商务服务能力供潜在的

贸易伙伴检索，也可以通过注册表搜索合适的贸易伙伴。知识库（repository）则是用于存储这些内容的。

⑤ 核心组件　ebXML 领先核心组件提供行业间的互操作性和商务性能，核心组件作用于单个的数据元素级别。核心组件识别商家最常使用和跨行业的数据项，给它们分配中立的名字和唯一的标识符。通过核心组件，企业能够将一个行业的数据同另一个行业中相似的数据对应起来，或从一个 XML 术语对应到早先定义的 EDI 交易❶。

（4）ebXML 应用实例

① 图 10-2 中，A 公司可以通过 Internet 网访问 ebXML 注册表。

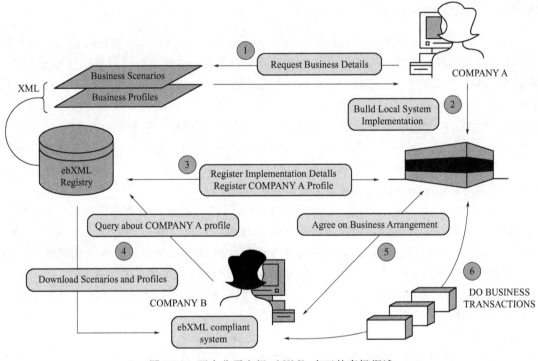

图 10-2　两个公司之间 ebXML 交互的高级概述

② 在查询了 ebXML 注册表的内容后，A 公司决定建立并部署自己的 ebXML 应用系统。客户软件开发并不是参与 ebXML 的先决条件。ebXML 一致性应用程序和组件，可以作为压缩打包的解决方案通过购买获得。

③ A 公司把自己的商务配置（business profile）信息（包括实施细节和相关链接）提交到 ebXML 注册表。即创建一个 CPP，并向"注册表"注册它。公司 A 可能希望向"注册表"添加新的"商业过程"，或只是引用已有的商业过程。CPP 将包含一些信息，潜在的伙伴将使用这些信息确定 A 公司所感兴趣的商业角色，以及为扮演这些角色 A 公司愿意使用哪种协议。这些商务过程是 XML 版本的商务流程和 XML 版本的公司可以使用的相关信息（如：销售税额的计算）。在接收到商务过程的格式和用法的正确确认信息之后，给 A 公司发送一个确认。

---

❶ 电子商务全球化标准：ebXML［EB/OL］.（2004-07-16）［2008-03-31］. http://www.ecw.cn/2004-07/2004716235340.htm.

④ B公司在ebXML注册表中发现了A公司支持的商务过程。可以查看A公司的CPP，以确定它与B公司的CPP和要求兼容。

⑤ 于是B公司向A公司发送一个请求，表明它愿意与A公司采用ebXML进行商务交换。为了进行这些操作，B公司需要获得符合ebXML规范的压缩打包应用程序。B公司应该在能够顺应CPP的基础上自动与A公司协商CPA，以及作为ebXML标准或建议给出的、双方达成的协议。该建议协定概括了双方约定的商务脚本和具体的协定，还包括有关传输需求的信息，如交易、紧急计划和有关安全问题的需求。

⑥ 在A公司接受了该CPA后，这两个公司就可以利用ebXML进行电子商务了❶。

10.2.3　RosettaNet标准

（1）RosettaNet标准的概述　　RosettaNet全球组织是一个由40个领先的IT企业创立，致力于开发和实现全行业开放式电子商务流程标准的非盈标准化组织。目前，全球已有500多家领先的电子元器件、信息技术、半导体制造以及解决方案提供商加入到RosettaNet联盟中。该标准在欧美、亚太地区受到广泛的青睐。目前，国内已有多家企业成功实施RosettaNet标准。这个标准也是分层结构的，包括动作（action）、事务（transaction）、处理（process）、服务（services）、消息处理（message handling）、代理（agent）、传输（transfer）、安全（security）等方面。其核心是致力于在贸易伙伴之间按照合作伙伴接口过程（PIP）的规范以电子商务的方式交换业务文档。

① 商务活动视角　　RosettaNet的PIP体系结构既涵盖了业务处理模型，也包括了信息视角的信息流程和文件规格，以及服务视角的代理和服务软构件等内容。由于RosettaNet的PIP之间的商务过程是对等的，它较适合于同行业的B2B商务活动，如在信息产业、电子元件和半导体等行业应用，在不同类型的贸易伙伴之间较难用PIP来沟通。

② 信息视角　　RosettaNet比较完善，它包含了商务字典和技术字典：技术字典说明产品和服务的属性；商务字典说明贸易伙伴的属性，使贸易伙伴的一方能够确定对方。另外，RosettaNet的辞典还引入了一些公共的标准，如全球贸易条目编号（global trade item number，GTIN），这些都是十分必要的信息处理流程来自PIP的分布信息系统设计。这样的做法使RosettaNet对于B2B之外的商务活动难以形成完整的信息视角，不易扩展。

③ 服务视角　　服务和接口也封装在PIP中，没有从独立的方面去考虑商务合作的注册和查询。

④ 工程视角　　RosettaNet规定了统一消息服务，支持Internet上贸易数据的传输、路由和封装（TRP）以及数字签名，并采取开放的策略，广泛吸纳了比较成熟的Internet标准、XML标准和协议以及ebXML、BizTalk、UDDI等广受支持的部分，是值得称道的。

⑤ 实现视角　　RosettaNet提出了比较完善的实现框架（RNIF），对RosettaNet对象进行定义以及对这些对象如何在贸易伙伴中传送进行说明，还对具体应用提出了方法论方面的指南，特别是RosettaNet Ready提供了完整的软件解决方案，这对RosettaNet的应用推广起到了很好的作用。

（2）RosettaNet结构

---

❶ 理解ebXML——解开未来商业Web之谜［EB/OL］．（2001-06-01）［2008-03-31］．http：//www.ibm.com/developerworks/cn/xml/x-ebxml/index.html．

RosettaNet 的结构如图 10-3 所示。

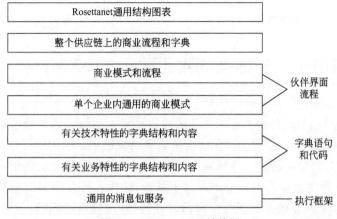

图 10-3 RosettaNet 结构图

① 字典（dictionary） 字典存在的功能就像人与人的商业交易模式中的语言文字一般，是极其重要且不可忽略的。目前，RosettaNet 已经发展出两种字典来提供不同 PIPS 的需求。

a. 关于业务特性的，主要是描述商品特性、合作伙伴之公司信息和业务交易等方面的信息，以作为作业处理时词汇的使用标准。

b. 关于技术特性的，其内容主要是叙述产品信息，如产品分类、特性和数值等分类项目又可以再分为计算机系统和组件、网络硬件、电视影像产品、通信设施、图像产品和配件、存储装置和控制器、电源设备、输入装置、多媒体硬件、内存和处理器、配件耗材等资料。

② 执行框架（RNIF） RosettaNet 执行框架（RosettaNet implementation framework，RNIF）是用来定义 RosettaNet 涉及的对象及具体说明在贸易伙伴间如何进行传输相应的信息。它提供共同的通信协议来提供商业服务。从图 10-4 可以看出，RNIF 实际上就是 RosettaNet 对于消息的管理机制，它定义了附加到要传输的信息上的信息头、数字签名等，设定了信息的封装、安全以及路由，从而保证信息可以迅速准确的转递到最终的目的地。

图 10-4 执行框架图

③ 伙伴界面流程 伙伴界面流程（partner interface process，PIP）是一种以 XML 语言为基础，针对交易流程制定的程序。每一套接口程序包括了附有标准词汇的商业文件及包含信息的商业流程。RosettaNet 把企业之间的交易看成是由若干个流程所组合而成的一个过程，进行了三个级别的细分。对于每一个流程，它都对具体步骤进行了规定，同时也对每一步所要交换的信息内容、文档格式进行了规定。

RosettaNet 中的 PIP 分为六大类：交易伙伴资料管理、产品信息订单管理、库存管理、市场服务管理、服务和支持、生产制造。在实际应用中，可以根据相应的 PIP 设计出符合 RosettaNet 的标准流程，使之与国际接轨。在接下来的工作中将使用 RosettaNet 的相关标准指出与国际接轨的交易网站[❶]。

10.3 医药电子商务标准的本土化——cnXML

随着中国加入 WTO，我国企业国际化的步伐也大大加快。为保障企业信息化的顺利展开深入发展，使中国企业参与到全球化的电子商务供应链中，国内进行了具有中国特色的电子商务规范 cnXML 研究与开发。中国科学院软件所和上海交通大学电子商务研究中心等机构在借鉴了当今国际主流标准基础上，开发了基于 XML、符合中国内地商业习惯的电子商务标准——cnXML，其目的是提供一个灵活、开放和可扩充的 B2B 电子商务交易语言规范，使各个贸易伙伴能够方便地通过电子网络进行各种商业活动，降低企业的运营成本，提高企业产品的竞争力和对市场的响应速度，同时能够方便地与国内外其他电子商务交易语言进行交互。

cnXML 是在充分吸收国际上比较成熟的电子商务标准各方面优点和信息技术的最新成果基础上制定出来的，继 2002 年 5 月推出了 0.83 版之后，于 2002 年 9 月推出 1.0 版、12 月推出了 1.05 版，现在正在做进一步的修改和完善。

10.3.1 cnXML 的设计原则

在制定 cnXML 规范的过程中，遵循了以下几个基本设计原则。

（1）标准和规范　使用 XML 技术，参考、使用和遵循一些已有的标准和规范，比如在电子数据交换上沿用的就是中国公用电子数据交换业务（China EDI）规范等。通过使用这些标准和规范来减少实现本规范所需要的协议内容，并全面达到交互性、开放性等目标。

（2）模块结构　cnXML 文档遵循传统的 XML 模块结构，每一个文档都由文档头、文档体和可选附件等模块组成。cnXML 中将尽量采用一些已经制定好的国际标准和中国国家标准，如 GB/T 2260—1997（中华人民共和国行政区划代码）、GB/T 2659—2000（世界各国和地区名称代码）、GB/T 7408—2005（日期和时间表示法）、GB/T 17295—1998（国际贸易计量单位表示法）等。

（3）可扩展性　cnXML 描述了企业之间进行交易的商务流程，提供了一套企业间进行商业活动所需要交流的文档规范，包括产品目录、价格查询、订单、发票、货单等。但由于商业活动千差万别，不同行业、不同地区、不同规模的企业的商务活动都不尽相同，不可能一次就预见到商务活动中的所有场景。cnXML 结构不仅可以使用标准的流程和文档在商业伙伴之间进行交互，还可以对这些流程和文档进行定制，尽可能地确保这个规范能够容纳不同行业、不同领域、不同规模的商业交易。

（4）内容与传统方式的分离　在 cnXML 规范的设计上，遵循不将商业伙伴之间传输的信息与某种固定的传输模式进行捆绑的原则，不局限于 HTTP 或某种特定的传输方式。这样 cnXML 可以适应于更广泛的应用环境，可以灵活地选择安全机制，如数字签名、身份认

---

❶ 易芳，陈恭和．RosettaNet 电子商务标准［J］．管理学报，2005，2（增刊）：87-88．

证等。

（5）通用性　cnXML 的设计目标不是针对某个或某几个特定的领域，工作组故意排斥产品特定的语义，而把这些交由 XML 注册和文档库（repositories）机制完成。

（6）全面支持中文标记　cnXML 的所有文档都提供中英文标记两个版本，使用中文标记的文档与使用英文标记的文档具有同等效果，在克服中国企业母语障碍的同时避免了国际商业活动上新的语言障碍。

（7）体现中国内地的商业流程与习惯　工作组在定义各种 cnXML 交易文档时将尽可能地考虑中国内地的传统、习惯和商业模式，使流程和文档更符合中国的商业特点。

（8）可实现性　cnXML 可以通过移种技术来方便地进行实现。

（9）精简性　cnXML 规范在保证达到目标的基础上力求简化，提供一个尽量精简易读和易于理解的规范。❶

10.3.2　cnXML 的技术架构

cnXML 的总体技术架构如图 10-5 所示。

（1）cnXML 消息规范　cnXML 消息规范描述了消息交换的格式，并描述了如何保证消息的可靠安全传输。cnXML 消息规范位于整个 cnXML 规范的底层，它定义数据传输的具体格式，并完全基于 XML 规范，它一方面与传输的数据文档独立，可以传输 XML 文档和一般数据；另一方面与传输协议独立，可以建立在不同的传输协议之上，从而实现商业伙伴之间方便的传输数据。

（2）cnXML 注册规范　cnXML 注册库是 cnXML 的核心。cnXML 注册库也称为 cnXML 电子商务中心，在 B2B 电子商务过程中起了非常关键的作用。cnXML 注册规范包括以下几个部分的内容：

① 安全管理；
② 注册接口；
③ 系统服务：

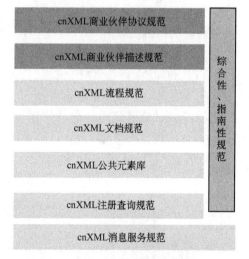

图 10-5　cnXML 的总体技术架构

包括数据管理服务、事务管理服务、消息队列服务、消息传输、消息转换、发布/订阅、商业流程管理、贸易伙伴信息（profile）管理。

（3）cnXML 公共元素规范和 cnXML 文档规范　在商业文档定义中，有一些元素需要在不同的文档中重复出现，将这些元素提取出来，形成公共元素规范。该规范具有以下特性：

① 为商业文档基本元素（如姓名）及复合元素（由若干基本元素组成，如发票）提供唯一的术语；
② 定义 B2B 过程及企业内部应用中交换文档的文档结构；

---

❶ 浦江．cnXML——中国电子商务的标准与规范［J］．华东经济管理，2002，16（1）：102-104．

③ 支持可重用和可扩展性。

其中 cnXML 公共元素规范定义了商业文档的一些基本元素，cnXML 文档规范定义了 B2B 交易过程中的一些基本文档，并定义了企业内部应用集成的一些基本文档。

（4）cnXML 流程规范　cnXML 流程规范目标是为企业应用集成和企业之间电子商务集成提供流程定义语义规范，使得企业可以采用统一的规范定义应用集成流程、B2B 电子商务过程以及流程定义的元模型。

（5）cnXML 商业伙伴描述规范和商业伙伴协议规范　商业伙伴描述规范（trading partner profile，TPP）定义一个商务伙伴的消息交换能力及其所支持的商务合作。TPP 主要包括以下信息：

① 贸易伙伴的信息处理能力和通信协议；
② 贸易伙伴所支持的业务流程；
③ 唯一确定 TPP 文档的 ID 及贸易伙伴；
④ 贸易伙伴双方采用的通信协议、贸易伙伴双方的网络地址及其他联系方式；
⑤ cnXML 版本、安全参数、访问控制参数定义；
⑥ 角色定义，即定义贸易双方参与贸易的角色；
⑦ 贸易过程的事务定义；
⑧ 业务类型。

商业伙伴协议规范（trading partner agreement，TPA）定义两个商务伙伴完成商务合作的交互方式，TPA 是商务伙伴双方 TPP 的交集，是经过贸易伙伴双方通过协商产生的。TPP 和 TPA 都是 XML 文档。TPA 主要包括以下信息：

① 协定的 IT 信息处理能力；
② 采用的商务流程；
③ 定义的交易规则。

（6）cnXML 与 ebXML 的比较

表 10-1 为 cnXML 同 ebXML 在体系结构上的对应关系比较❶。

表 10-1　cnXML 同 ebXML 在体系结构上的对应关系比较

cnXML	ebXML
cnXML 商业伙伴协议规范（TPA）	ebXML CPA
cnXML 商业伙伴描述规范（TPP）	ebXML CPP
cnXML 消息服务规范	ebXML 消息服务规范
cnXML 文档规范	信息模型（information model）
cnXML 流程规范	基本的分组交换系统（BPSS）
cnXML 公共元素库	Core Components RN Dictionary
cnXML 注册规范	ebXML 注册规范

10.3.3　基于 cnXML 的商务活动

cnXML 基础上的电子商务过程，就是在 cnXML 的电子商务市场中组织搜寻商务合作伙伴，根据双方的 TPP，就交易过程、商务文档等相关事宜通过协商形成共同遵守的一些

---

❶ 徐博艺，杨冬梅，姜丽红，马范援. 电子商务标准的演进与 cnXML 的研究 [J]. 计算机工程，2004，30（12）：3-5.

条款，以 TPA 形式在各自的本地系统形成可执行商务应用程序，然后按照 TPA 中的约束完成商务过程。图 10-6 是两个公司利用 cnXML 进行电子商务交易的示意图[1]。

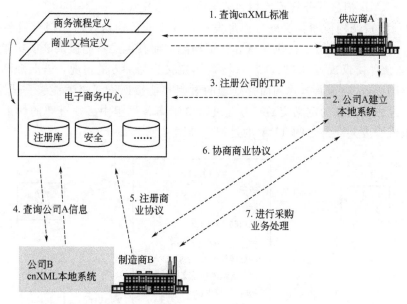

图 10-6　基于 cnXML 之上的 B2B 业务流程

cnXML 是一个具有商务协同功能的开放的电子商务标准，应用 cnXML 开展电子商务的过程就是协同商务的开展过程。在应用过程中，商业伙伴描述规范、商业伙伴协议规范及 cnXML 中心注册库起着关键作用。

（1）商业伙伴描述规范（TPP）　TPP 定义电子商务中一方的约束，这些约束包括技术约束和业务约束，如所支持的通信和消息协议、安全要求及所支持的业务流程。TPP 的创建过程，如图 10-7 所示。它包括流程规范、交付渠道、文档交换和传输规范元素，它们共同定义一个业务的流程，这些元素形成类似于通信协议模型的分层结构，具体含义如下。

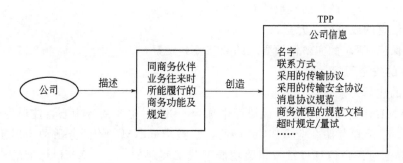

图 10-7　商业伙伴描述规范 TPP 的生成

① 流程规范层定义双方业务协定的核心部分，即业务过程和交易规则。
② 交付渠道层描述消息接收特性，它由一个文档交换定义和一个传输定义组成，可以在一个 TPP 中定义多个交付渠道。
③ 文档交换层从流程规范中接收业务文档，如果需要，应该对该业务文档加密和数字

---

[1] 徐波，李安渝．基于 cnXML 的 B2B 电子商务集成方法［J］．计算机应用与软件，2006，23（7）：55-56．

签名以防抵赖，然后通过传输层交付给另外一方。如果对消息加密有明确要求，但是所选择的传输协议并不提供消息加密功能，那么必须在文档交换层指定消息加密功能，双方的消息交换协议由 cnXML 消息服务规范或相当的消息服务来定义。

④ 传输层负责使用传输协议进行消息发送，其中的传输协议对文档交换层的选择有决定性的影响，传输层协议可以提供加密和认证功能，而其他层不能提供该项功能。

(2) 商业伙伴协议规范 (TPA)　一个 TPP 定义交易一方的情况，若要顺利进行商务活动，必须使双方从文档沟通方式到商务处理的过程都能够匹配起来才能够完成，TPA 就是由双方 TPP 经协商生成的定义交易双方在进行电子商务过程中必须遵守的约束。从交易双方的 TPP 生成双方共同遵守的 TPA 的过程，如图 10-8 所示。

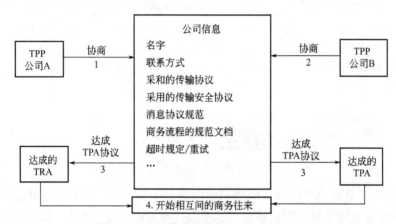

图 10-8　商业伙伴协议规范 TPA 的生成

为了实现商务协同的功能，一个完整的 TPA 应该包含以下一些元素：
① 包含 TPA 一般情况的类型元素（type）；
② 记录创建 TPA 谈判过程的有关状态元素；
③ 以"start"和"end"标明 TPA 开始和结束的生命周期元素；
④ 用来确定 TPA 的对话次数的对话元素；
⑤ 双方信息的成员信息元素；
⑥ 为了保证 TPA 的完整性而要求的数字签名元素；
⑦ TPA 的安全元素；
⑧ 可选的注释元素。

(3) cnXML 注册库　cnXML 注册库也称为 cnXML 电子商务中心，注册库作为储存公用商务信息，登录和存储企业 TPP 的场所，在整个 cnXML 的商务活动中居于中心地位，其功能主要是通过用户信息登录及相关功能下载来实现的。在 cnXML 标准的交易平台下，进行商务的公司通过注册 TPP，并从注册库的资源中选取商务伙伴，经协商与其达成 TPA，然后与商务伙伴通过 TPA 商务通道进行商务沟通和业务协作处理，以此来实现协同商务。

从整个商务活动的阶段性来看，企业在注册库资源库中搜索商务对象的过程可视为基于市场的电子商务，而在后期生成 TPA 所开展的电子商务活动则成为点对点之间的商务活动，这种既有市场开放性又有点对点交易的安全性特点正是通过具有协同功能的 TPP 和 TPA 来实现的。

(4) TPP、TPA 和注册库的工作过程　以买方 B 驱动的工作过程为例，如图 10-9

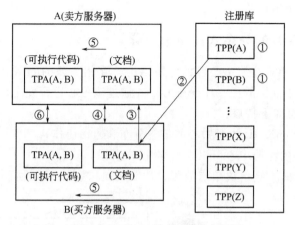

图 10-9　TPP、TPA 和注册库的工作过程

所示。

cnXML 标准基础上的工作过程，就是采用 cnXML 标准的企业（在 cnXML 注册库注册了自己的 TPP）在 cnXML 的电子商务市场中搜寻商务伙伴，通过协商并根据交易过程及商务文档等相关事宜形成共同遵守的一些条款，以 TPA 形式在各自的本地系统形成可执行商务应用程序，然后按 TPA 中的约束完成商务过程。

在 cnXML 标准的应用过程中，采用两种方法处理业务流程方面的问题，即协商共同确定的商务流程和采用推荐的公共流程。由于 cnXML 不只针对某一特定行业的标准，不可能像 RosettaNet 那样把涉及的商业流程都以标准方式完全固定下来，所以在 cnXML 的初期版本中，对于牵涉具有行业特征的商业流程时，没有固定的商务流程可以引用，这需要商务双方在确定好共同的处理流程后，利用标准中的建模方法与语言，经过企业建模，将确定好的商务流程按照 TPA 的规范要求，把相关处理信息生成到 TPA 中。

如图 10-10 所示，对于一些通用的商务流程，cnXML 给出了推荐的标准商务流程。以 IT 行业供应链管理为例，B2B 商务过程包括了基本的与订单相关的报价请求、创建订单及更改订单等内容。对于买方驱动的创建订单过程，在确定好自己的需求后，首先创建一个订单请求，并且在本地系统处理后，将该请求转化为符合 cnXML 语法和双方 TPP 要求的消息，按照 TPA 规定的方式发送给卖方，卖方对该订单进行分析，做出接受或者拒绝买方提出的订单请求，买方在接到反馈信息后进行相应的分析和处理。订单创建过程有两个可能的

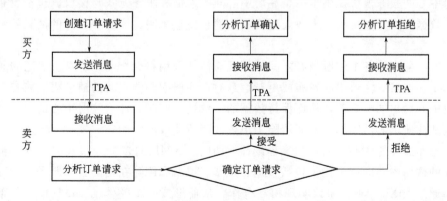

图 10-10　订单创建流程

反馈,即确认订单或拒绝订单。

10.3.4 基于 cnXML 的分布式注册中心群

(1) cnXML 中分布式注册中心群的体系结构　互相关联的 cnXML 注册中心群用户通过网络可访问注册中心群中的任一注册中心,并通过该中心进行发布、更新和查询等操作。

图 10-11 的方案有如下特点:

① 实现多个基于 cnXML 注册中心的信息分布和通信协作;

② 注册中心群中的注册中心可以自由添加并删除;

③ 通过采用分布式方案解决单点故障、性能瓶颈和数据一致性问题。

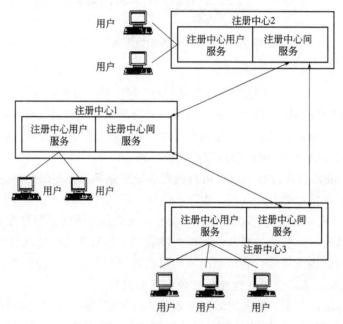

图 10-11　cnXML 注册中心群体系结构

注册中心群中的任一注册中心均是符合 cnXML 规范体系的一个功能完整的注册中心。每个注册中心包括两大功能模块,即注册中心用户服务模块和注册中心间服务模块。

注册中心用户服务模块主要提供用户访问界面、用户安全访问控制以及服务响应。

注册中心间服务模块提供了多个注册中心间的通信和服务方式与接口。包括发布更新数据机制、数据同步复制机制、失败处理机制、消息传递机制、注册中心群的消息封装和传递机制等。

注册中心群中的各个注册中心之间的相互通信均采用符合 cnXML 消息规范的通信协议和方法。用户向某一注册中心发布或更新信息时,注册中心群之间的通信机制将自动地通知其他注册中心做出同步更新,从而保持数据的一致性。同时,任一注册中心的单点故障也不会影响其他注册中心的工作。从而消除了单点故障所造成的影响。

(2) 分布式注册中心群的控制流程设计　面向 cnXML 的多个分布式注册中心可以作为一个独立的注册中心向用户提供包括查询、发布、更新和删除在内的各项服务。同时,注册中心之间通过 cnXML 通信协议实现相互合作,从而形成一个整体的 cnXML 的分布式注册中心群。

面向 cnXML 的分布式注册机制的主要功能流程分为两个部分：
a. 用户信息的发布、更新、删除和查询流程；
b. 注册中心群中注册中心的生命周期管理流程，包括注册中心群中注册中心的加入、退出、休眠、运行期的管理以及状态维护。

① 用户信息的更新流程设计　用户信息的更新操作的流程如图 10-12 所示。

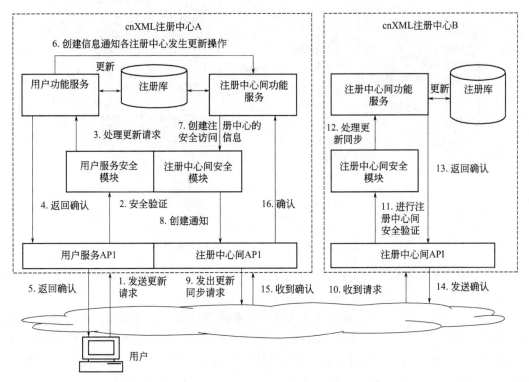

图 10-12　用户信息更新操作流程

首先，用户通过 cnXML 注册中心群中注册中心的用户界面提交更新请求。该更新请求经过用户服务安全验证后，由注册中心响应更新服务。系统将更新后的用户信息存储到本地的注册库中。当注册中心完成本地更新服务后，立即向用户发出确认信息。同时，注册中心创建注册中心群间的通信，通知所有注册中心更新原有的信息。注册中心间的安全模块在为注册中心之间的通信创建安全访问信息，然后通过注册中心间的通信机制发出这一通知。

当注册中心收到这一通知后，首先通过安全层进行安全验证；再通过验证后注册中心处理这一通知，将相应的更新信息更新到自身的注册库中；最后返回处理成功确认。

注册中心在接到所有来自于 cnXML 注册中心群的确认成功信息后，更新流程成功完成。

② 在注册中心群中加入新的注册中心　分布式注册中心群中的注册中心数是可变的，系统运行过程中的任何时刻都可以向 cnXML 注册中心群中添加入新的注册中心。

当一个新的 cnXML 注册中心加入到面向 cnXML 的分布式注册中心群，需要进行一系列的初始化工作，其基本流程如图 10-13 所示。

希望加入的 cnXML 注册中心向 cnXML 的分布式注册中心群的任意注册中心提出加入请求。该注册中心在接到请求后，为申请加入的注册中心分配一个身份和访问安全信息，并

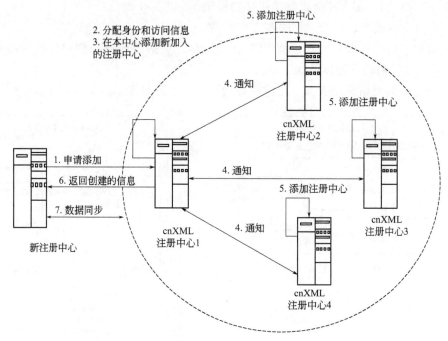

图 10-13 在注册中心群中加入新的注册中心

将其加入到本注册中心所管理的注册中心信息列表中。同时，向 cnXML 的分布式注册中心群的所有注册中心发布通知，通知所有中心加入新的中心。

cnXML 的分布式注册中心群的其他注册中心在接到通知后，将新加入的注册中心的相应信息加入到本中心中，新加入的 cnXML 注册中心同时向 cnXML 的分布式注册中心群发起一轮同步，获得注册中心管理信息以及注册库的同步和复制。在完成该过程后，新加入的 cnXML 注册中心宣告加入成功，转入运行期，开始作为 cnXML 的分布式注册中心群的一个注册中心，向用户和其他注册中心提供服务响应。

③ 注册中心的永久退出　cnXML 注册中心的永久退出标志着该注册中心所维护的用户或者虚拟组织不再参与 cnXML 的注册发布和查询。该中心也不再向其他用户或者注册中心提供相应的服务。

在这一流程中，首先，请求退出的 cnXML 注册中心向 cnXML 的分布式注册中心群发出退出请求通知，注册中心群中的各个注册中心在接到请求后，将自身所维护的该注册中心的信息注销。同时检查注册库中的信息，注销所有来自于这个请求退出的注册中心的用户信息。最后，返回注销成功的确认。请求退出的 cnXML 注册中心在接到所有的确认信息后即可退出。从运行期进入到退出期。

④ 注册中心的休眠　cnXML 注册中心休眠是注册中心的暂时退出。在休眠阶段，该注册中心虽然不接受用户或者其他注册中心向本中心提出的服务请求，但是它的身份仍然存在于注册中心群中，用户仍可通过其他注册中心的查询来访问该注册中心所管理的注册用户的信息和服务。

注册中心从运行期进入休眠期时，该注册中心向 cnXML 注册中心群发出进入休眠的通知。所有注册中心在接到该注册中心的通知后，将其标注为休眠，在此后的服务与操作中不再向此注册中心发出请求。

注册中心从休眠期返回到运行期时，在此前的阶段，该 cnXML 注册中心的注册库和注册中心管理信息将可能与 cnXML 注册中心群中的其他注册中心发生不一致。因此，当它从休眠期返回到运行期时，需要进行一个新的同步和复制。

首先，该注册中心将向 cnXML 注册中心群发出一次数据同步请求，将本地的信息与注册库恢复到最新的状态。完成同步之后，该注册中心向 cnXML 注册中心群发出返回运行期的通知。cnXML 注册中心群的各个注册中心在接到通知后，再将该注册中心的状态标注回运行，并在此后的服务操作中与之进行交互。❶

---

❶ 徐博艺，姜丽红，应骊珠. 面向 cnXML 的分布式注册中心群的体系结构与控制流程研究 [J]. 计算机工程与应用，2005，16（2）：196-198.

参 考 文 献

［1］ 杨坚争．电子商务基础与应用．第 5 版．西安：西安电子科技大学出版社，2007
［2］ 王连彦．电子商务网站建设．大连：大连理工大学出版社，2005
［3］ 吴林华．电子商务网站设计与维护．北京：中国电力出版社，2005
［4］ 杨路明，薛君，胡艳英．电子商务概论．北京：科学出版社，2006
［5］ 李琪，张宽海．网上支付结算与电子商务．重庆：重庆大学出版社，2004